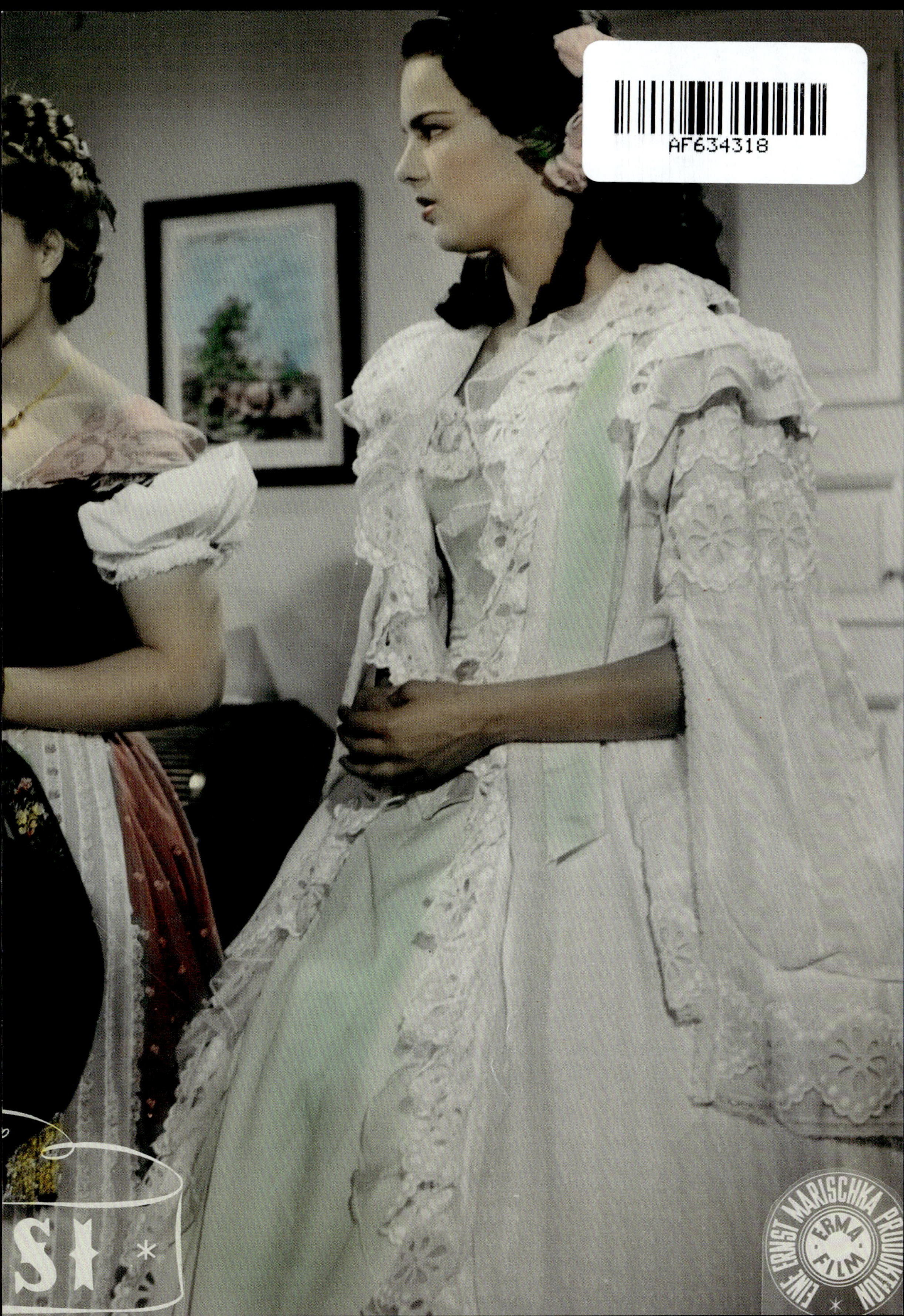
EINE ERNST MARISCHKA PRODUKTION
ERMA FILM

## Über dieses Buch

Mit „Sisi“ ist Kaiserin Elisabeth gemeint, die nach ihrem tragischen Tod in Genf zu einem Mythos wurde. Mit „Sissi“ – mit einem zweiten „s“ – hingegen die Titelheldin der berühmten „Sissi“-Trilogie von Ernst Marischka. Dieses Buch ist ein Bildband mit Kinoaushangfotos und Plakaten zu den drei „Sissi“-Filmen, die durch ihren weltweiten Triumphzug auch zum Mythos der Kaiserin beigetragen haben. Es geht in diesem Buch um die Trilogie von Ernst Marischka, um wahre Begebenheiten der österreichischen Geschichte und um solche, die verklärt oder auch erfunden sind. Es geht um die gute alte Zeit, die es so nie gab, und es geht vor allem um die Emotionen, die die Bilder beim Leser auslösen.

## Über die Autorin

Danielle Willert lebt in Wien und der Steiermark. Ihr Vater betrieb drei Kinos in Österreich. Er ist heute noch Inhaber eines Filmverleihs von über 2.000 Filmen österreichischer und deutscher Hersteller – von den Anfängen des Films bis in die späten 1970er-Jahre, darunter auch die „Sissi“-Trilogie.

# Sissi

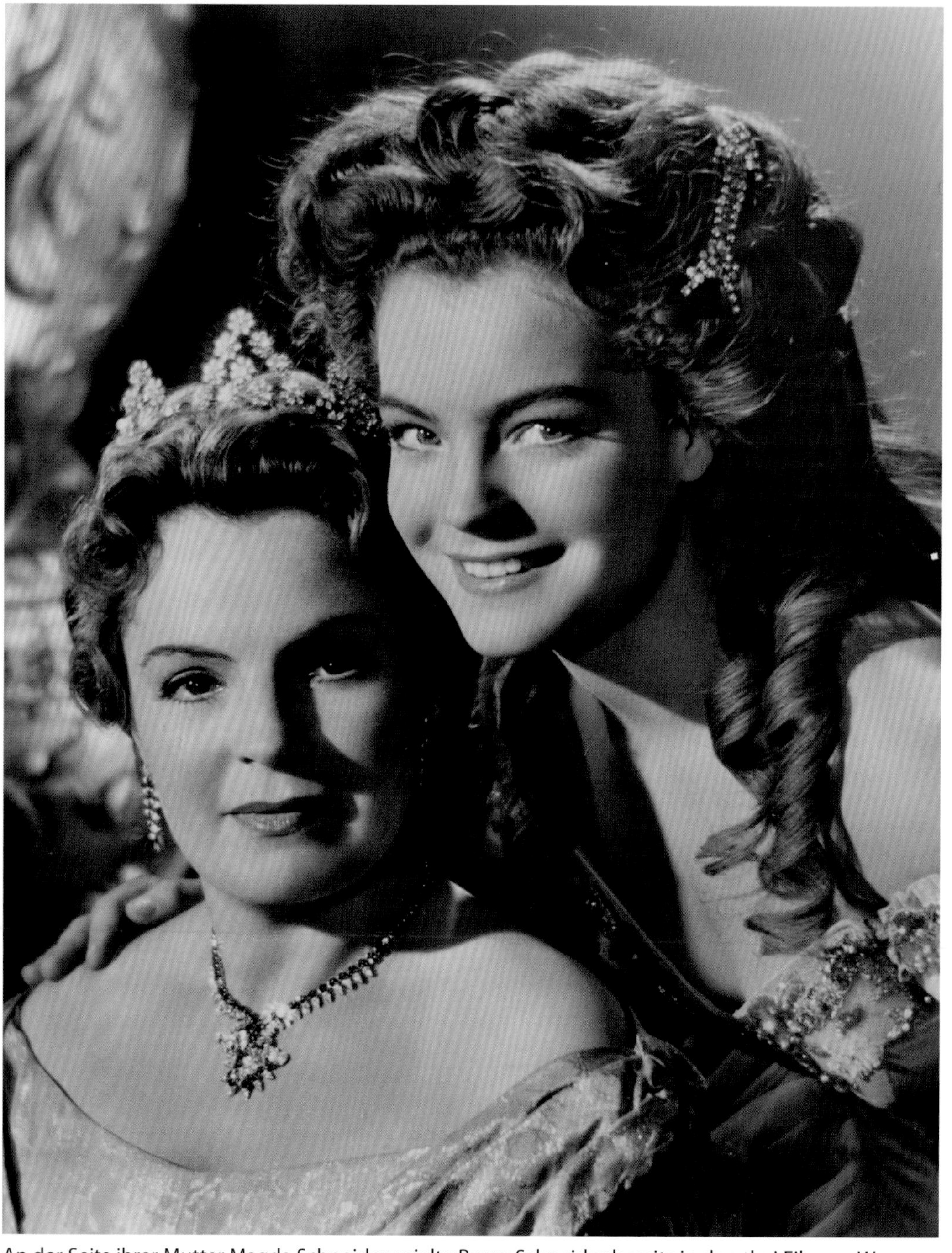

An der Seite ihrer Mutter Magda Schneider spielte Romy Schneider bereits in den drei Filmen „Wenn der weiße Flieder wieder blüht" (1953), „Mädchenjahre einer Königin" (1954) und „Die Deutschmeister" (1955) mit. Im August 1955 begannen die Dreharbeiten zu „Sissi" – das Drehbuch stammte von Ernst Marischka, der auch Regie führte.

Danielle Willert

# Sissi

## Die schönsten Bilder aus den legendären Filmen

SUTTON

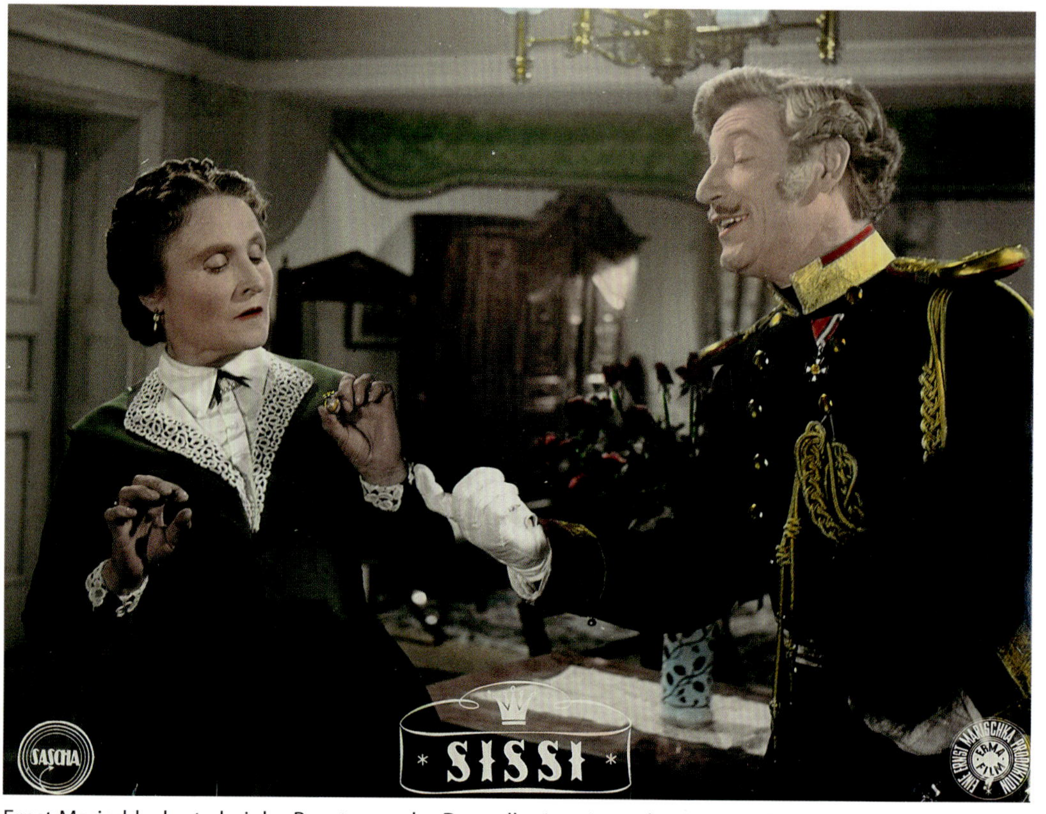


Ernst Marischka legte bei der Besetzung der Darsteller in seinen drei „Sissi"-Filmen großen Wert auf hochkarätige Schauspieler. Die Hauptdarsteller bildeten ein attraktives Ensemble. Auch die Nebenrollen waren erstklassig besetzt. Hier sieht man Josef Meinrad als Oberst Böckl und Hilde Wagener als Baronin Wulffen.

**Impressum**

Sutton Verlag GmbH
Schweickhardtstraße 1
72072 Tübingen
www.suttonverlag.de


2. Auflage 2024
ISBN: 978-3-96303-000-0
Druck: Elma Basim / Türkiye
Gestaltung und Herstellung: Sutton Verlag

# Inhalt



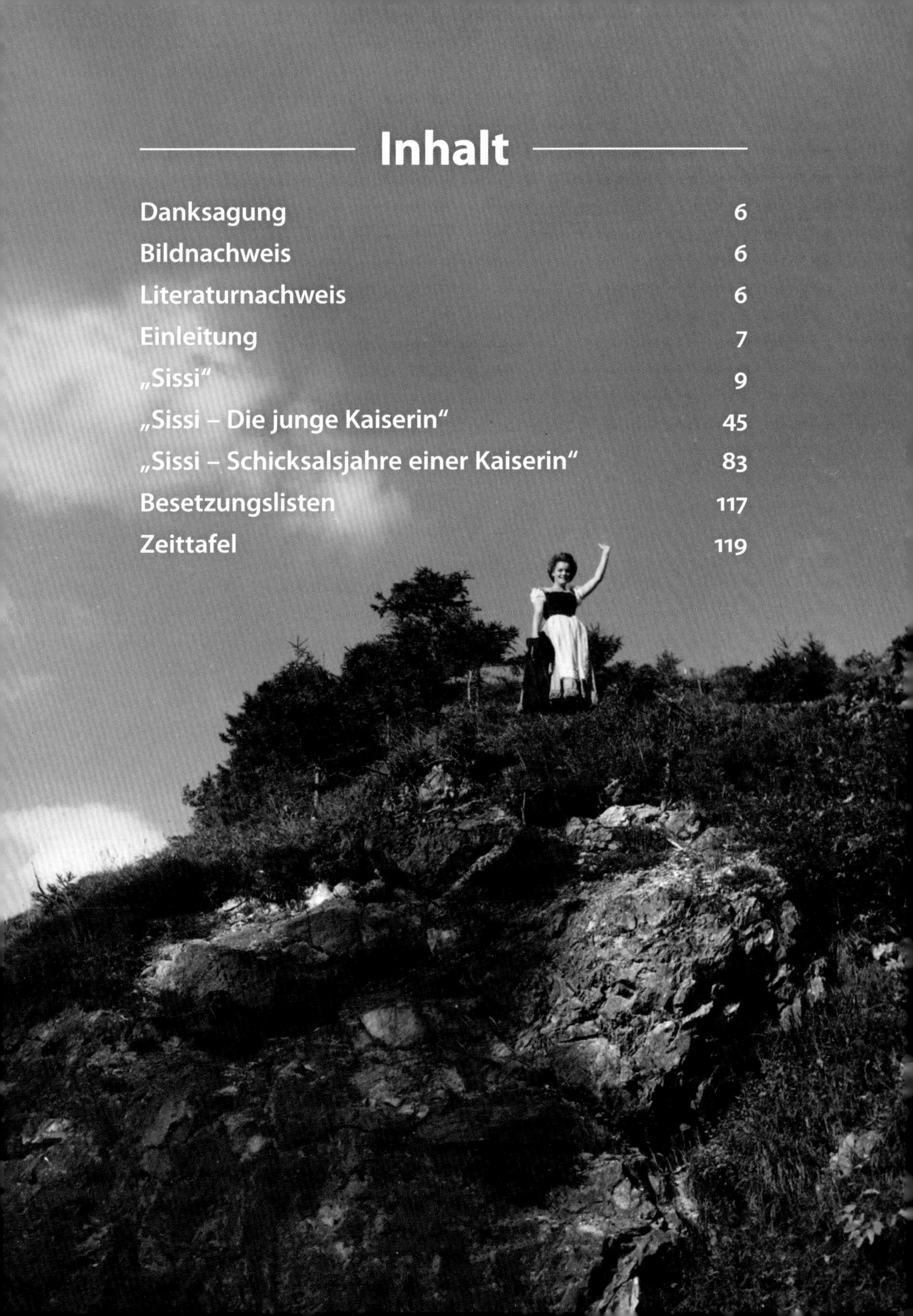

# Danksagung

Mein Dank gilt der Kineos Film für die Verwendung der Bilder, meinem Vater Hans-Peter Blechinger und dem Filmarchiv Austria, im Speziellen Aldijana Bećirović.

# Bildnachweis

Die Bilder sind Plakate und Aushangfotos der drei „Sissi"-Filme, die in den Schaukästen der österreichischen Kinos hingen. Sie wurden mir vom Filmarchiv Wien mit Genehmigung der Kineos Film, München, für die Veröffentlichung in diesem Buch freundlicherweise zur Verfügung gestellt.

# Literaturnachweis

Egon Caesar Corti: *Elisabeth, die seltsame Frau,* Verlag Styria, 1975.

Manuela Guth: *Kitsch und Trivialität in Film und Kunst anhand der Sissi-Filmtrilogie. Eine ästhetische Geschmacksfrage im Wandel der Zeit. Die Transformation eines verächteten Phänomens zum Kultobjekt,* AV Akademikerverlag, 2014.

Brigitte Hamann: *Elisabeth – Kaiserin wider Willen,* Piper Verlag, 2003.

Günther Krenn: *Romy Schneider: Die Biographie,* Aufbau Verlag, 2008.

Ernst Marischka: *Sissi – Ein Roman nach den Filmen „Sissi",* Blüchert Verlag, 1960.

Ludwig Merkle: *Sissi, die schöne Kaiserin,* Verlag Bruckmann, 1998.

Romy Schneider: *Sissi – kaiserliche Erinnerungen,* Hotel Schloss Fuschl, 2002.

Alice Schwarzer: *Romy Schneider, Mythos und Leben,* 1998.

Johannes Thiele: *Elisabeth. Das Buch ihres Lebens,* 1996.

Johannes Thiele: *Elisabeth – ihr Leben, ihre Seele, ihre Welt,* Brandstätter Verlag, 2011.

Katrin Unterreiner: *Sisi. Mythos und Wahrheit,* Brandstätter Verlag, 2005.

Friedrich Weissensteiner: *Die Kaiserinnen aus nächster Nähe,* Piper Verlag, 2003.

Roland Weixlgartner und Achim Zeilmann: *Drehort Wien, wo berühmte Filme entstanden,* Bebra Verlag, 2011.

# Einleitung

Es war eine schicksalhafte Begegnung für die junge Prinzessin Elisabeth in Bayern, als sie Kaiser Franz Joseph von Österreich am 18. August 1853 in Ischl traf. Die Begegnung war auch schicksalhaft für die österreichische Filmgeschichte und für die beiden Hauptdarsteller Romy Schneider und Karlheinz Böhm. Mehr als 100 Jahre später, am 21. Dezember 1955, wurde der Film „Sissi“ in Wien uraufgeführt und es entstand der filmische Sissi-Mythos, eine sagenhafte und beständige Erfolgsgeschichte. Auf den ersten Film folgten zwei Fortsetzungen – „Sissi – Die junge Kaiserin“ (1956) und „Sissi – Schicksalsjahre einer Kaiserin“ (1957). Wenn es nach Produzent und Regisseur Ernst Marischka gegangen wäre, hätte es noch eine weitere Fortsetzung gegeben, doch einen vierten Teil lehnte Hauptdarstellerin Romy Schneider – trotz einer in Aussicht gestellten Traumgage von einer Million Deutsche Mark – ab.

Die „Sissi“-Trilogie gehört zu den erfolgreichsten deutschsprachigen Filmproduktionen. In seinen prunkvoll ausgestatteten Liebesfilmen zeichnete Ernst Marischka eine romantische Ehe zwischen der Wittelsbacher-Prinzessin und ihrem Cousin, dem Kaiser von Österreich. Ernst Marischkas Kaiserin von Österreich ist weit entfernt von der unglücklichen historischen Figur Sisi. Er schildert hauptsächlich die glanzvollen Seiten der Kaiserin und nur im filmischen Märchen ist Sissi die liebreizende und anbetungswürdige Kaiserin, die beim Volk so beliebt ist. Romy Schneider als ungestüme, erfrischende und natürliche Prinzessin von Bayern und später anmutige Elisabeth am Wiener Hof schuf ein unvergessliches Bild der Kaiserin von Österreich. Nach dem Ende des Zweiten Weltkrieges war es auch darum gegangen, Österreich ideal darzustellen. Die ruhmreiche Vergangenheit Österreichs sollte inmitten von schönen Kulissen nacherlebt werden können. Die wahre Biografie von Sisi war zu tragisch für ein romantisches Märchen, das die Nachkriegssehnsucht nach heiler Welt zu stillen vermochte.

Die Filme behandeln nur einen kurzen Lebensabschnitt der Kaiserin von Österreich, Schicksalsschläge wurden ausgespart, wie der Tod ihrer ersten Tochter Sophie im Alter von zwei Jahren, der Selbstmord ihres Sohnes Rudolf in Mayerling oder die Hinrichtung ihres Schwagers Maximilian in Mexiko. Ernst Marischka produzierte Unterhaltungsfilme und erschuf mit einer Romantisierung geschichtlicher Gegebenheiten ein eigenes Sisi-Image. Trotzdem gelang es ihm, viele wahre Begebenheiten aus dem Leben der Kaiserin minutiös nachzustellen.

„Sissi“ ist ein Liebesfilm, Kostümfilm, Familiendrama und Historienfilm mit vielen liebenswerten, auf verbürgten historischen Tatsachen beruhenden kleinen Episoden. Die drei Filme sind heute Kult und Kaiserin Elisabeth ist zum Mythos geworden. Diesen Mythos pflegte Elisabeth zu Lebzeiten selbst und ihr unglückliches Leben sowie ihr tragischer Tod trugen ebenfalls dazu bei. Zur internationalen Ikone wurde sie jedoch erst 1955 mit Romy Schneider als „Sissi“ mit einem zusätzlichen „s“. Das zweite „s“ hatte Ernst Marischka eingefügt, vielleicht weil der Name mit Doppel-„s“ volkstümlicher klingt oder gefälliger auszusprechen ist, vielleicht aber auch als Andeutung, dass sich der Inhalt zwar an der historischen Person orientiert, sich aber trotzdem seiner dramaturgischen Interpretation unterwirft.

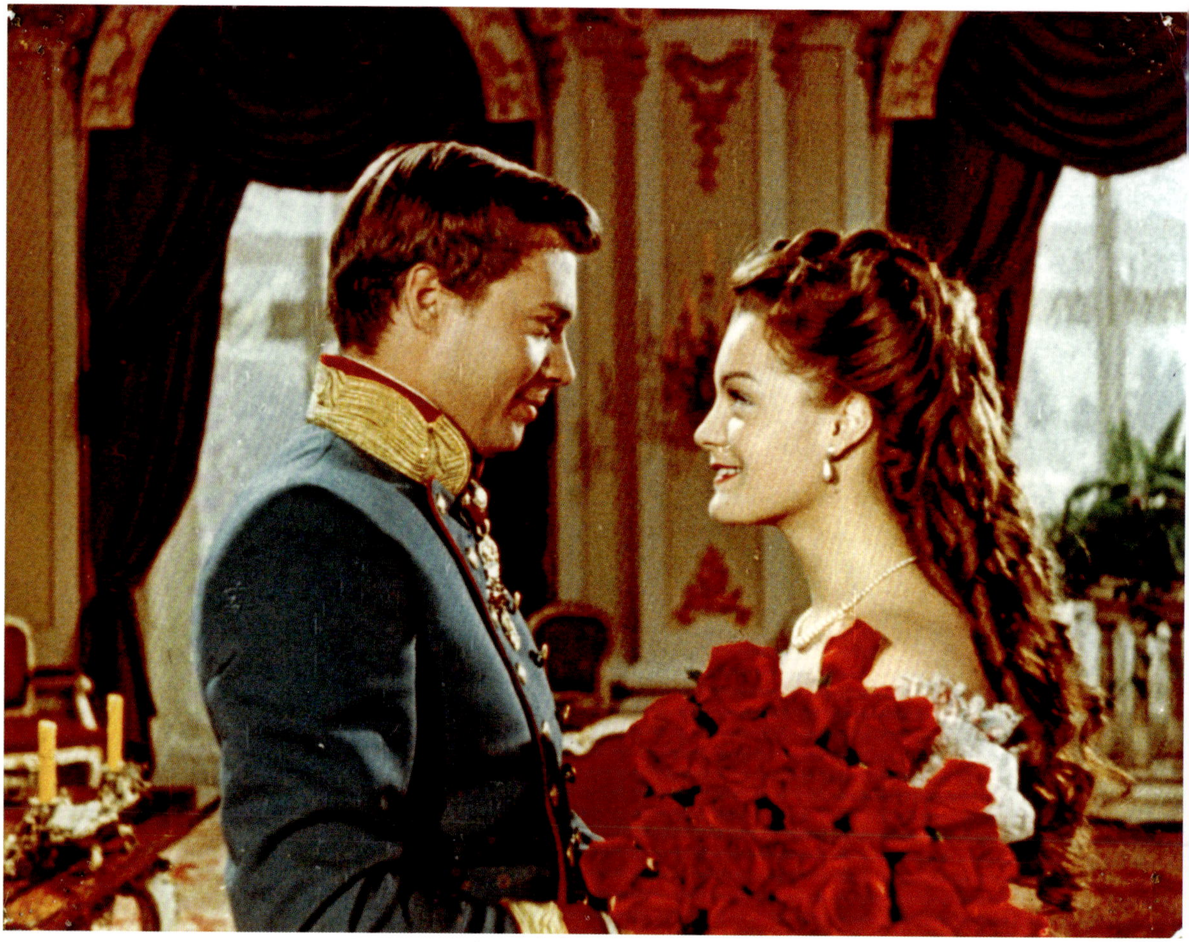

Ernst Marischka bearbeitete zeitlebens Operettensujets – meist kostümprächtige Filme mit historischem Hintergrund. Er traf damit den Zeitgeist der 1950er-Jahre.

1

# „Sissi“

Reizvolle Landschaften, Walzer- und Rührseligkeit in prunkvollen Kleidern und Galauniformen, Dirndl, Gemütlichkeit und ein Happy End – das waren die Erfolgsgeheimnisse für Filme der Nachkriegszeit. Ernst Marischka setzte seinen populären Operetten- und Heimatfilmen schließlich die Krone auf. Die „Sissi“-Filme waren seine allergrößten Erfolge. Mit dem Glanz der Monarchie breitete er Ruhm über der Republik der Nachkriegszeit aus. Er hatte das Talent von Romy Schneider erahnt und sie für „Mädchenjahre einer Königin“ engagiert. Nach dem Sensationserfolg des Films verpflichtete er sie für „Die Deutschmeister“ und gab ihr die Hauptrolle in „Sissi“. Das Leben der Kaiserin Elisabeth bildete die Grundlage der „Sissi“-Trilogie. Der erste Teil von 1955 erzählt die Liebesgeschichte zwischen der bayerischen Prinzessin und dem Kaiser von Österreich. Der Film behandelt historisch nicht einmal ein ganzes Jahr – nur den Zeitraum von August 1853 bis April 1854.

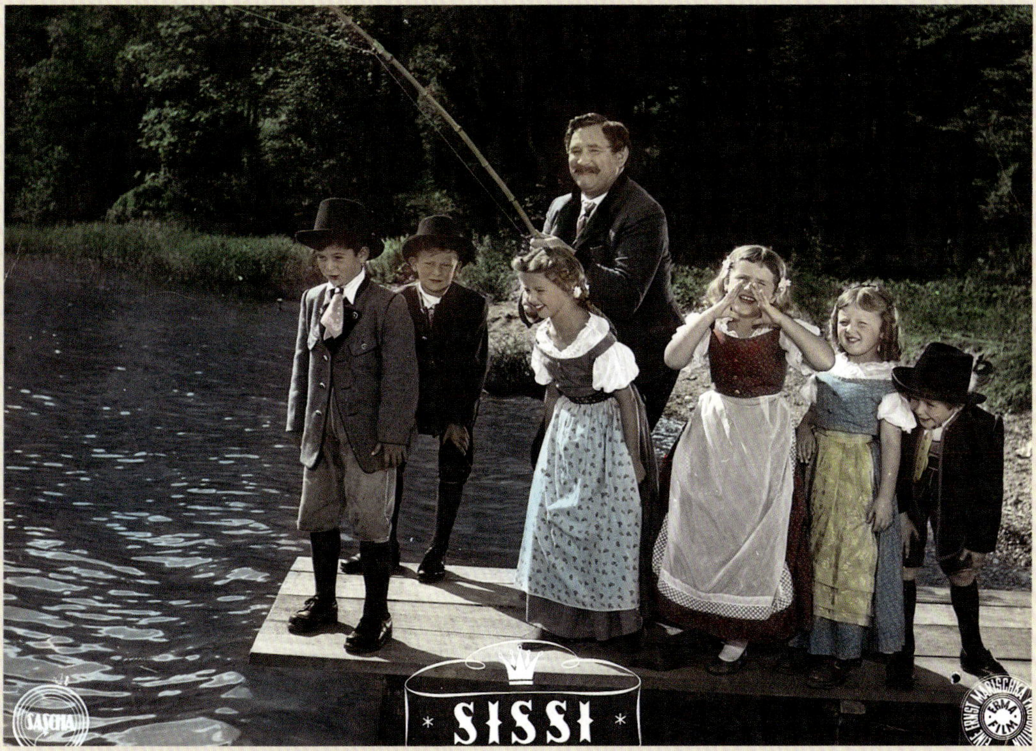


Gustav Knuth spielte Herzog Max in Bayern, Sissis Vater, hier mit sechs seiner acht Kinder in seinem Schloss in Possenhofen am Starnberger See. Entstanden sind die Aufnahmen, die in Bayern spielen sollen, in der ehemaligen Sommerresidenz der Salzburger Erzbischöfe am Fuschlsee.

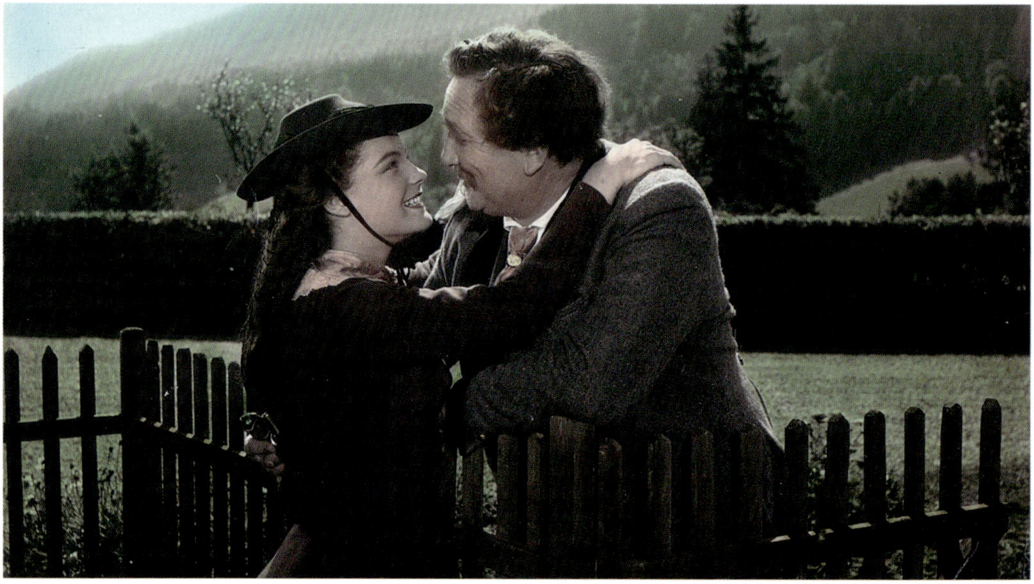

Elisabeth war die zweite Tochter und das vierte Kind von Herzog Max Joseph in Bayern und Prinzessin Ludovika Wilhelmine nach dem Ältesten Ludwig Wilhelm, dem früh verstorbenen Bruder Wilhelm und der ältesten Schwester Helene. Sie kam am 24. Dezember zur Welt, am Weihnachtsabend des Jahres 1837.

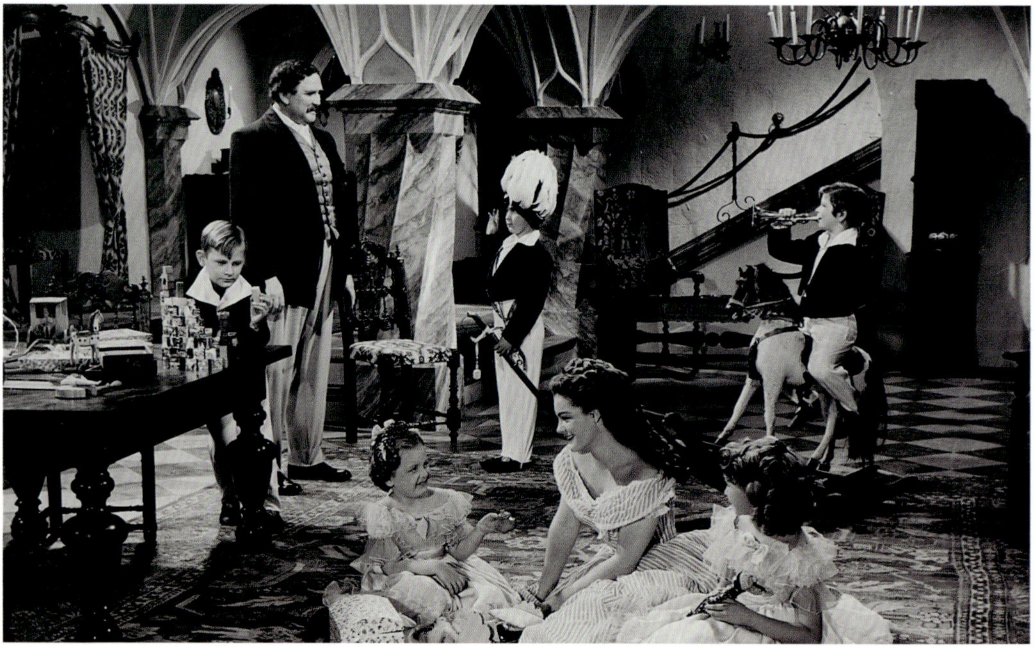

Elisabeth verbringt die Sommermonate unbeschwert mit ihren Geschwistern in Bayern. Das ungestüme Mädchen wächst fernab von standesüblichen Zwängen auf, denn in Possenhofen wird auf Geselligkeit größerer Wert als auf Etikette gelegt und die Kinder können sich in der ländlichen Umgebung unbefangen austoben.

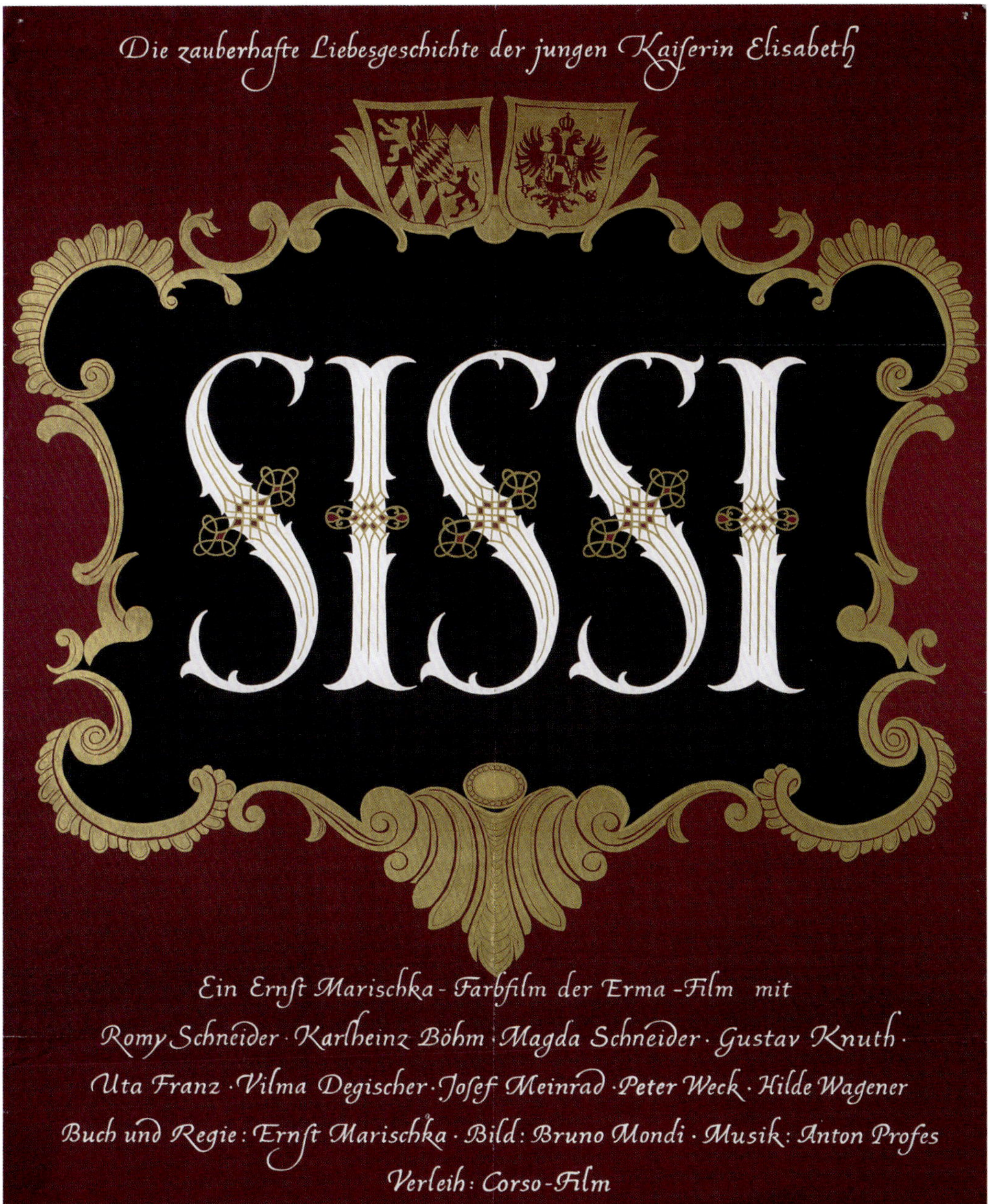


„Überliefertes und Ersonnenes über historische Gestalten mit großer Ausstattung und schönen Außenaufnahmen fürs Auge und gewinnende Interpreten fürs Herz“, schreibt Franz Paimann in seinen Filmlisten über den ersten „Sissi“-Teil. „Kaiser Franz Josephs Verlobungsromanze“, lautet die Reklame.

Das Jahr 1853 war unruhig und krisenanfällig, Revolutionen in Europa wurden niedergeschlagen. Am 18. Februar überlebte der Kaiser leicht verletzt ein Attentat. Die Monarchie bröckelte und brauchte dringend neues Ansehen.

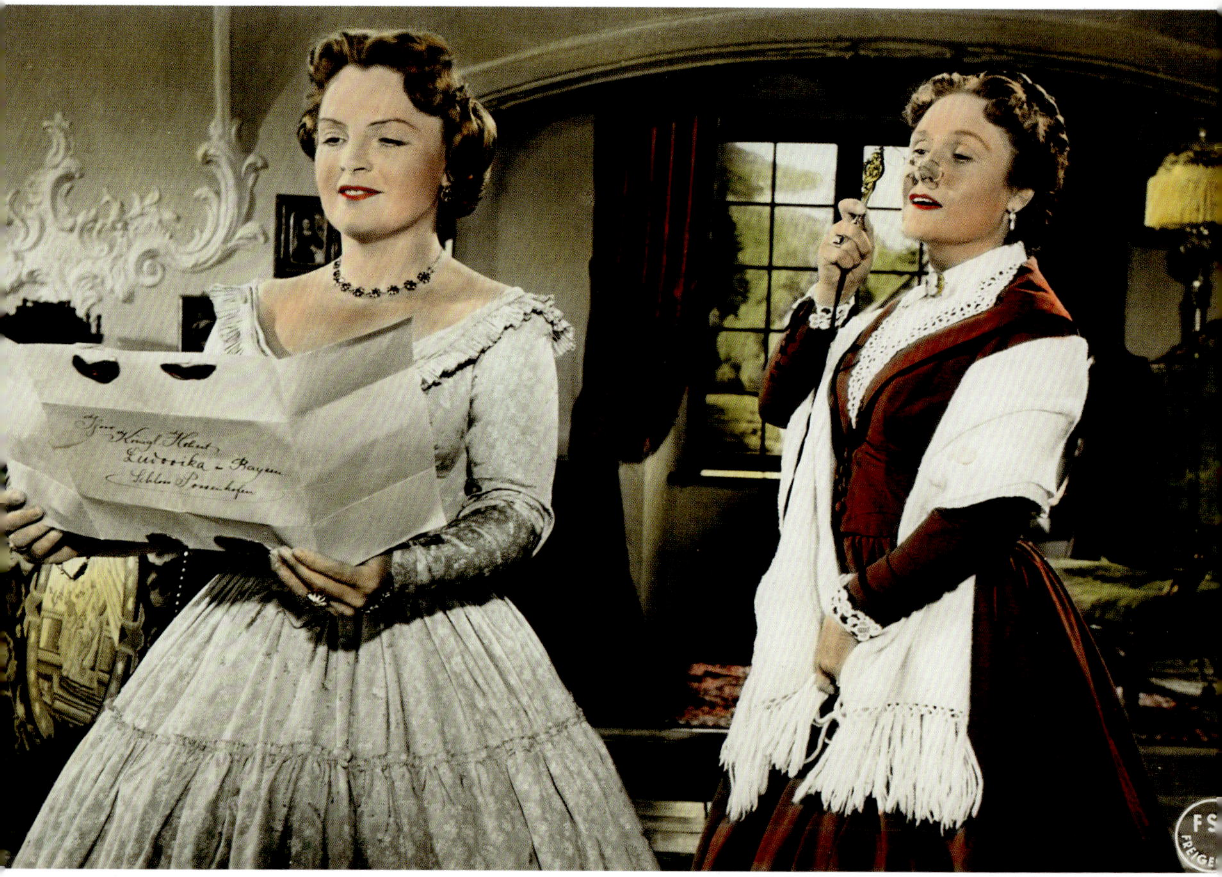

Magda Schneider spielte Erzherzogin Ludovika aus dem Hause Wittelsbach und Hilde Wagener Baronin Wulffen. Ludovika bekommt einen Brief von Erzherzogin Sophie, ihrer Schwester und Mutter des Kaisers Franz Joseph von Österreich. In diesem lädt sie Sophie und ihre Tochter Néné zum Hofball nach Ischl ein.

Es wäre an der Zeit, dass der Kaiser heiratet. Erzherzogin Sophie sucht eine passende Braut für ihren Sohn. Die Tochter ihrer Schwester Ludovika, Helene, genannt Néné, soll nach ihrem Willen Kaiserin von Österreich werden und die Verlobung nach außen hin zwanglos in Ischl eingefädelt werden.

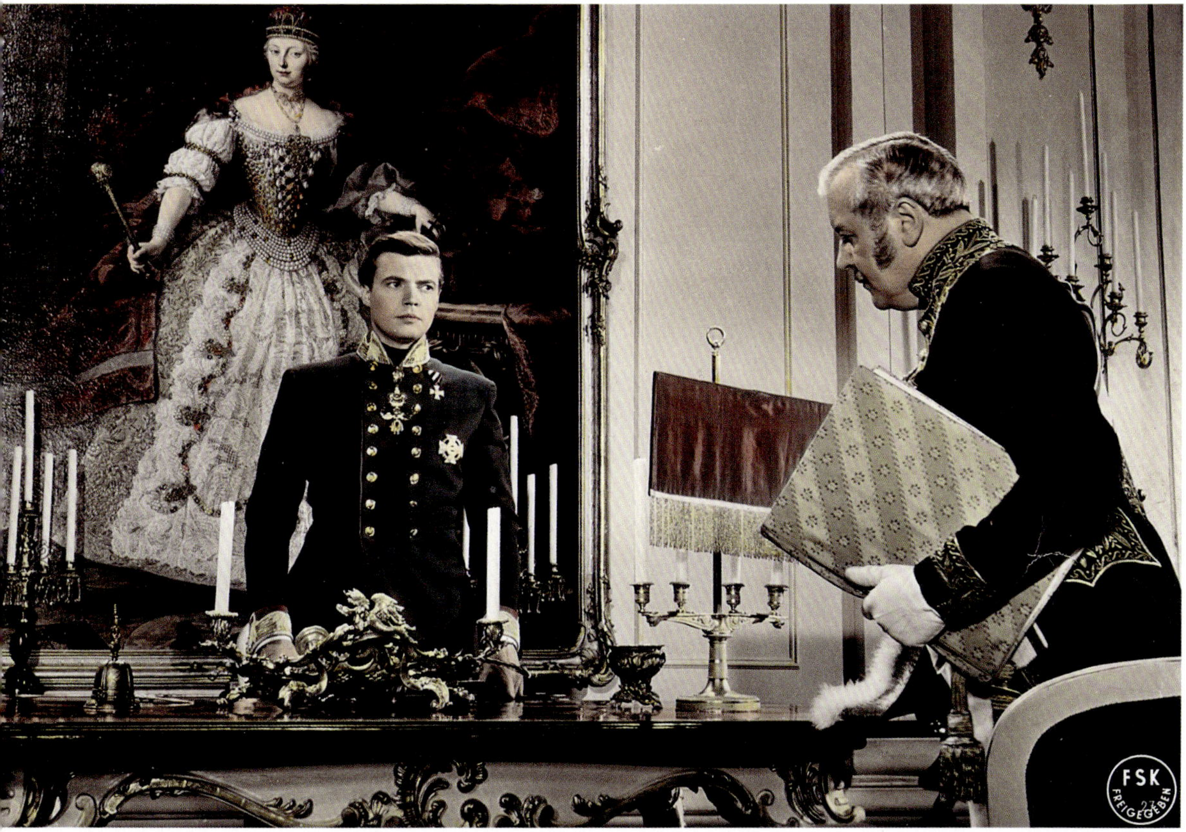
FSK
FREIGEGEBEN

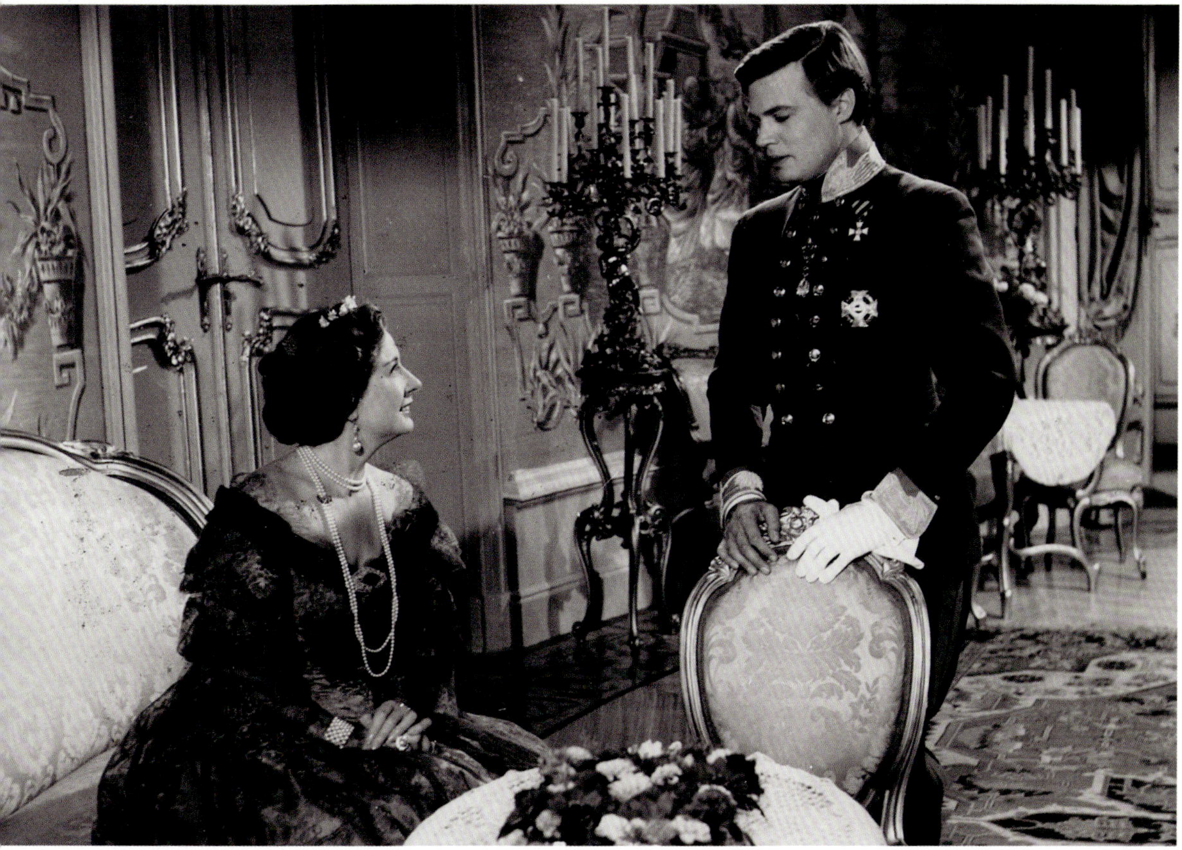

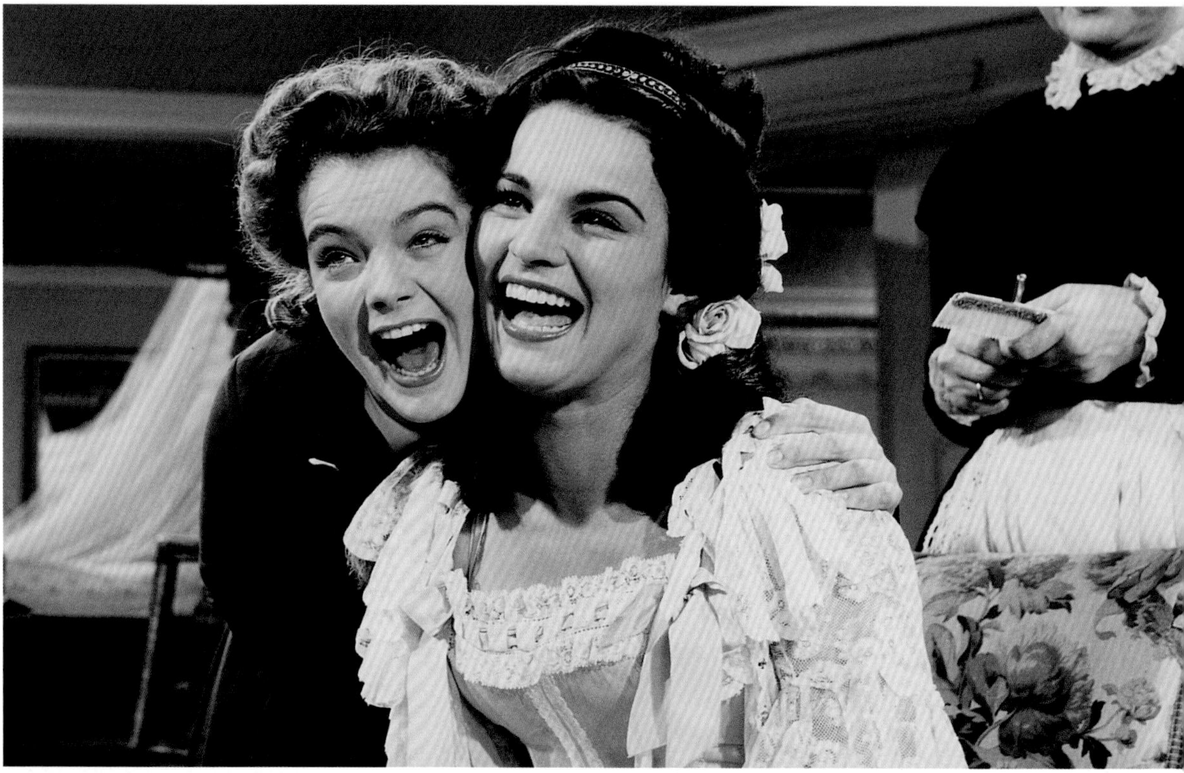

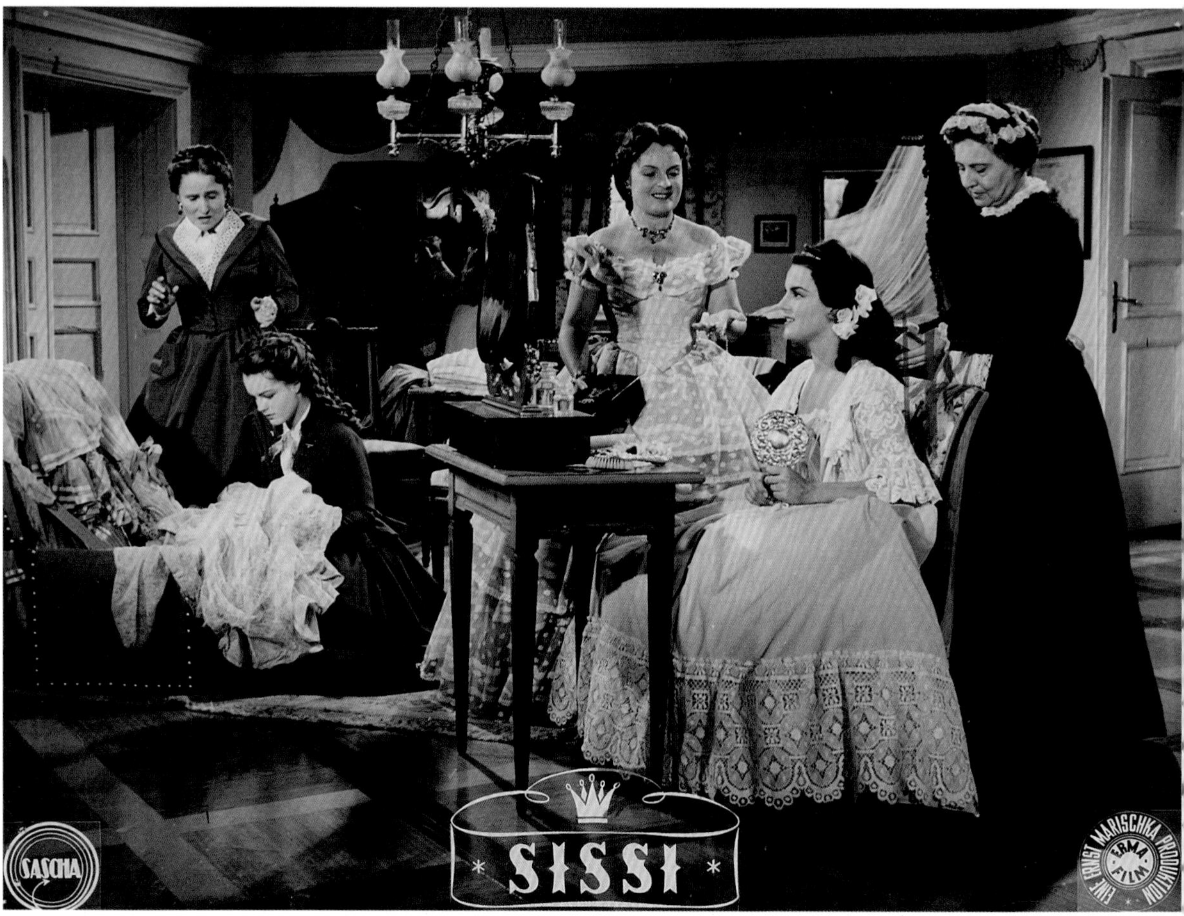
SASCHA
SISSI
EINE ERNST MARISCHKA PRODUKTION
ERMA FILM

◃ Bei dem arrangierten Treffen anlässlich des Geburtstags von Kaiser Franz Joseph im August 1853 in Ischl ist auch Nénés jüngere Schwester, die erst 15-jährige Sissi, dabei. Die Verlobungsabsichten sind noch geheim, auch Sissi weiß davon nichts.

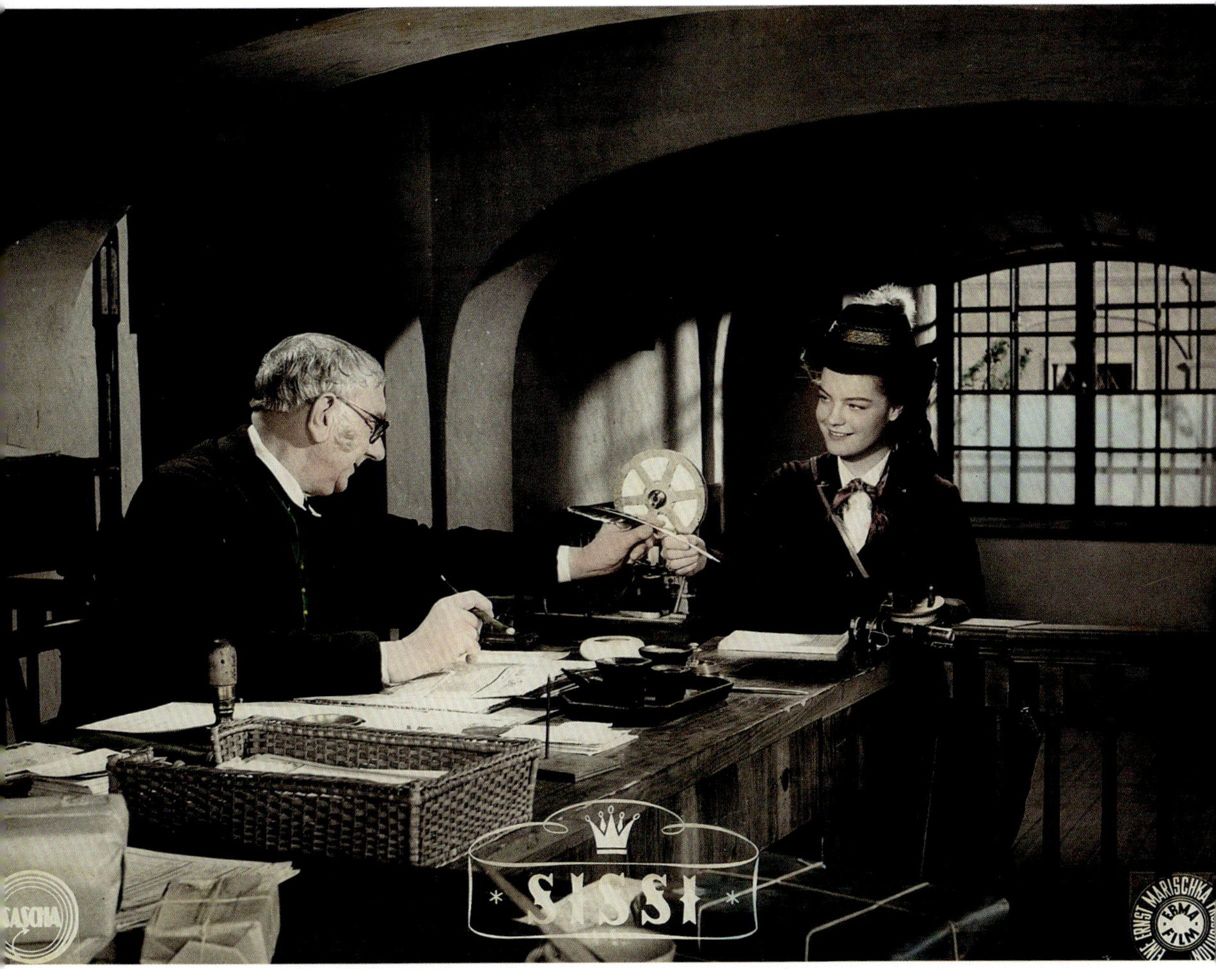


Während der Vorbereitungen zum kaiserlichen Hofball flieht Sissi durch ein Fenster, um dem Vater zu telegrafieren und danach heimlich fischen zu gehen. Für den Telegrammverkehr zwischen Ischl und Wien wurde ein eigenes Telegrafenamt in Ischl installiert.

◃ Néné, gespielt von Uta Franz, ist begeistert von der Aussicht, Kaiserin zu werden und wurde auch in dieser Hinsicht erzogen. Uta Franz, eigentlich Uta Franzmair, war Nachwuchsfilmstar und in der Rolle der Néné sehr erfolgreich, beendete jedoch nach der „Sissi“-Trilogie ihre Filmkarriere.

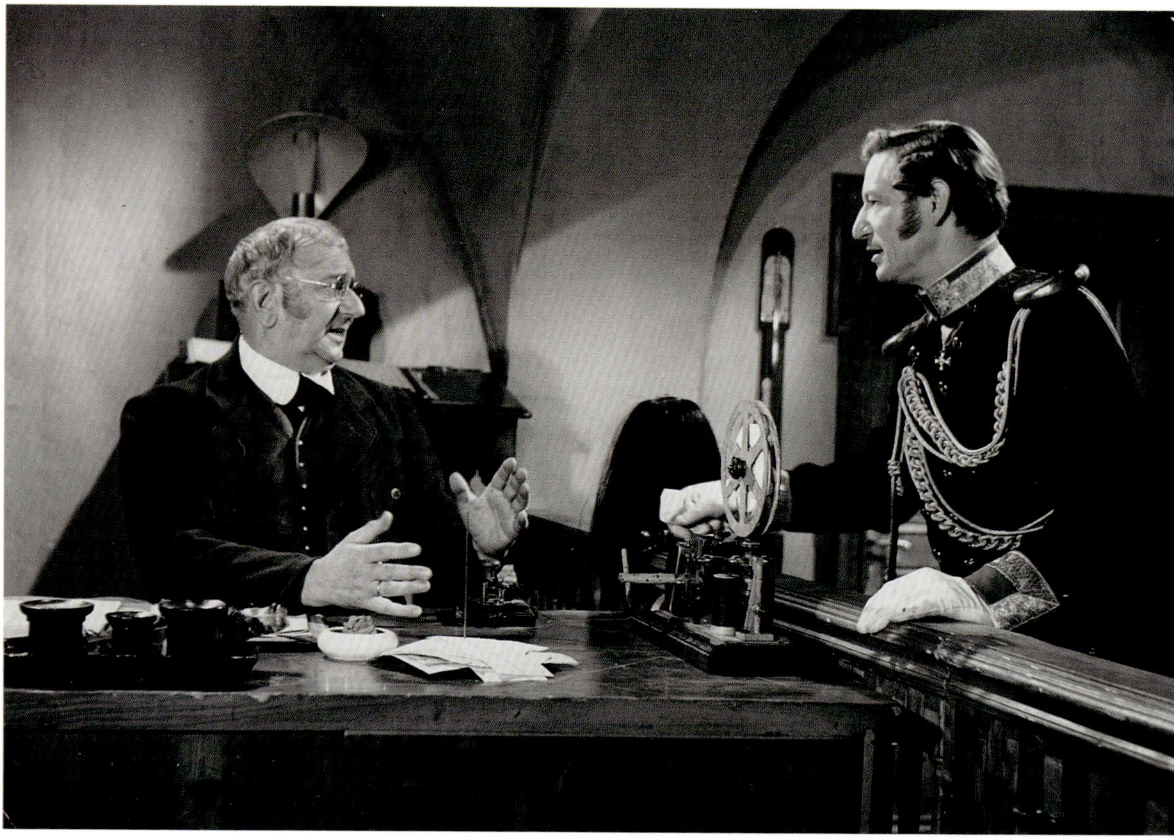

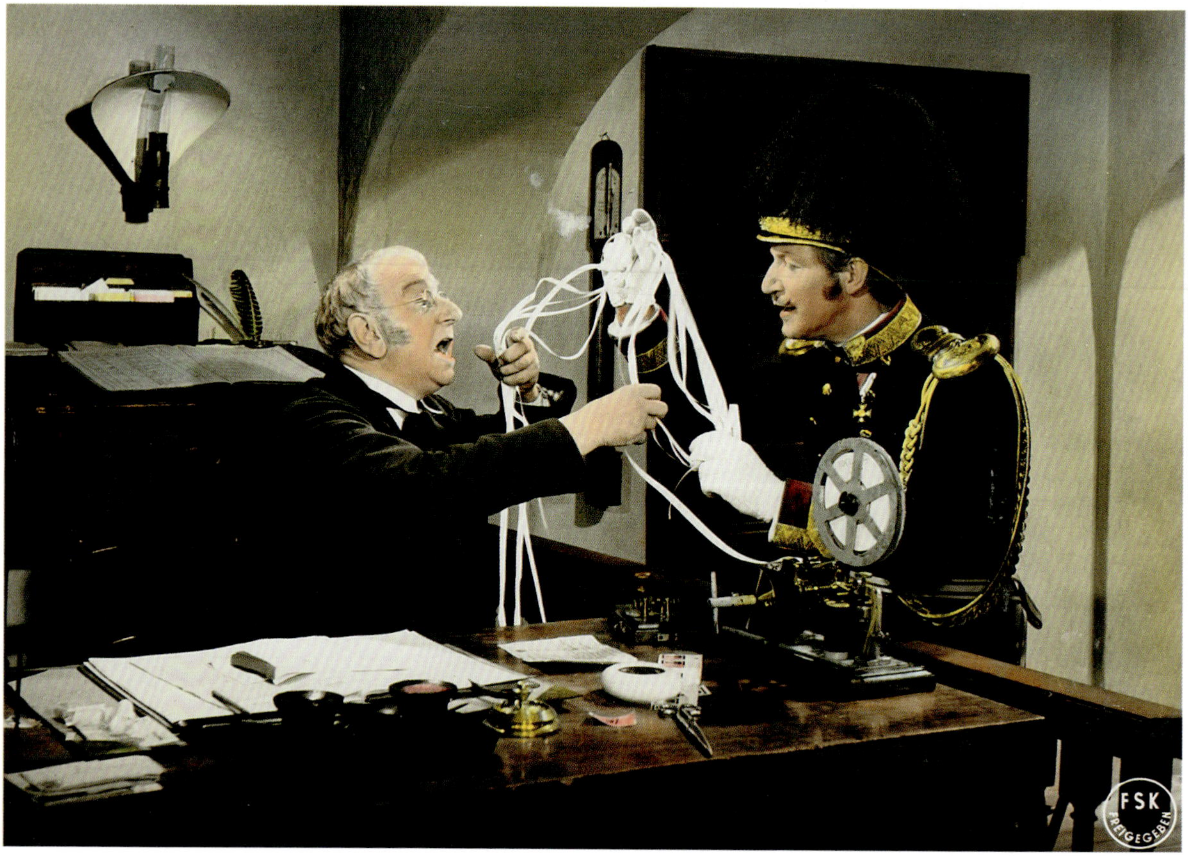

◁ Richard Eybner ist der Postmeister von Ischl. Der tollpatschige Gendarm Major Böckl wird von Josef Meinrad gespielt. Er verlieh dem Film die erfrischende und scherzhafte Seite. Böckl soll den Kaiser in Ischl beschützen. Ein mögliches weiteres Attentat muss unbedingt verhindert werden.

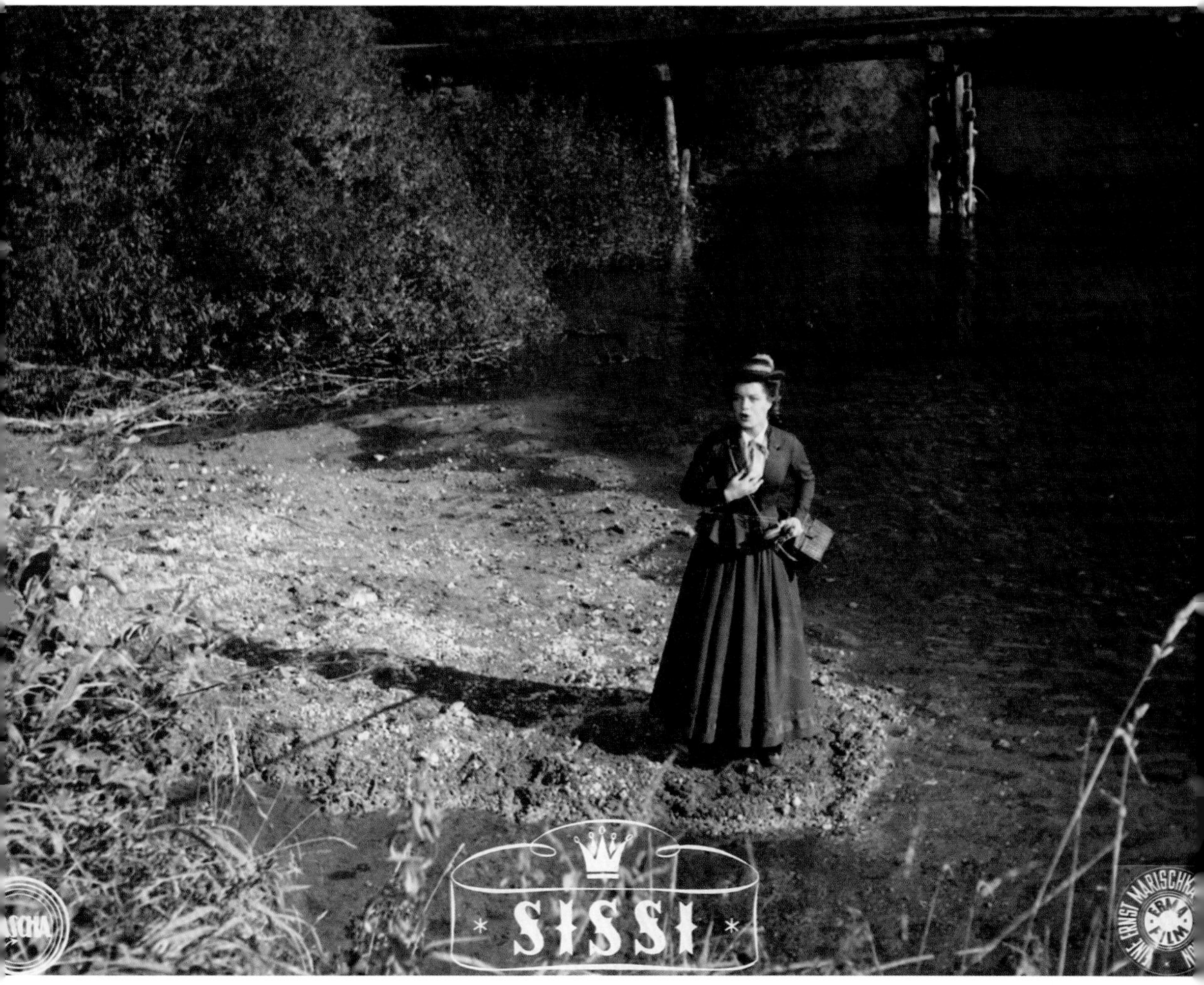


Sissi ist sehr naturverbunden. Sie geht gerne jagen und fischen wie ihr Vater. Sie wird dabei vom Gendarmeriemajor Böckl beobachtet und verfolgt, denn er hält Sissi für eine Diebin oder anarchistische Attentäterin und vermutet in ihr eine potenzielle Gefahr für den Kaiser.

◁ Ischl – seit 1906 mit dem Titel „Bad" ausgezeichnet – ist Österreichs ältestes Solebad. Der zu Beginn des 19. Jahrhunderts beliebte Kurort war ab 1849 die kaiserliche Sommerresidenz und in der Folge auch das Sommerdomizil populärer Komponisten sowie ein beliebter Künstlertreffpunkt.

Hier treffen Sissi und Franz Joseph im Film erstmals aufeinander. Sissis Angelroute verfängt sich in der Kleidung von Franz Joseph. Somit angelt Sissi sich hier sprichwörtlich den Kaiser. Tatsächlich wurden sie einander offiziell beim Nachmittagstee am Vortag des Balls vorgestellt. ▷

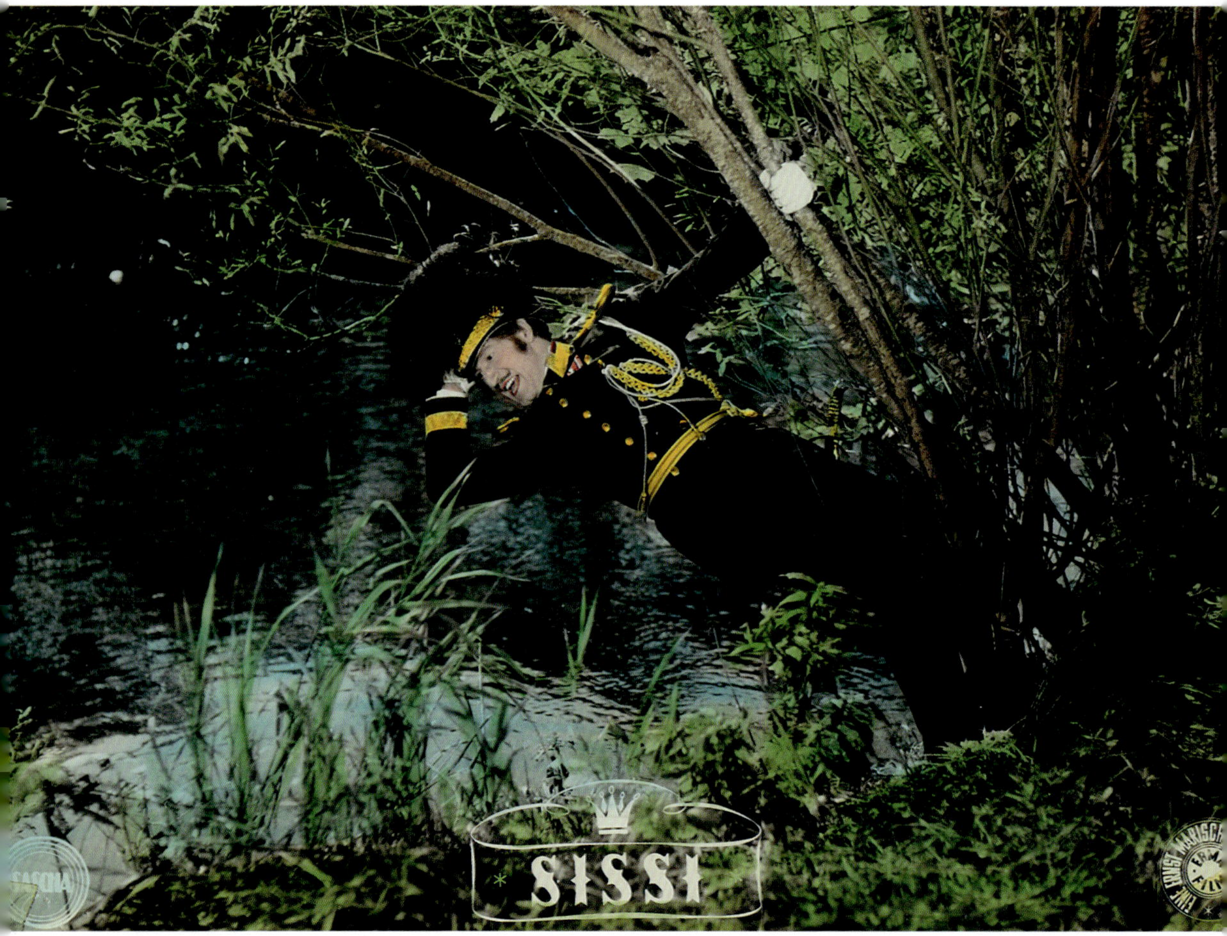


Josef Meinrad war Kammerschauspieler. Er spielte die großen Nestroy- und Raimund-Rollen und drehte zahlreiche Filme. Als Träger des Ifflandrings galt er als bedeutendster Schauspieler des deutschen Sprachraums. Der Platz zwischen dem Burgtheater und dem Volksgarten trägt heute seinen Namen.

Oberst Böckl ist noch immer um die Sicherheit seiner Majestät besorgt. Das missglückte Attentat eines ungarischen Schneidergesellen auf den Kaiser mit einem Küchenmesser ist nur ein paar Monate her. Es war einer der berühmtesten vereitelten Mordversuche in der Geschichte Österreichs. ▷

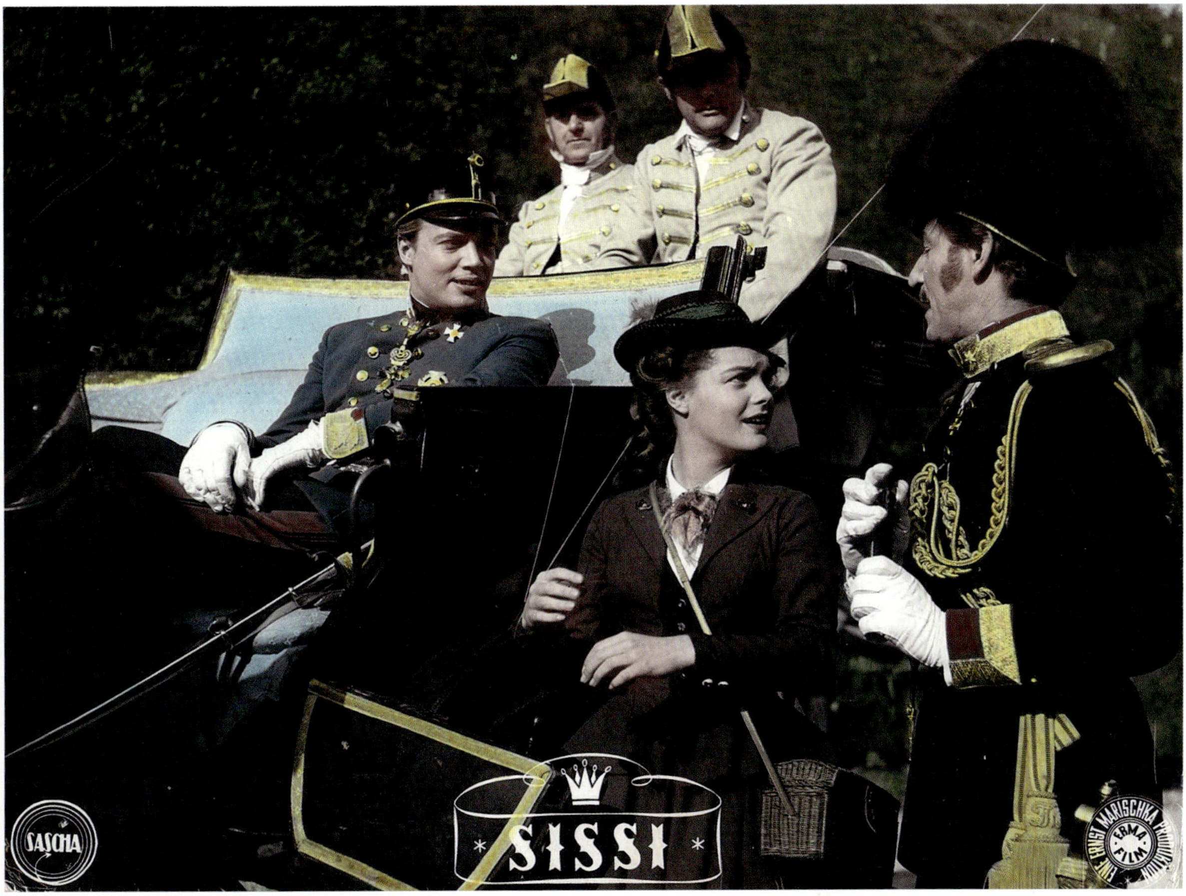
SASCHA
SISSI

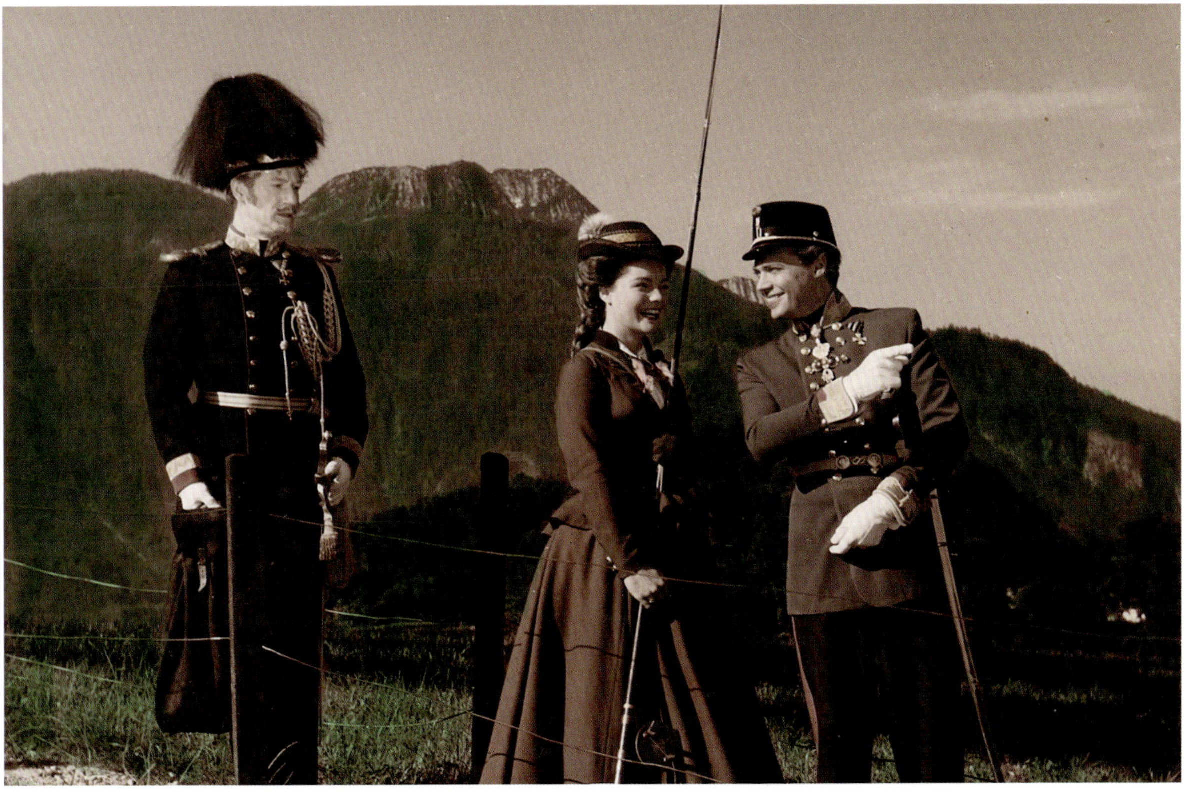

Karlheinz Böhm, der Sohn des bekannten Dirigenten Karl Böhm, und Romy Schneider drehten gemeinsam vier Filme: neben den drei „Sissi“-Filmen auch noch „Kitty und die große Welt“ (1956). ▹

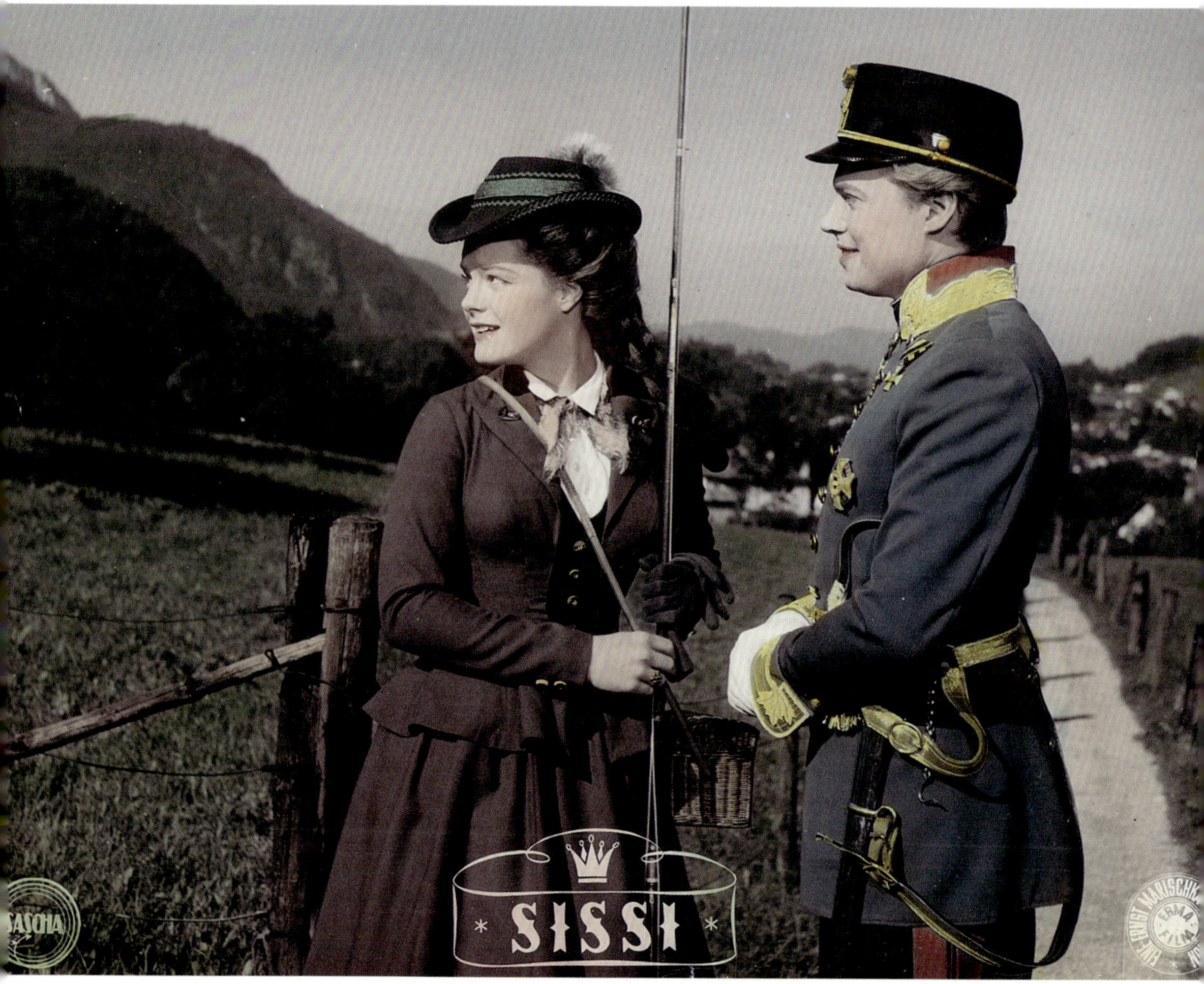


Karlheinz Böhm ist in der Rolle des Kaisers Franz Joseph zu sehen. Die „Sissi“-Trilogie beeinflusste das Leben der beiden Hauptdarsteller, der damals 16-jährigen Romy Schneider und des 27-jährigen Karlheinz Böhm, nachhaltig. Für beide bedeutete sie den internationalen Durchbruch.

Erich Nikowitz stellt im Film Franz Karl, den Vater des Kaisers, als liebenswerten, schrulligen alten Herrn dar, der schlecht hört, um seiner herrschsüchtigen Ehefrau zu entkommen. Franz Karl galt als körperlich und geistig zu schwach für ein politisches Amt. ▹

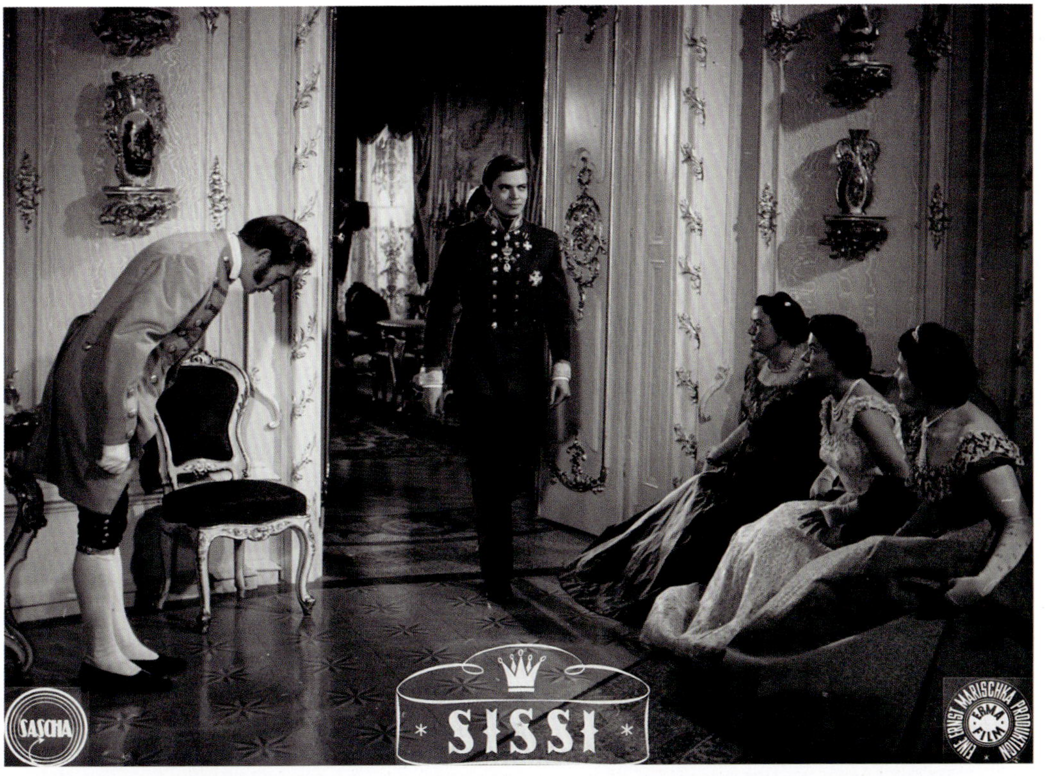
SASCHA
SISSI
EINE ERNST MARISCHKA PRODUKTION
ERMA FILM

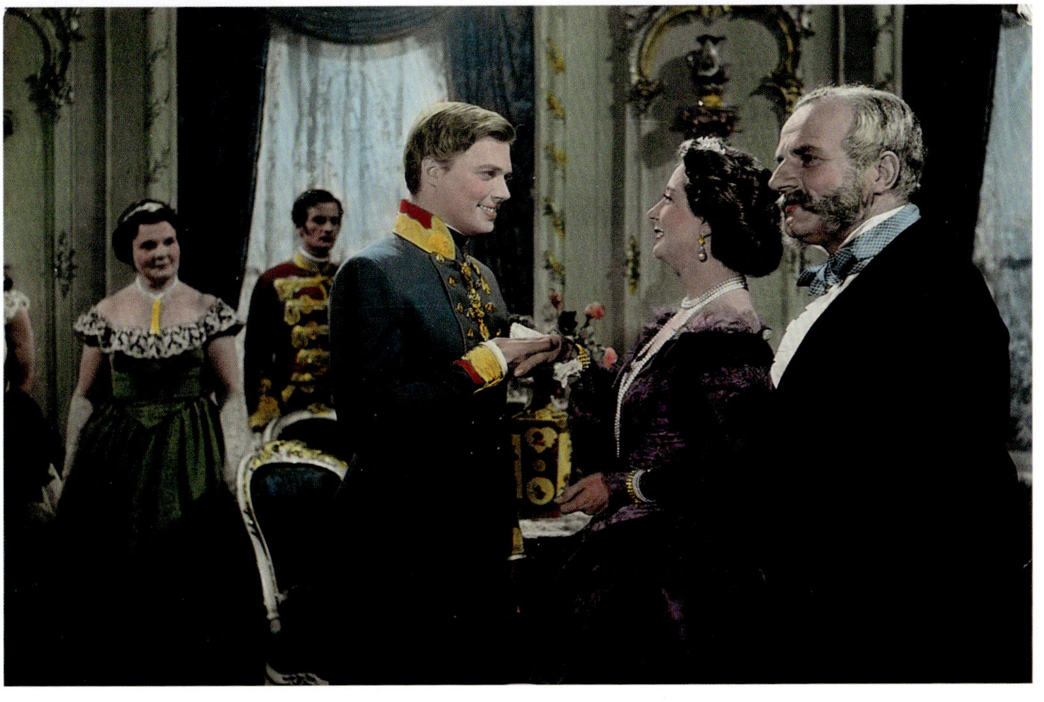

Marischka setzte bei der Besetzung des Kaiserpaars auf die Popularität seiner beiden Nachwuchsschauspieler. Die Filme hatten nicht nur einen nachhaltigen Einfluss auf die Karrieren der Hauptdarsteller, sondern prägten ebenso nachhaltig das Bild, das man sich von der Kaiserin macht. ▹

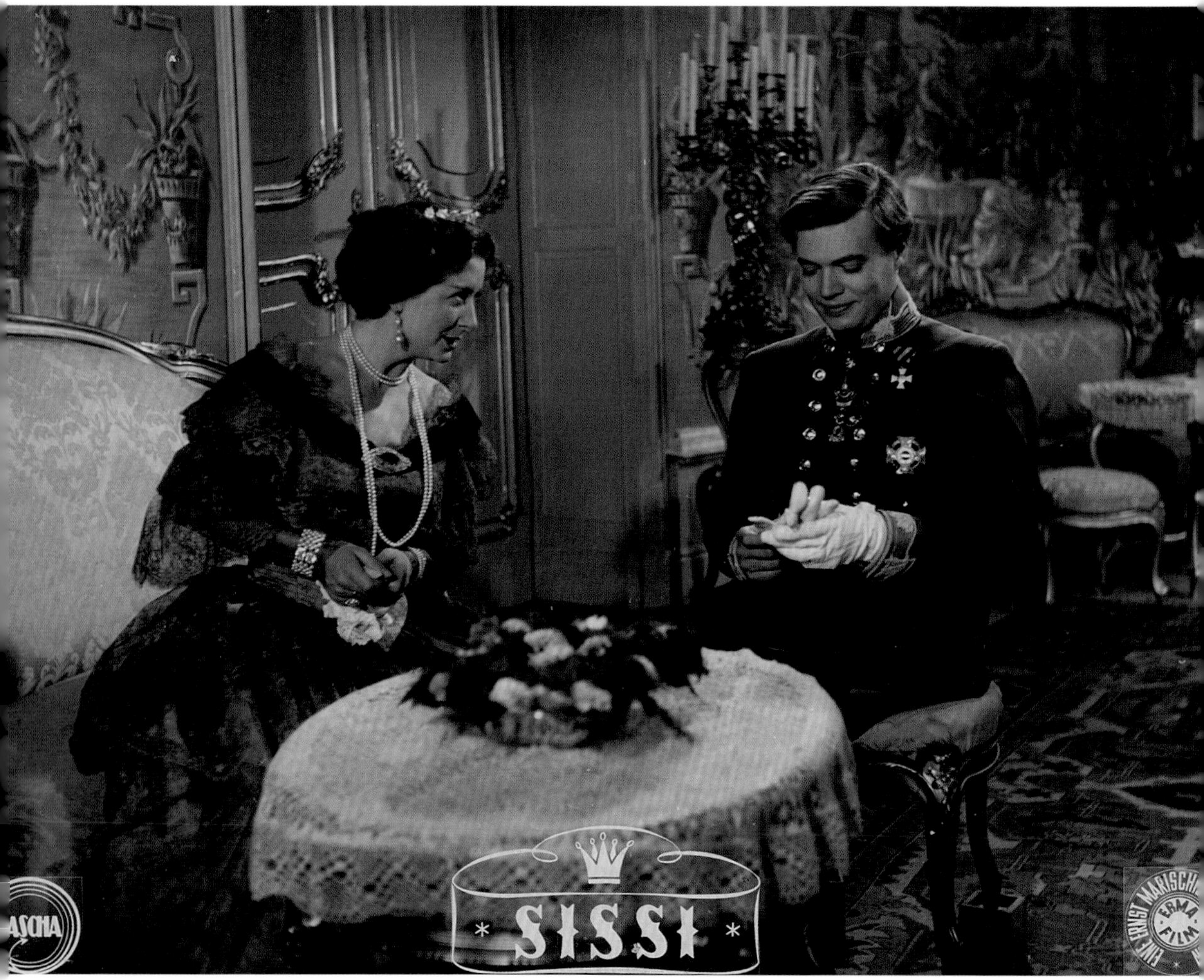


Die Mutter des Kaisers, gespielt von Vilma Degischer, ist die eigentliche Herrscherin und heimliche Kaiserin. Sie hatte dafür gesorgt, dass nach dem Rücktritt des geistesschwachen Kaisers Ferdinand I. im Jahr 1848 ihr Mann Franz Karl zugunsten seines Nachfolgers Franz Joseph auf den Kaiserthron verzichtete.

Kaiser Franz Joseph war ein hübscher, schlanker junger Mann. Er wird als gerechter, pflichtbewusster und menschenfreundlicher Monarch dargestellt. Das Bild des gutmütigen, doch auch recht steifen und pflichtbewussten Monarchen im Film ist vermutlich der historischen Figur recht ähnlich. ▹

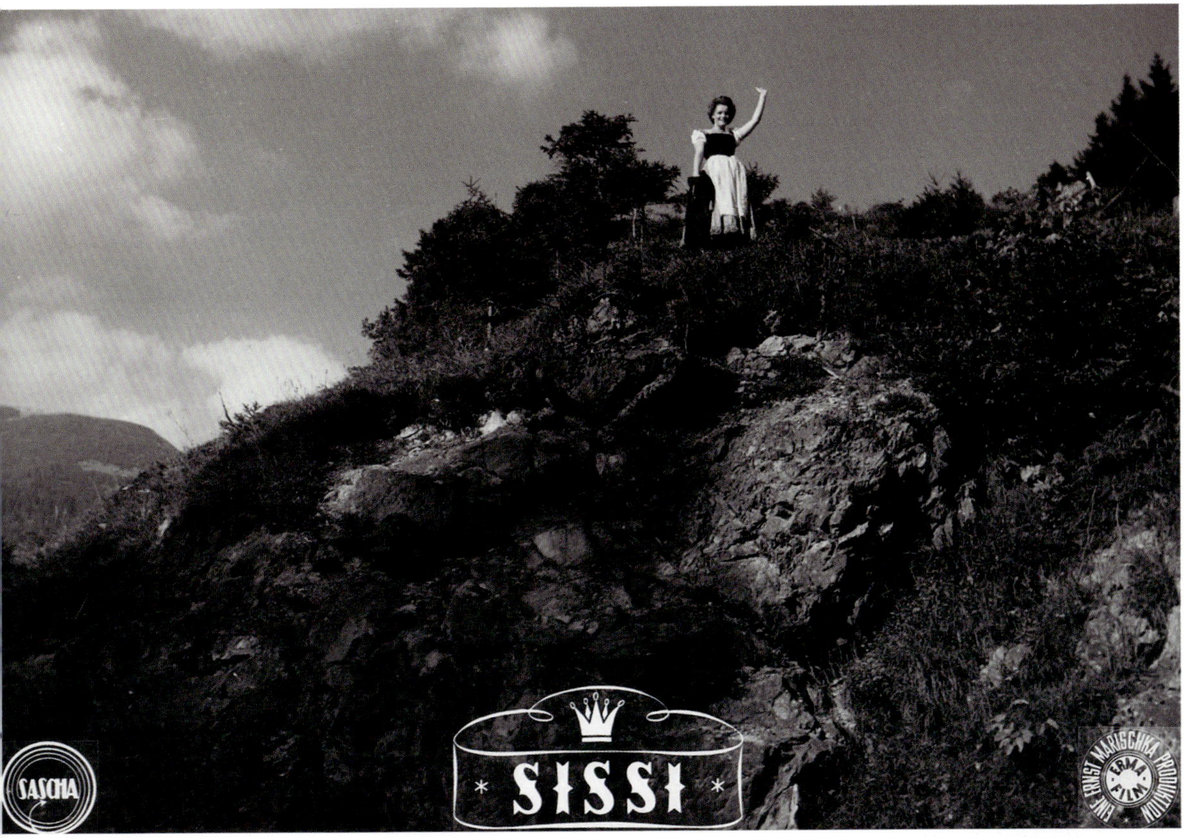
SASCHA
SISSI
EINE ERNST MARISCHKA PRODUKTION
ERMA FILM

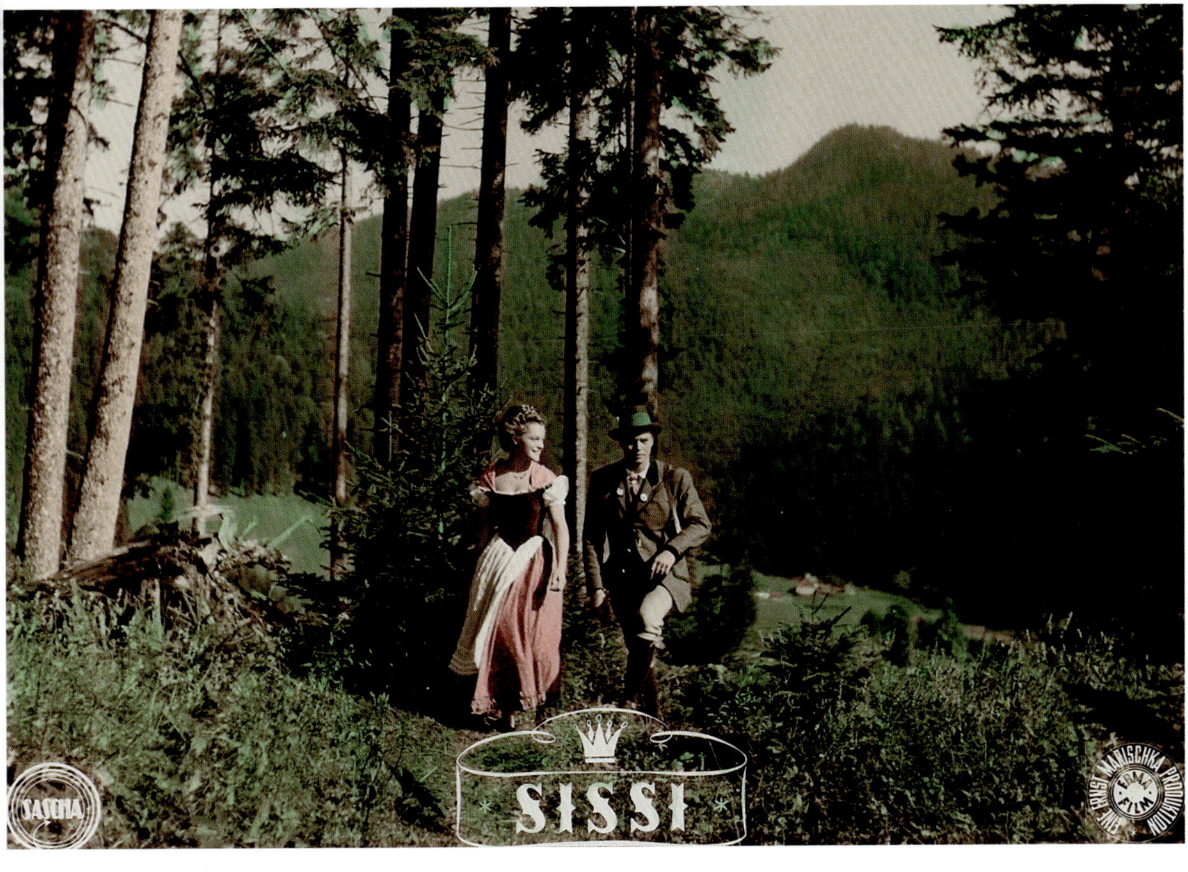
SASCHA
SISSI
EINE ERNST MARISCHKA PRODUKTION
ERMA FILM

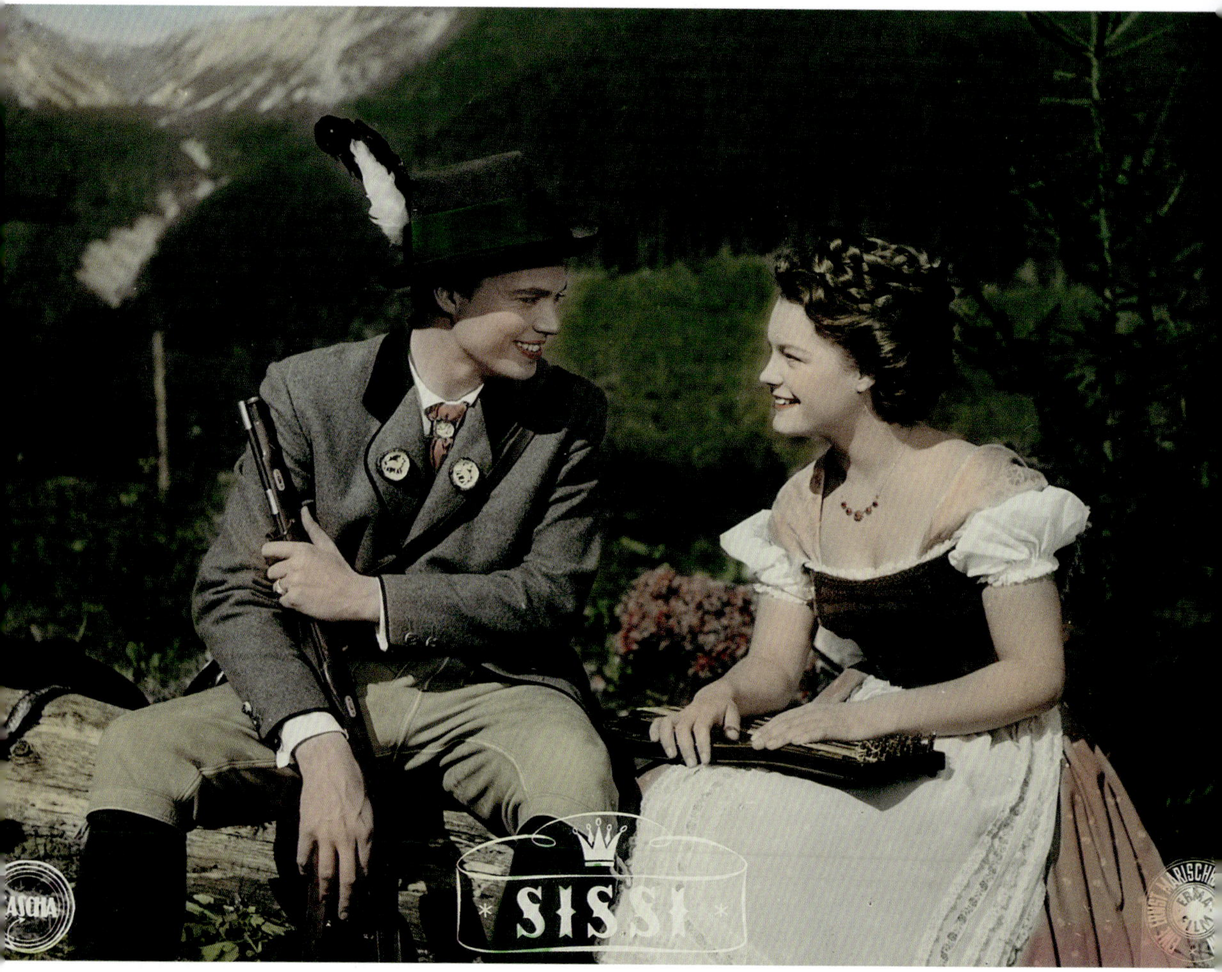


Franz Joseph war von Geburt an zum künftigen Kaiser von Österreich bestimmt. Seine Ausbildung war umfangreich. Er war ein fügsamer Schüler und seiner strengen Mutter gegenüber gehorsam. Wie im Film dargestellt, verliebte sich der Kaiser Hals über Kopf in die junge Prinzessin.

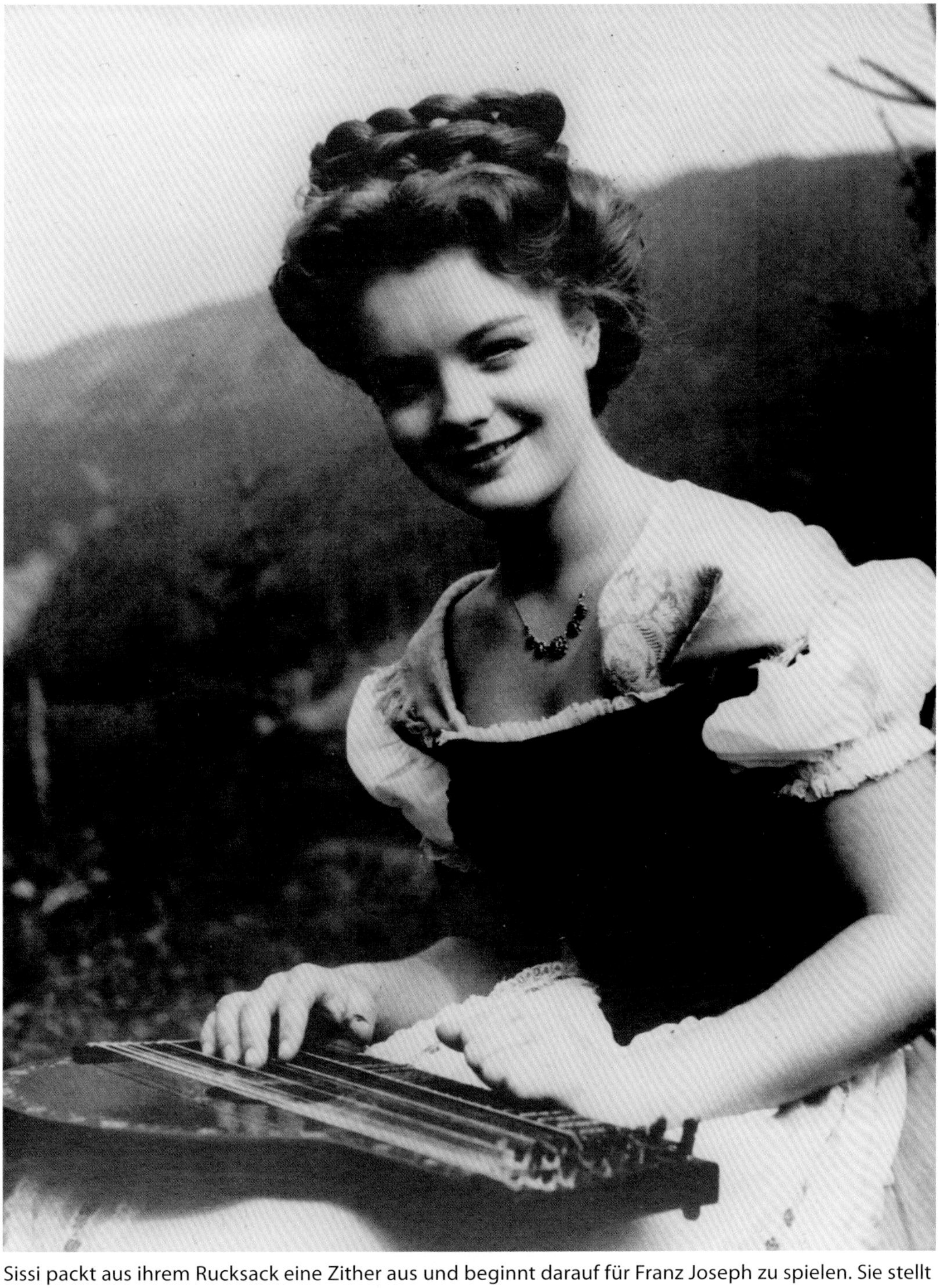

Sissi packt aus ihrem Rucksack eine Zither aus und beginnt darauf für Franz Joseph zu spielen. Sie stellt sich ihm als Lisl vor und gibt sich ihrem Cousin nicht zu erkennen. Das Zitherspiel war eine Leidenschaft von Sissis Vater. Die Zither nahm er auch immer auf Reisen mit.

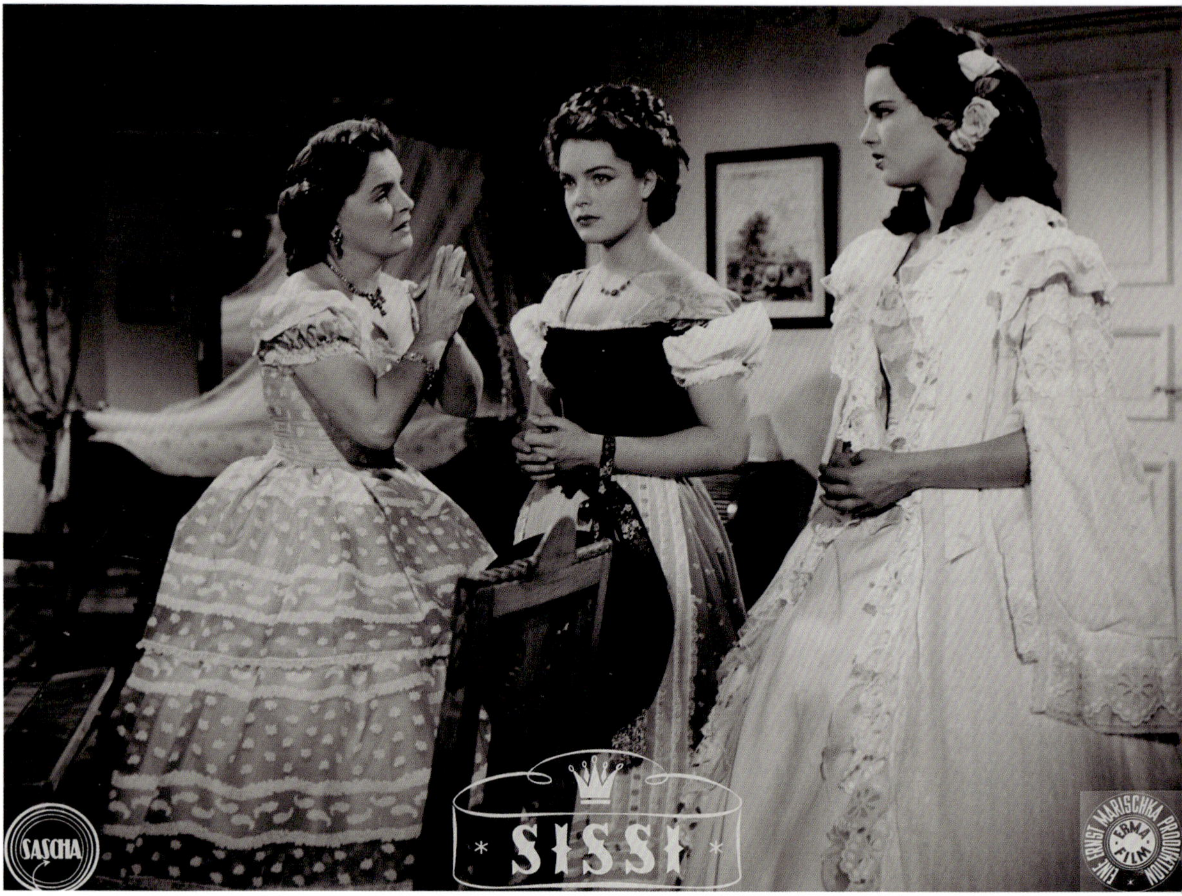
SASCHA
SISSI
EINE ERNST MARISCHKA PRODUKTION
ERMA FILM

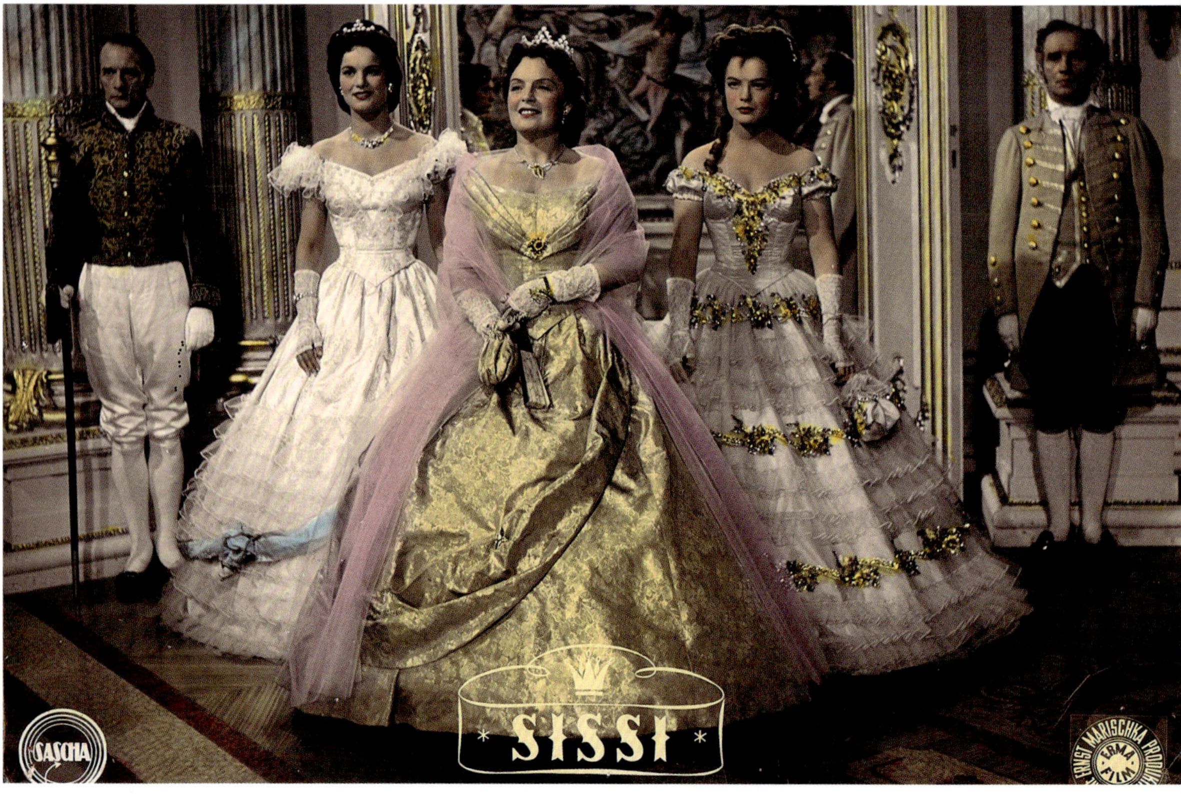
SASCHA
SISSI

Sissi mit ihrer Mutter und ihrer Schwester Néné kurz vor dem Hofball zu Ehren des 23. Geburtstags von Kaiser Franz Joseph am 18. August 1853, dem Tag, an dem Elisabeth begann, österreichische Geschichte zu schreiben.

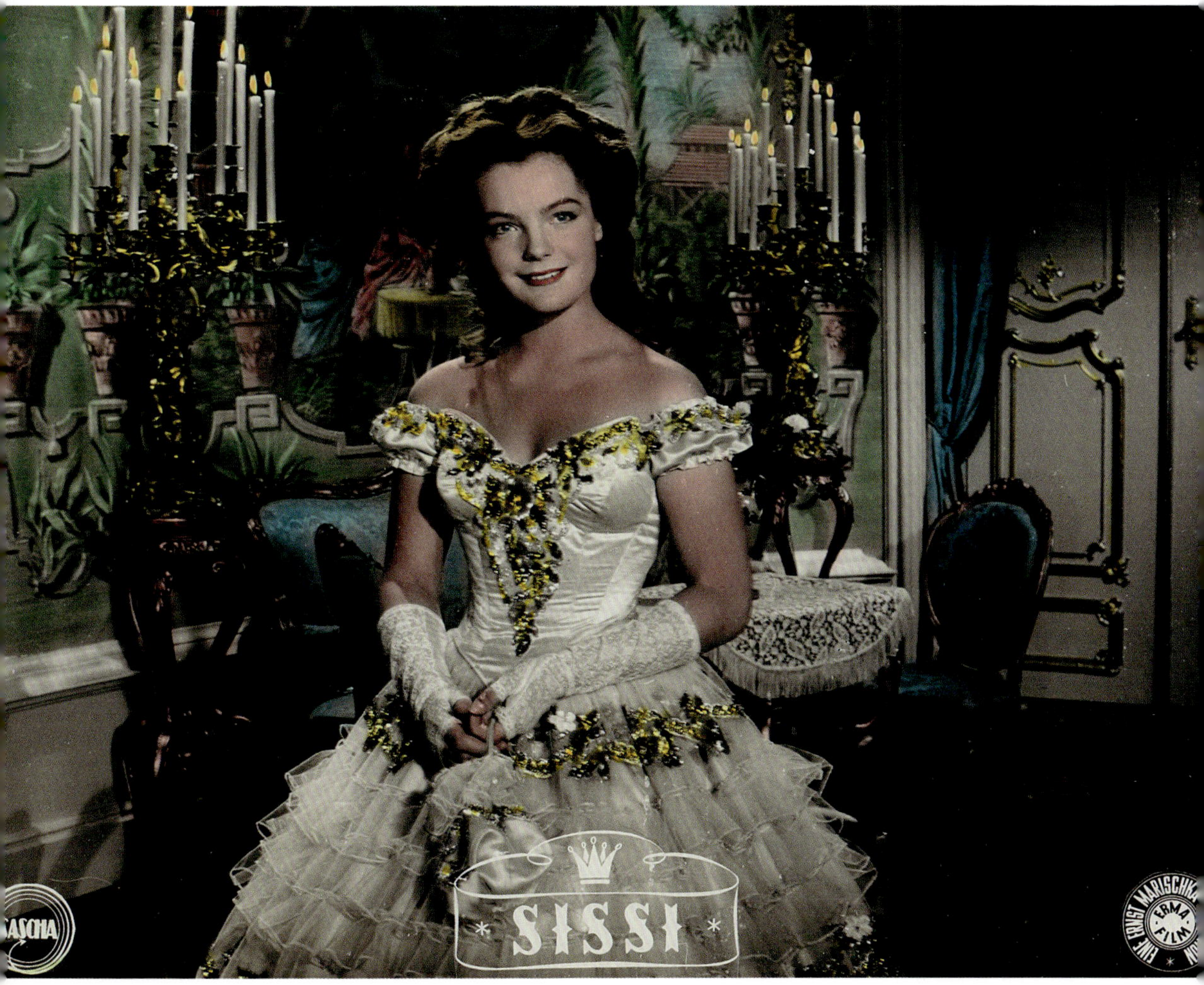


Insgesamt wurden 3.000 Kostüme angefertigt. Die Kleider wurden teilweise nach den zeitgenössischen Gemälden nachgeschneidert. Ernst Marischka wollte den Filmen in allen Details historische Authentizität verleihen.

Für die Kostüme waren die österreichischen Kostümbildner Gerda Gottstein (Gerdago) und Leo Bei verantwortlich. Gerdago war die bedeutendste Kostümbildnerin der 1950er-Jahre. Sie gestaltete die Damenkostüme. Bei den Kostümen für die Männer konnte Leo Bei auf Uniformen der Armee zurückgreifen.

Kaiser Franz Joseph sucht das Gespräch mit Sissi, gesteht ihr jetzt offen seine Liebe und bittet sie, ihn zu heiraten. Das bringt Sissi in schwere Gewissenskonflikte. Um der geplanten Hochzeit zwischen Néné und Franz nicht im Wege stehen, weist sie ihn zunächst ab.

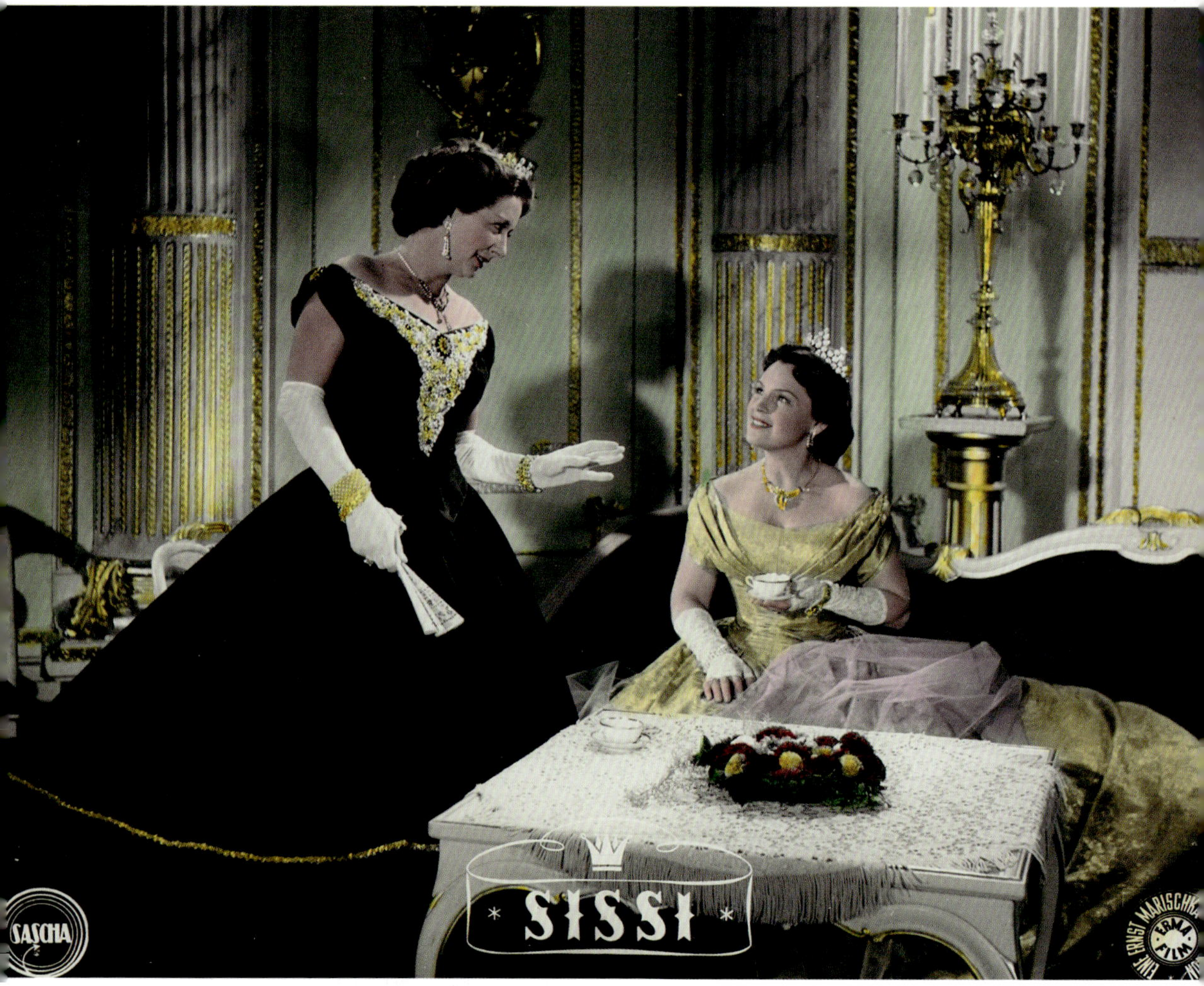


Die beiden Schwestern Sophie und Ludovika hatten auch historisch nur wenige Gemeinsamkeiten. Ludovika hatte die bescheidenste Ehe im Vergleich zu all ihren Geschwistern geschlossen. Die Aussicht, Helene mit dem Kaiser verheiraten zu können, machte sie Sophie gegenüber sehr dankbar und unterwürfig.

Erzherzogin Sophies Favoritin ist eindeutig Néné. Sie hat Sorge, dass Sissi den Anforderungen ihrer künftigen Rolle nicht gerecht werden würde. Obwohl der Kaiser seiner Mutter in allen Angelegenheiten fast hörig ist, schafft sie es in diesem Fall nicht, ihn umzustimmen.

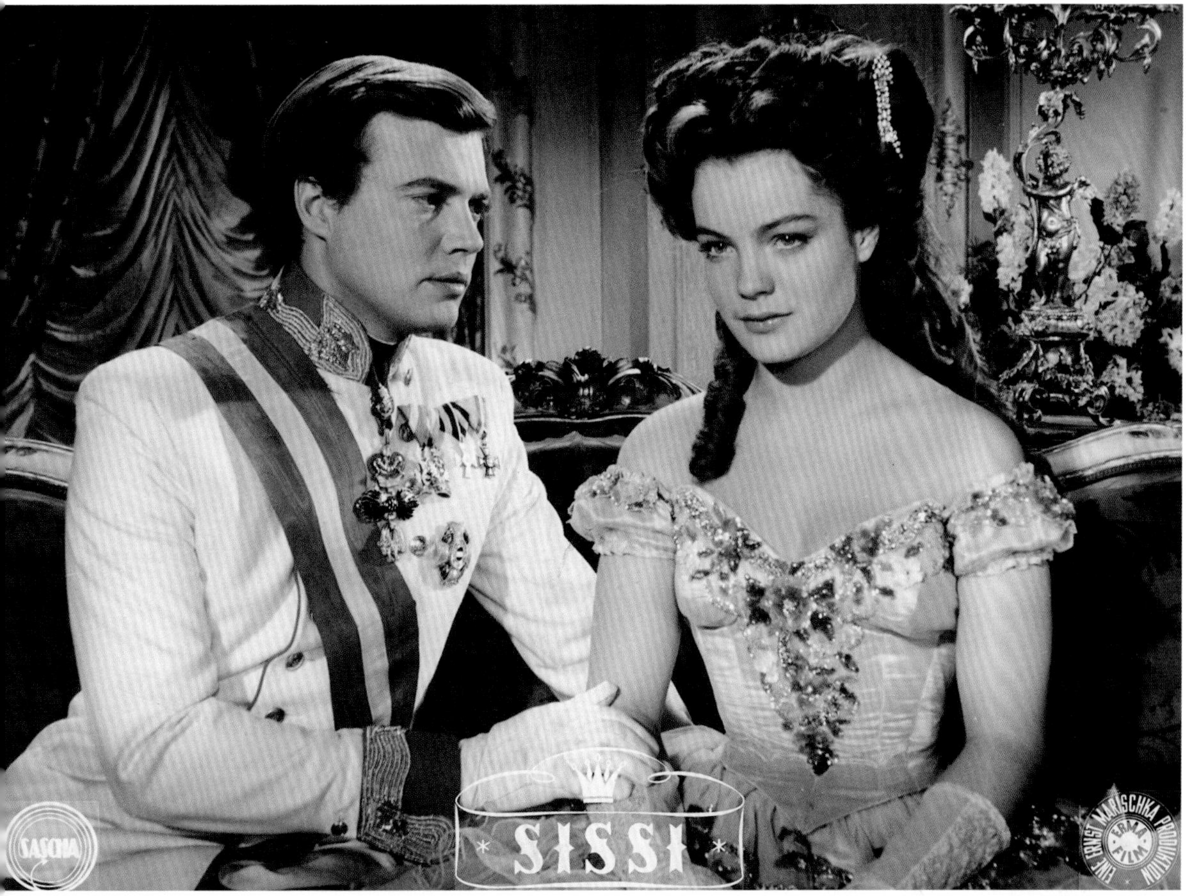
SASCHA
SISSI
EINE ERNST MARISCHKA PRODUKTION
ERMA FILM

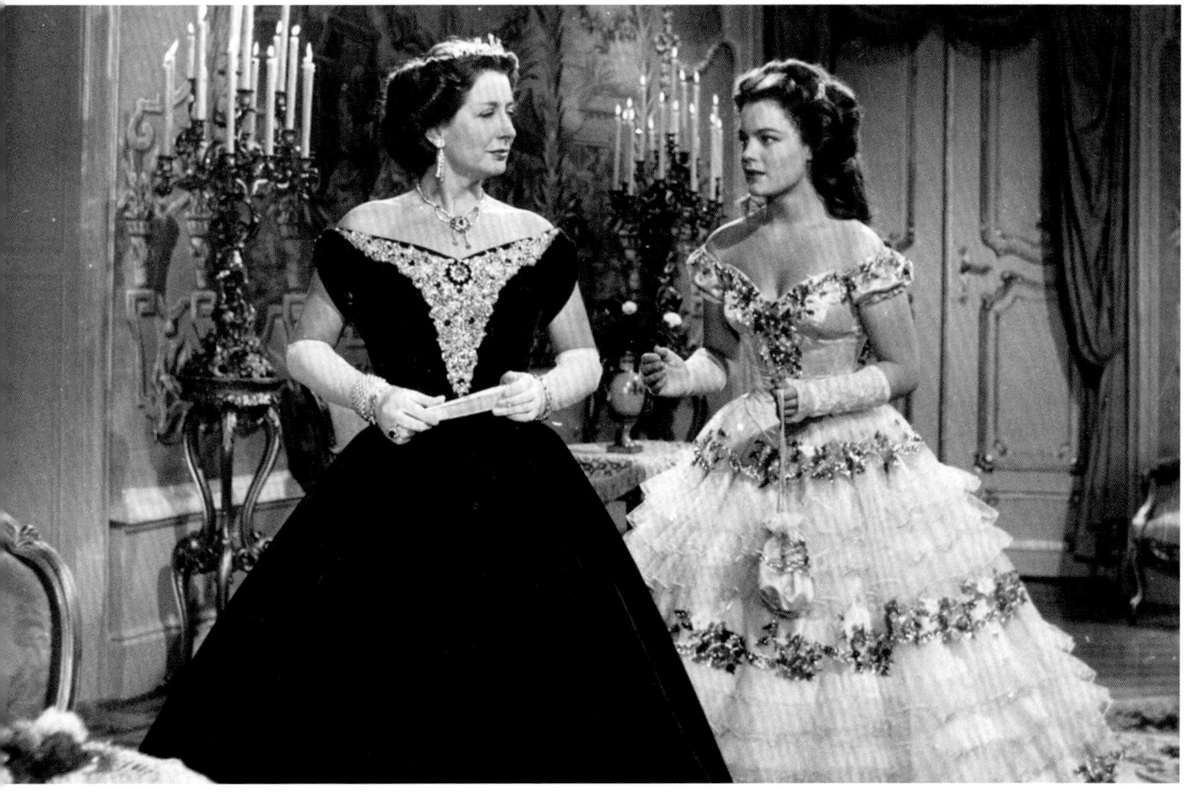

„Der jüngere Bruder, Erzherzog Karl Ludwig, beobachtete scharf und eifersüchtig und sagte seiner Mutter Sophie, dass in dem Augenblick, als der Kaiser Sisi erblickte [...] man nicht mehr zweifeln konnte, auf wen die Wahl fallen würde“, schildert Sisi-Biografin Brigitte Hamann.

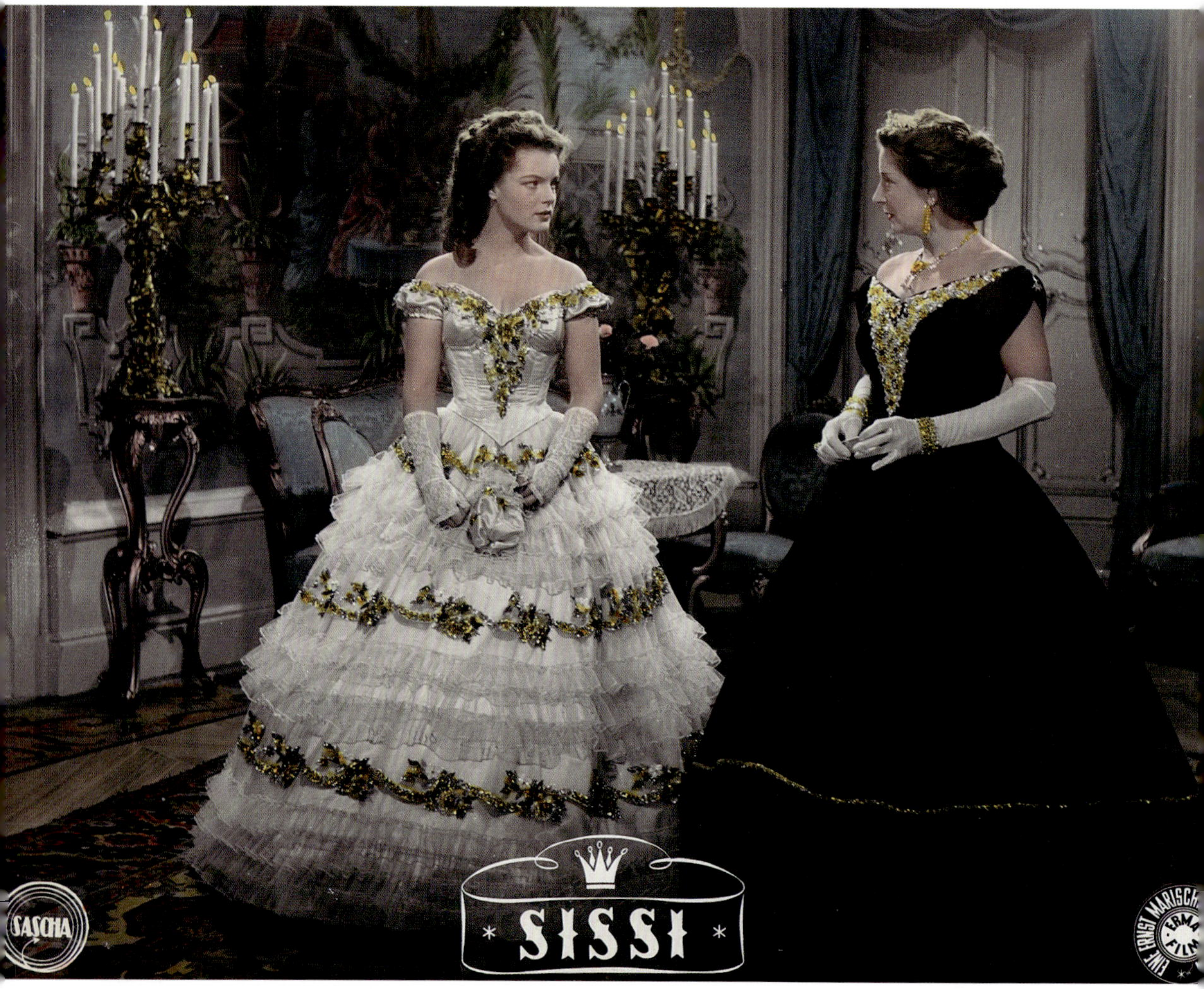


Vilma Degischer spielte die herrische und strenge Schwiegermutter Erzherzogin Sophie. Sie war vor allem Theaterschauspielerin und gehörte zum Ensemble des Theaters in der Josefstadt. Ihr wurde als erste nicht am Burgtheater tätige Schauspielerin der Titel Kammerschauspielerin verliehen.

Der Kotillon war seinerzeit der Höhepunkt jedes Balles. Der Kaiser überreicht Sissi einen Rosenstrauß und tanzt den Kotillon mit ihr. Das war das Zeichen dafür, dass Sissi die Auserwählte war. Néné fühlt sich öffentlich gedemütigt, wie man an ihrem bestürzten und verzweifelten Blick erkennen kann.

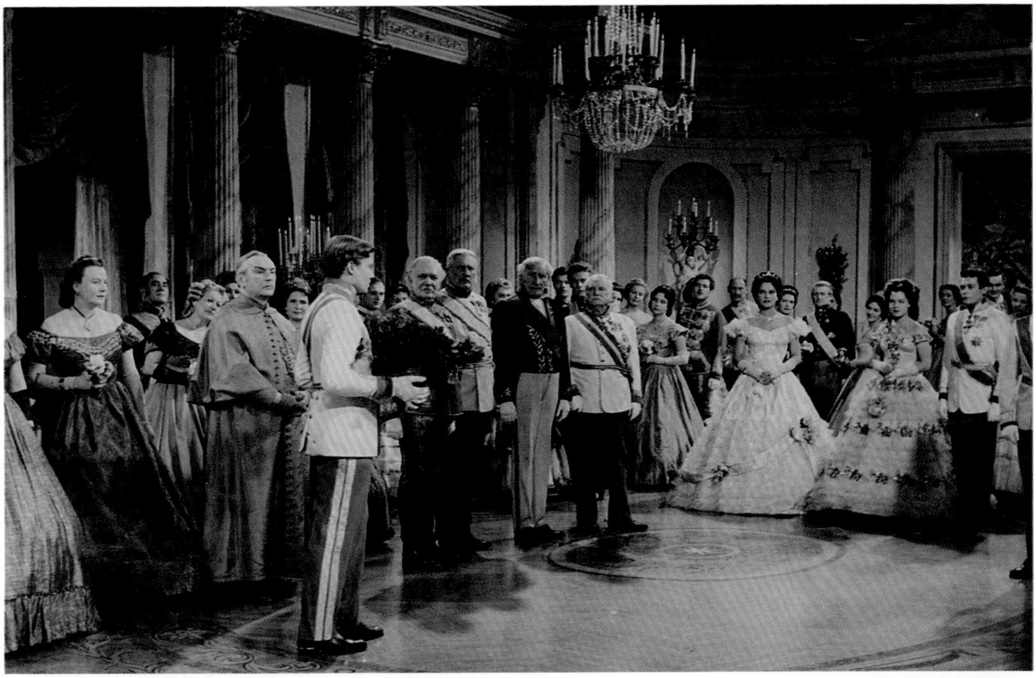

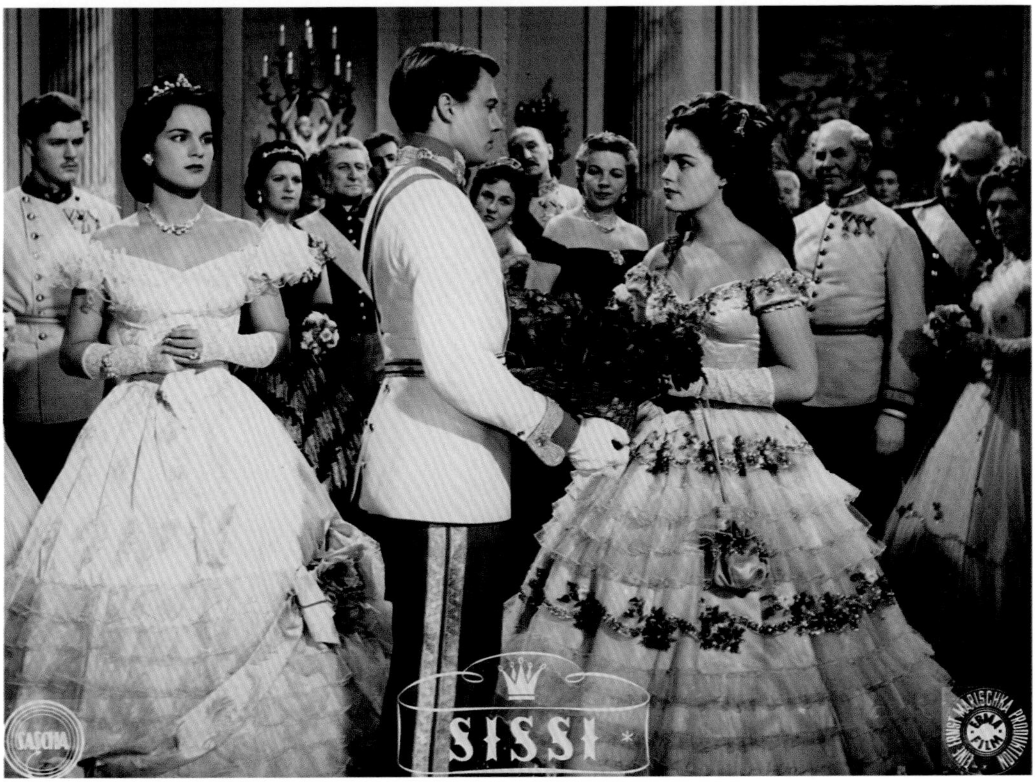
SASCHA
SISSI
EINE ERNST MARISCHKA PRODUKTION
ERMA FILM

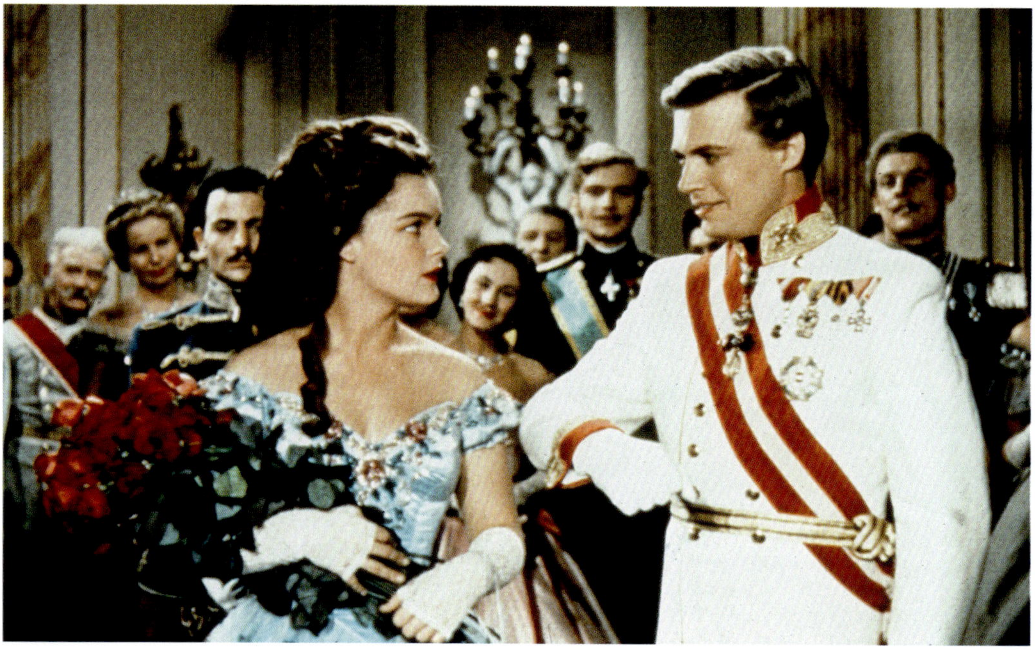

Franz Joseph setzt sich über die Vorbehalte seiner Mutter und über Sissis Widerstand hinweg und gibt zur Überraschung aller Anwesenden die Verlobung mit seiner 15-jährigen Cousine bekannt. Néné geht als verschmähte Braut Kaiser Franz Josephs in die Geschichte ein.

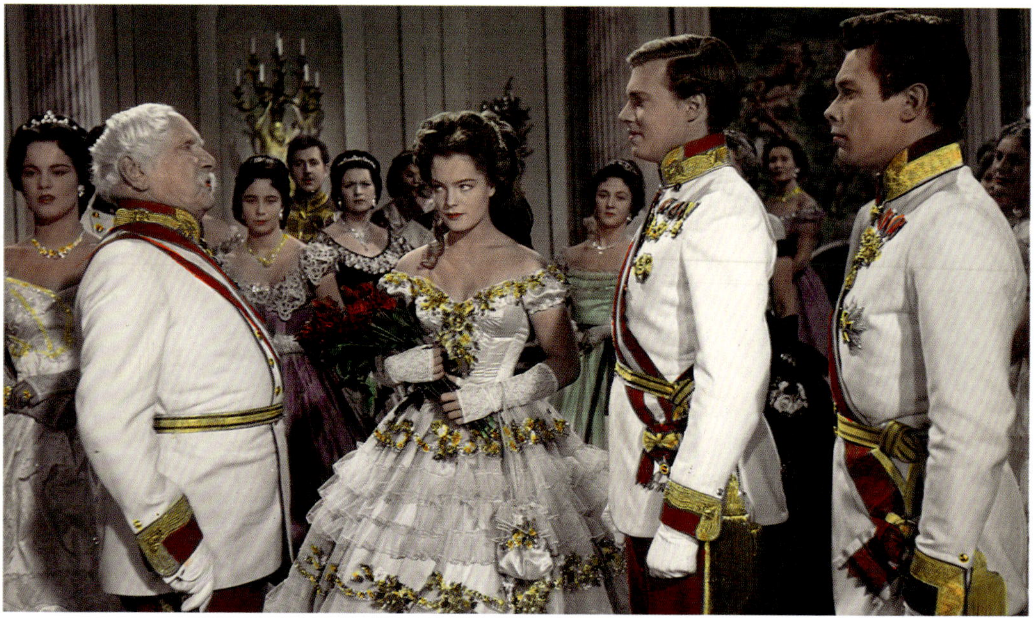

Die Verlobung fand im Haus Esplanade 10 statt, dem heutigen Museum der Stadt Bad Ischl. Der österreichische Schauspieler Peter Weck (rechts) ist in der Rolle von Karl Ludwig zu sehen. 1962 spielte er selbst den österreichischen Kaiser in der Verwechslungskomödie „Die Försterchristel“.

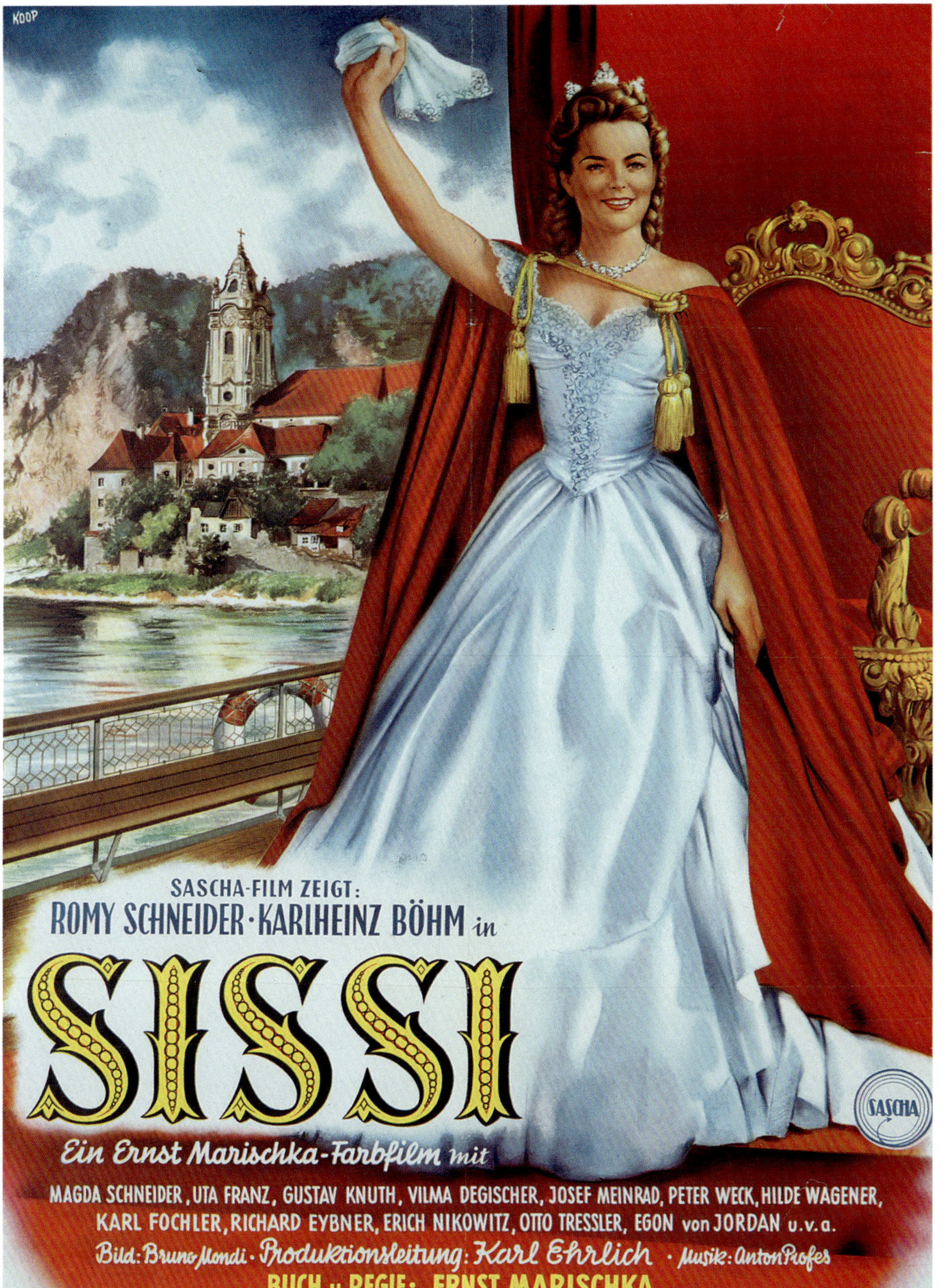


Die Hochzeit wurde auf Hochtouren geplant. Am 20. April 1854 brach Elisabeth in Begleitung ihrer Eltern und Geschwister nach Wien auf. Es ging nach Straubing an der Donau, mit dem Raddampfer nach Linz und danach mit dem Expressdampfer „Franz Joseph" weiter nach Wien.

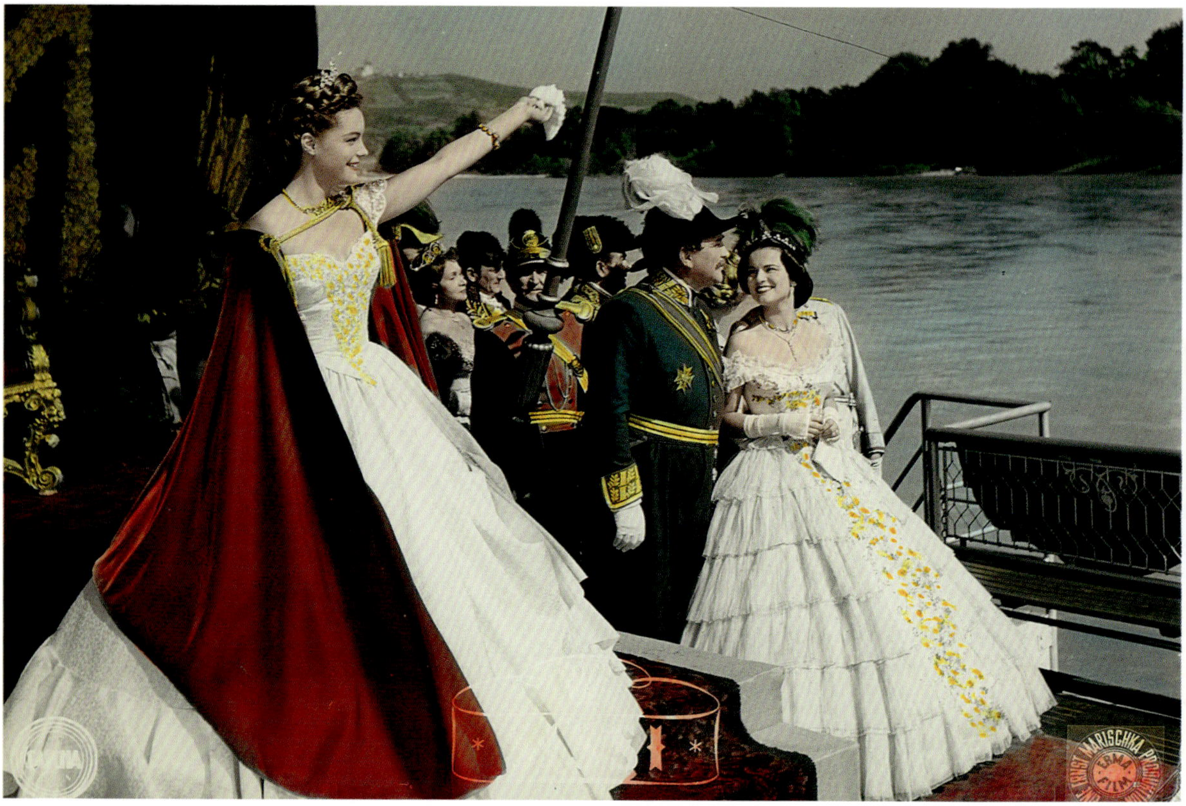

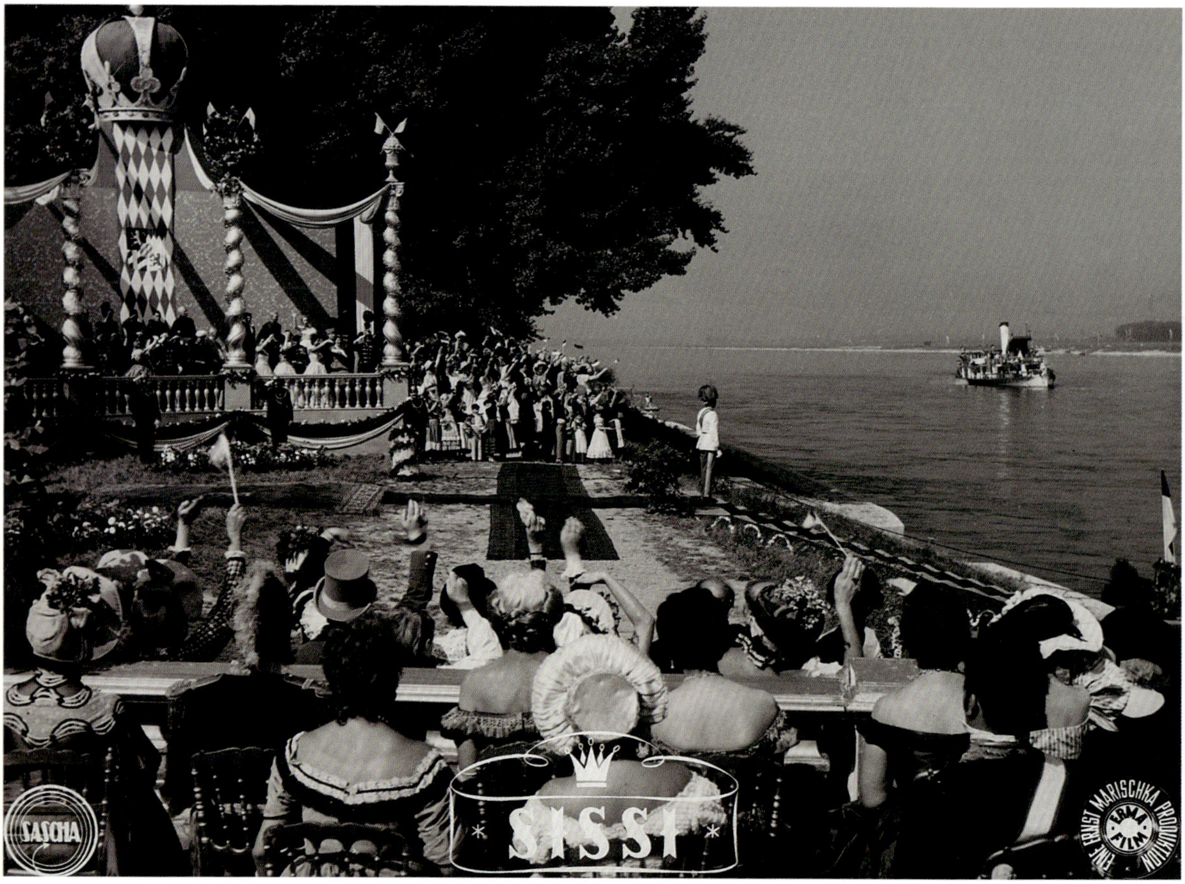
SASCHA
SISSI
EINE ERNST MARISCHKA PRODUKTION
ERMA FILM

◃ Die Brautfahrt der zukünftigen Kaiserin von Österreich wurde pompös entlang der Donau inszeniert. Sie sollte die Idylle der Landschaft präsentieren. Der Film bot in der Nachkriegszeit eine Rundreise durch Österreich und seine historischen Schauplätze – wie ein touristischer Werbefilm.

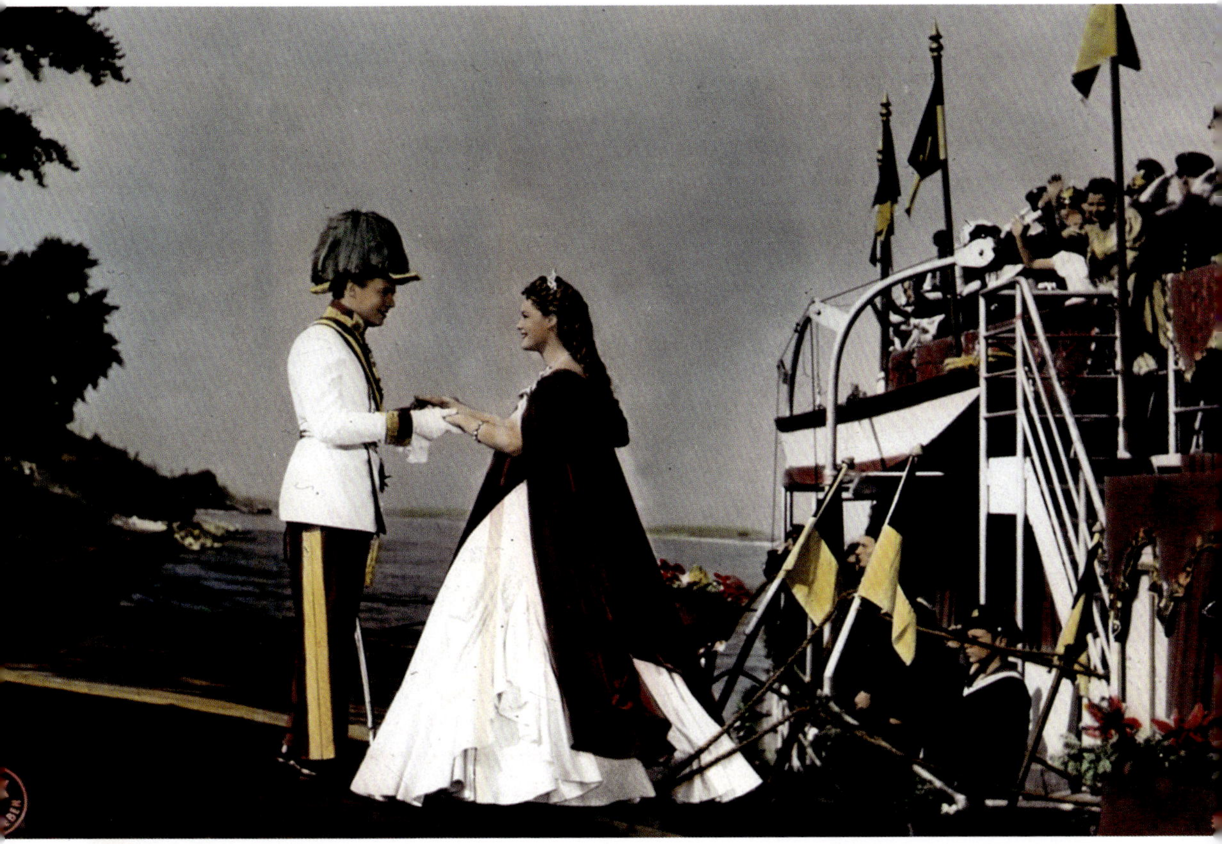

Am 22. April 1854 traf Elisabeth in Wien ein. Unter Glockengeläut – alle Kirchenglocken in Wien läuteten – und Kanonendonner legte das Schiff am Landungssteg in Nußdorf an, wo Sissi von einer jubelnden Menschenmenge ein triumphaler Empfang bereitet wurde. Franz Joseph begrüßt Sissi mit einem Kuss.

◃ Die Ufer der Donau sind mit Menschen gefüllt, die die neue Kaiserin sehen und ihr zuwinken wollen. Die lange Fahrt und der herzliche Empfang der Kaiserin sind geschichtlich überliefert, nur dass die sehr junge künftige Kaiserin völlig erschöpft, eingeschüchtert und überfordert war.

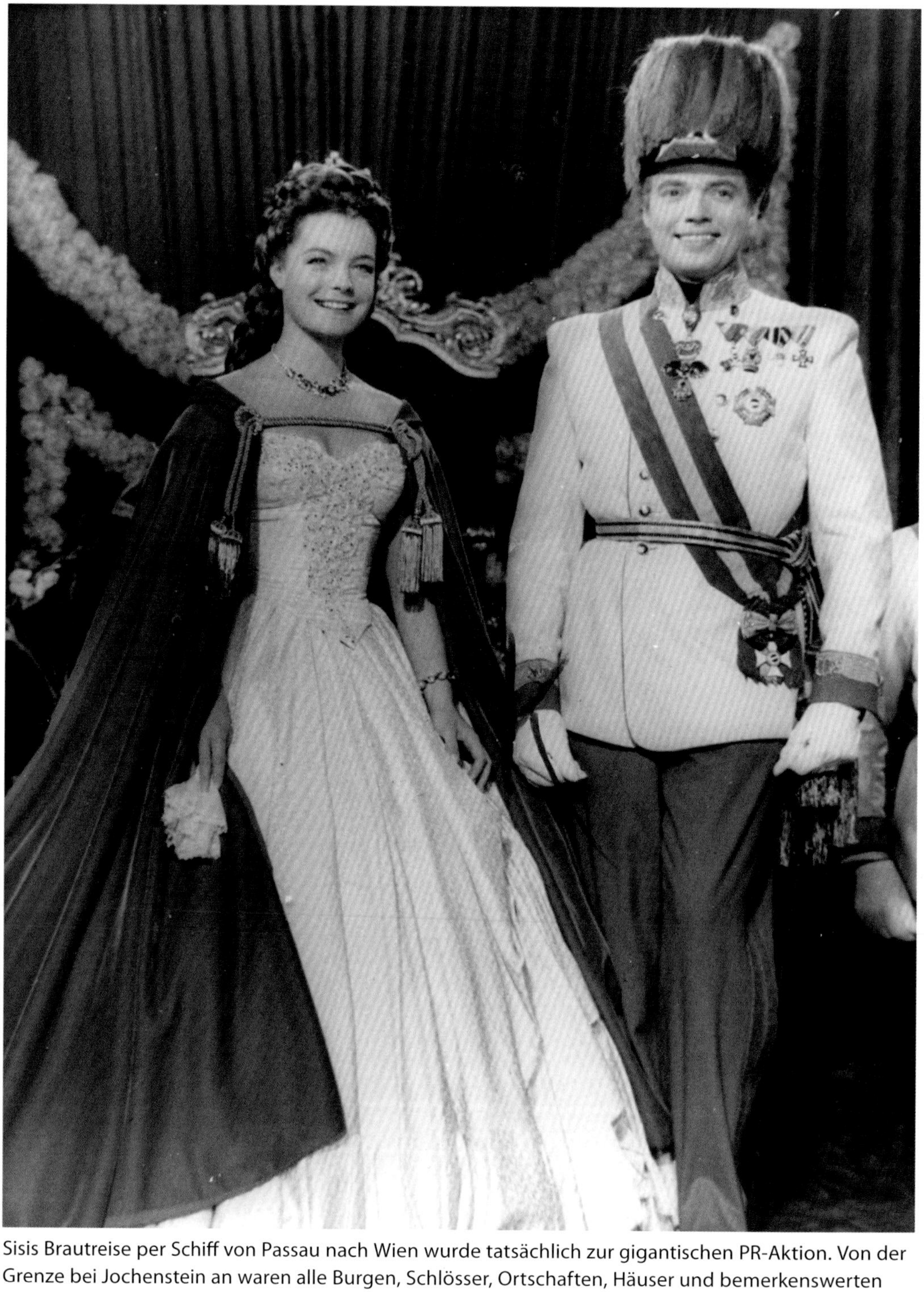

Sisis Brautreise per Schiff von Passau nach Wien wurde tatsächlich zur gigantischen PR-Aktion. Von der Grenze bei Jochenstein an waren alle Burgen, Schlösser, Ortschaften, Häuser und bemerkenswerten Punkte mit Kränzen und Blumen geschmückt. Die Ufer waren voller Schaulustiger.

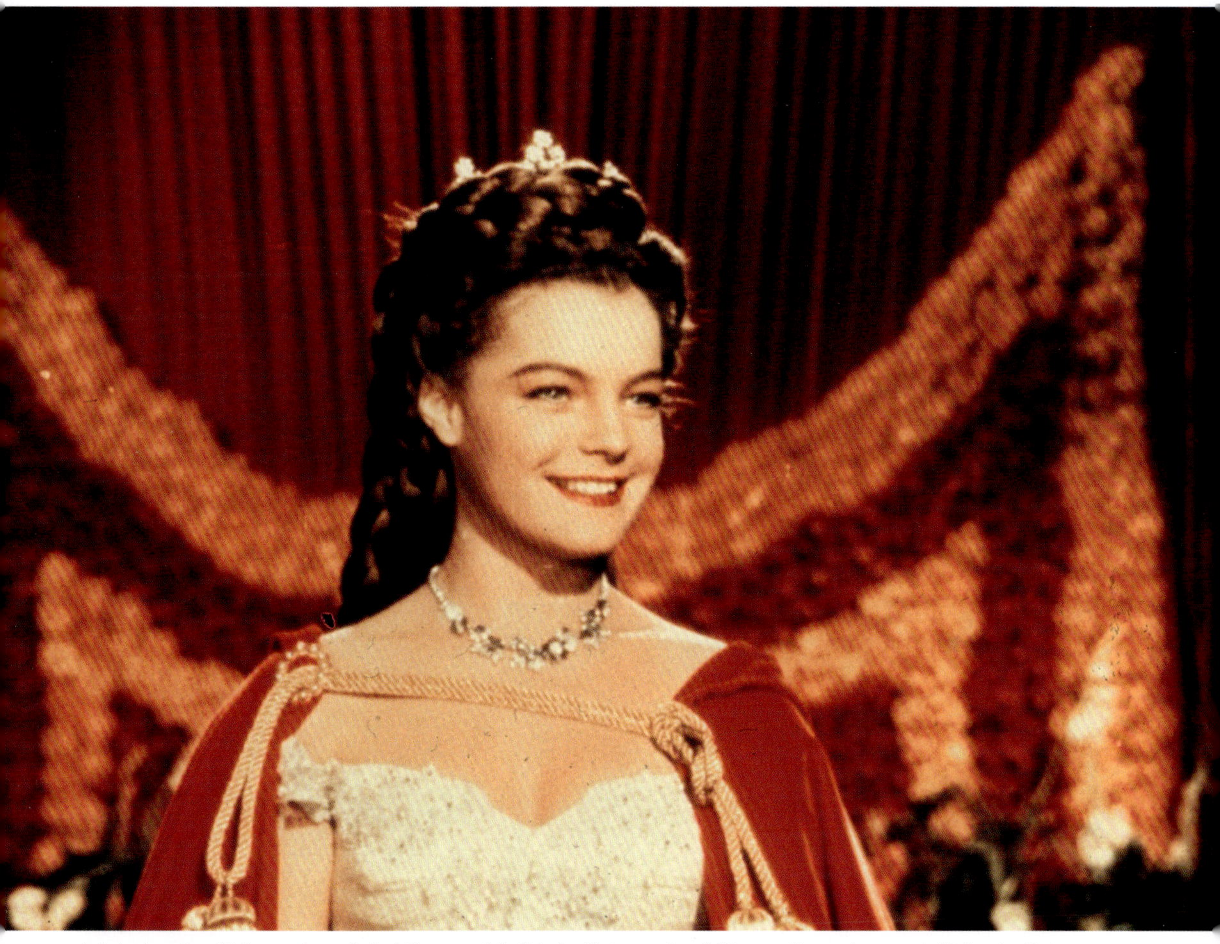

„Ich habe den Kaiser schon lieb. Wenn er bloß kein Kaiser wäre.“ Diesen Satz, den auch Kaiserin Sisi gesagt haben soll, sagt Sissi im Film zu Erzherzogin Sophie. Sie hatte bereits geahnt, welche Zwänge auf sie zukommen würden.

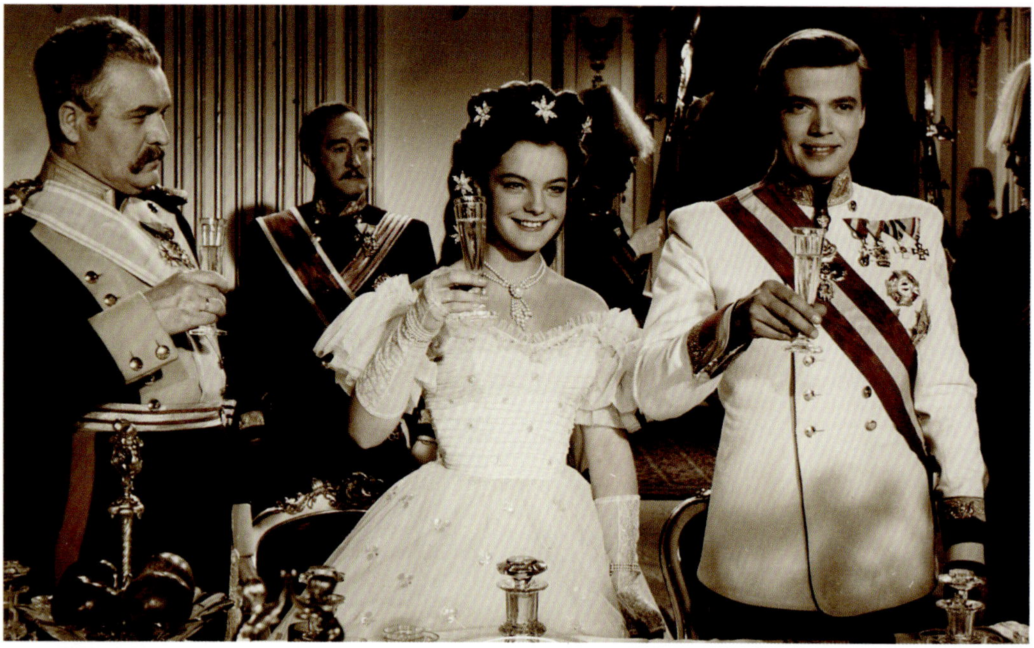

„Den festlichen Abschluss der Feierlichkeiten bildet das Bankett im großen Speisesaal von Schönbrunn. Die 70 Meter lange Tafel ist prachtvoll geschmückt und die Staatsroben der allerhöchsten Familien und Festgäste übertreffen einander an Glanz und Schönheit", schreibt Ernst Marischka in seinem Buch „Sissi".

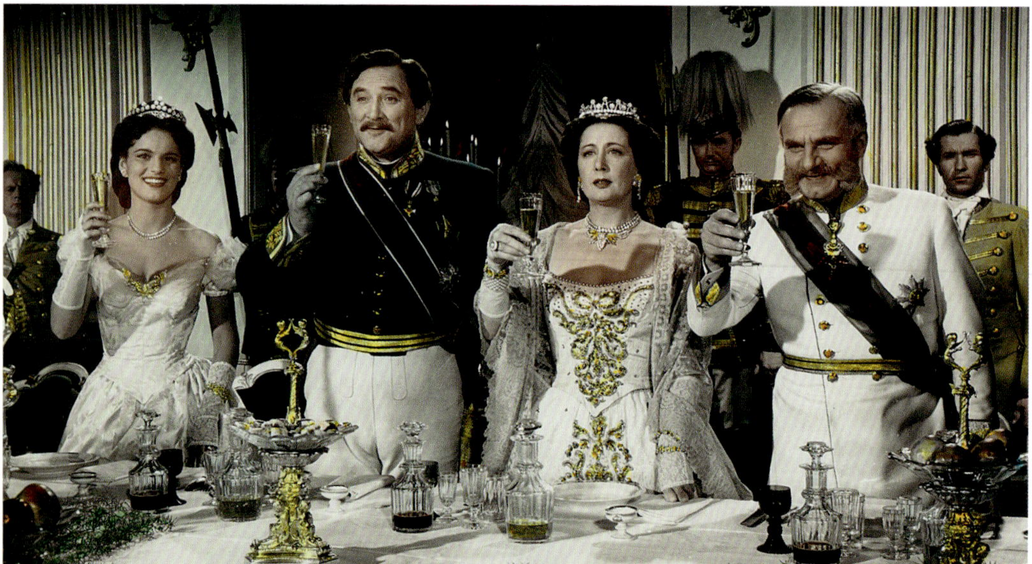

In der großen Galerie im Schloss Schönbrunn wurde die offizielle Begrüßung von Prinzessin Elisabeth durch Kaiser Franz Joseph gedreht. Der Saal ist 420 Quadratmeter groß und war der zentrale Ort für Feierlichkeiten im Schloss Schönbrunn.

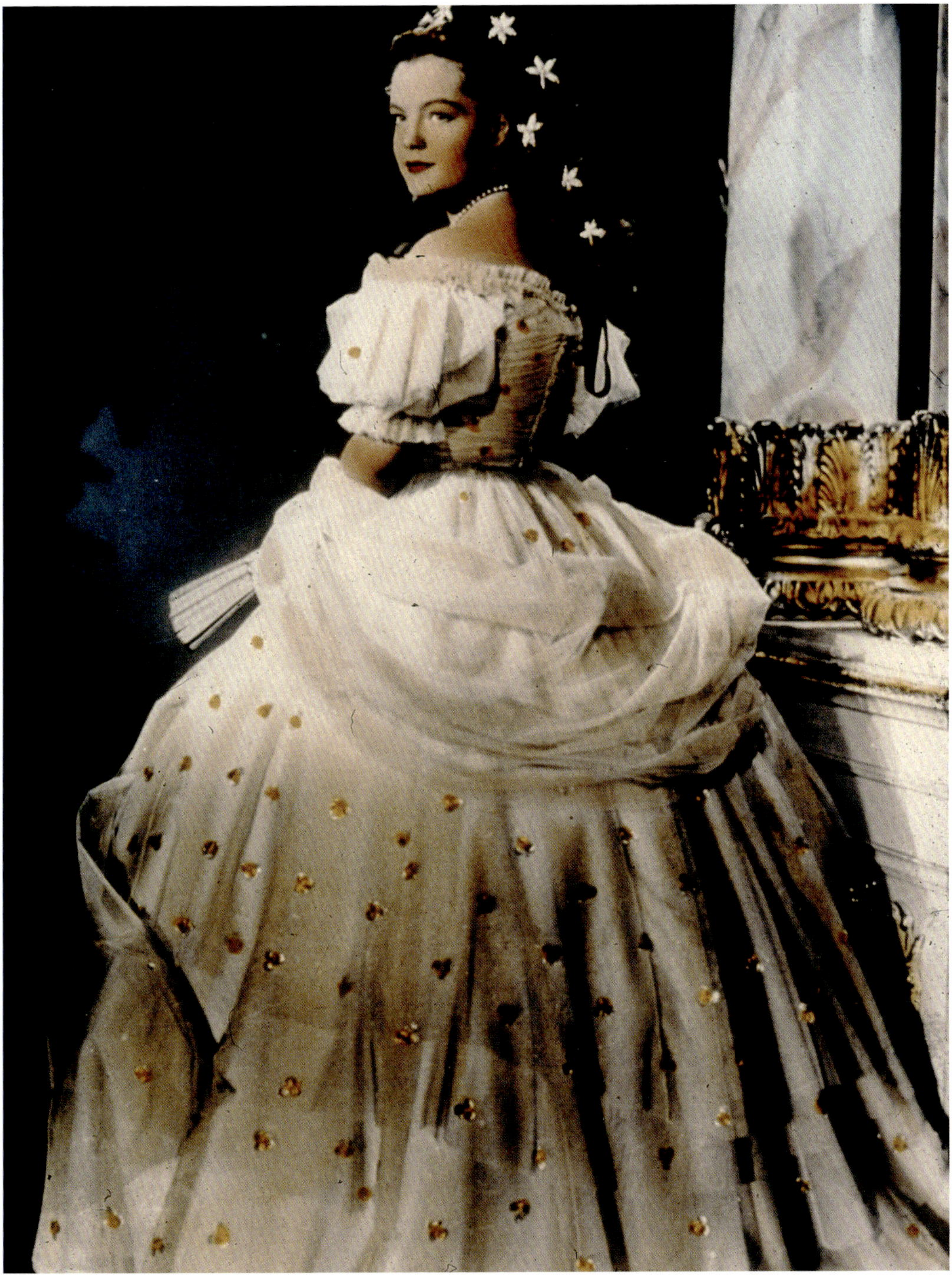

In dieser Szene trägt die zukünftige Braut das legendäre weiße Tüllkleid mit den Diamantsternen im Haar wie auf dem Portrait von Franz X. Winterthaler. Das Original wurde vom Pariser Couturier Charles Worth angefertigt und war das Kleid, das Elisabeth zur Hochzeit ihres Bruders Carl Theodor trug.

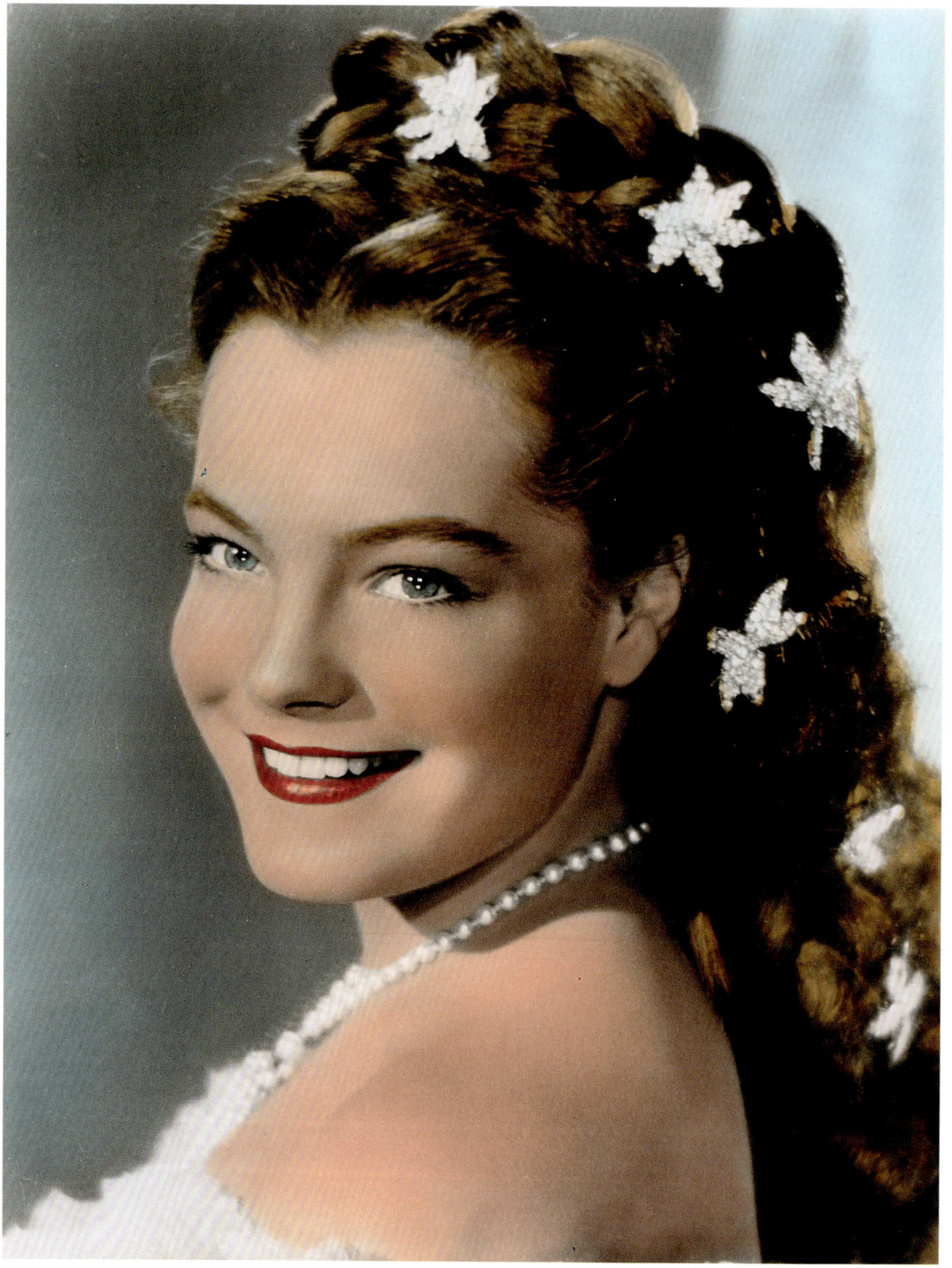

Es gibt drei berühmte Gemälde von Sisi, die von Franz Xaver Winterhalter um 1865 gemalt wurden. Er war zu seiner Zeit einer der bekanntesten Porträtmaler Europas. An diesen historischen Gemälden hat sich die Kostümbildnerin beim Entwerfen der Roben orientiert.

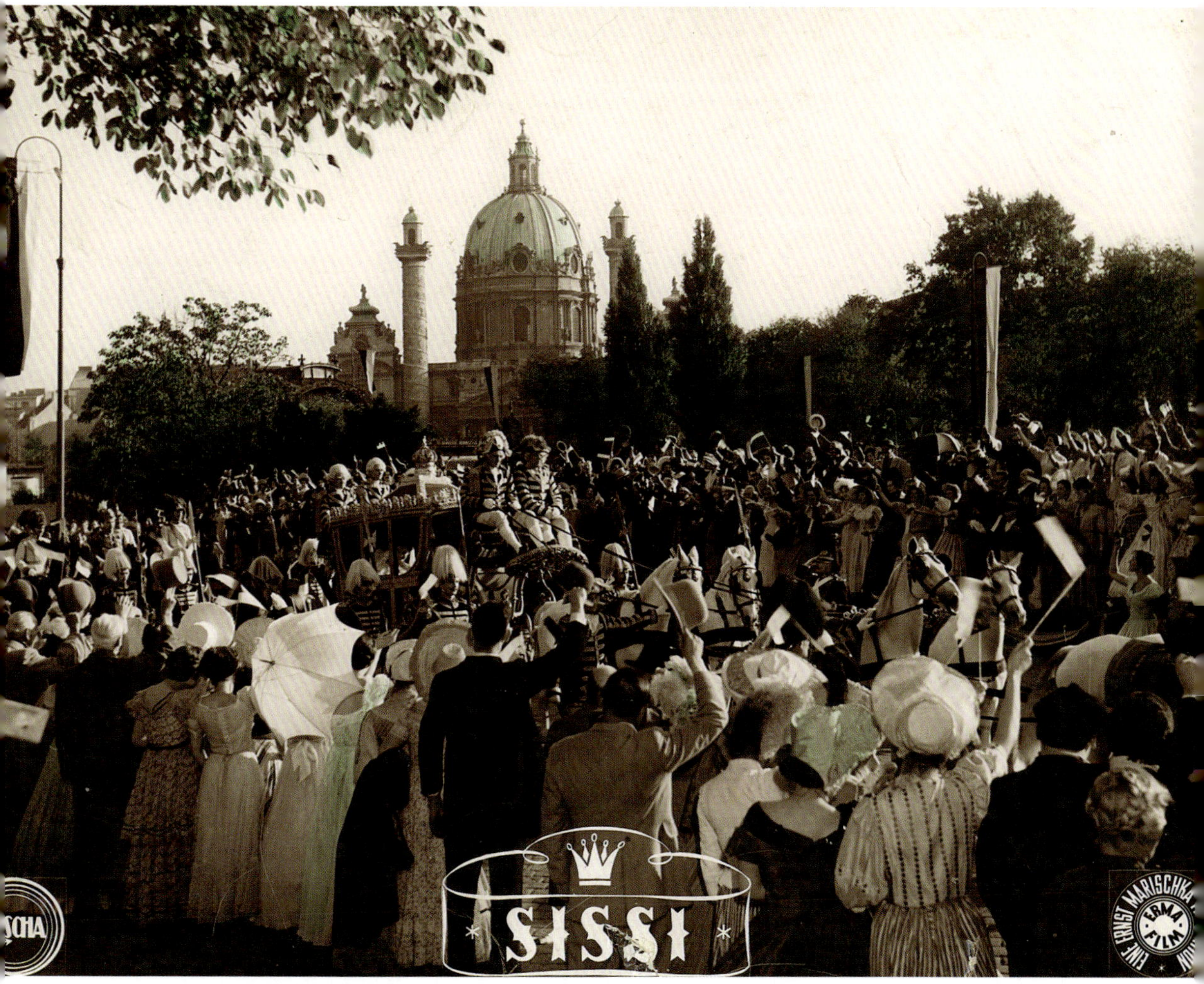


Auf dem Weg zur Augustinerkirche werden die schönsten Aufnahmen Wiens gezeigt: die Karlskirche und die Tore der Hofburg mit einem Aufgebot an Statisten und Requisiten.

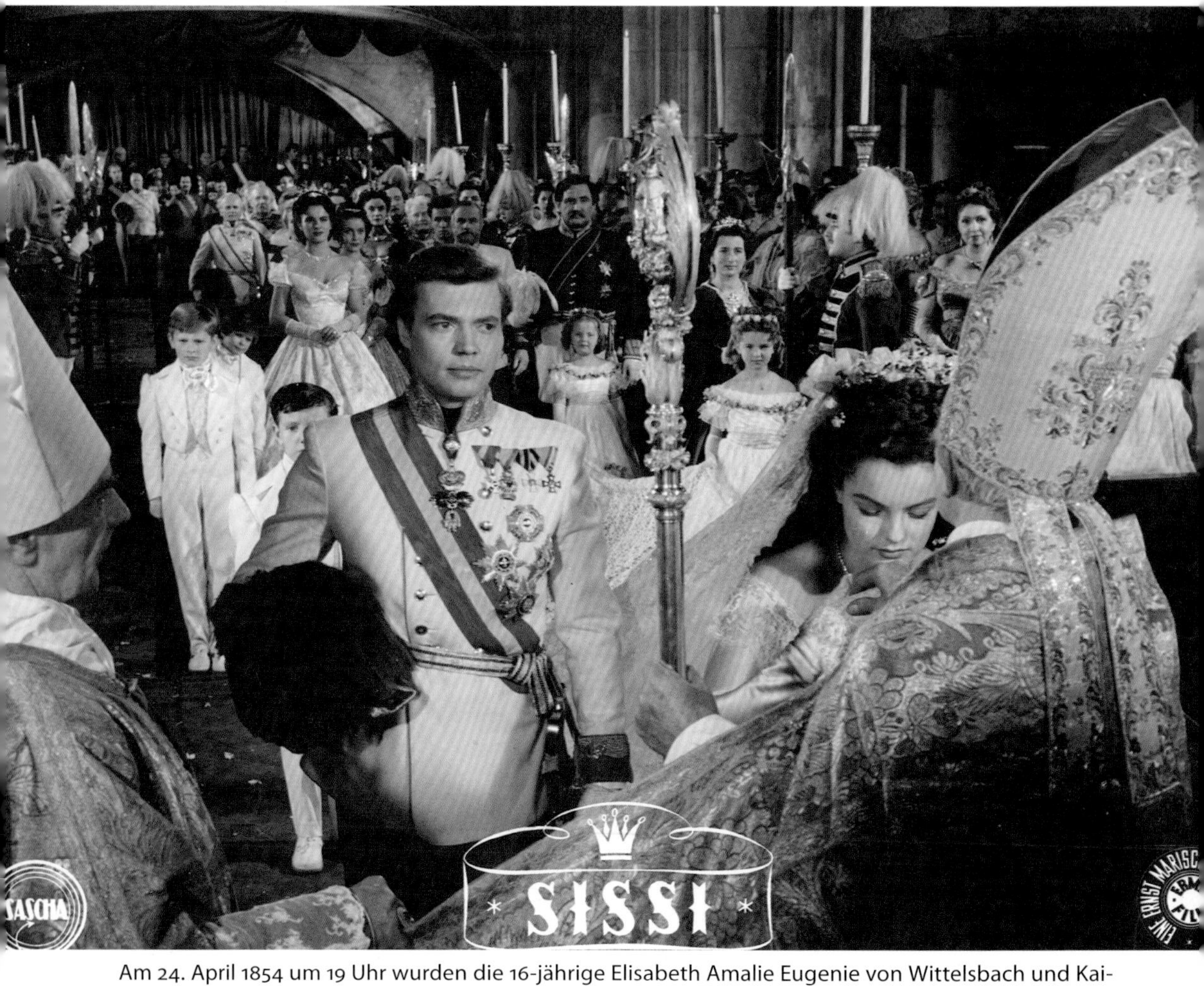


Am 24. April 1854 um 19 Uhr wurden die 16-jährige Elisabeth Amalie Eugenie von Wittelsbach und Kaiser Franz Joseph in der Wiener Augustinerkirche getraut. Die Hochzeitsszene wurde in der Michaelakirche gedreht – wegen des prunkvolleren Altars.

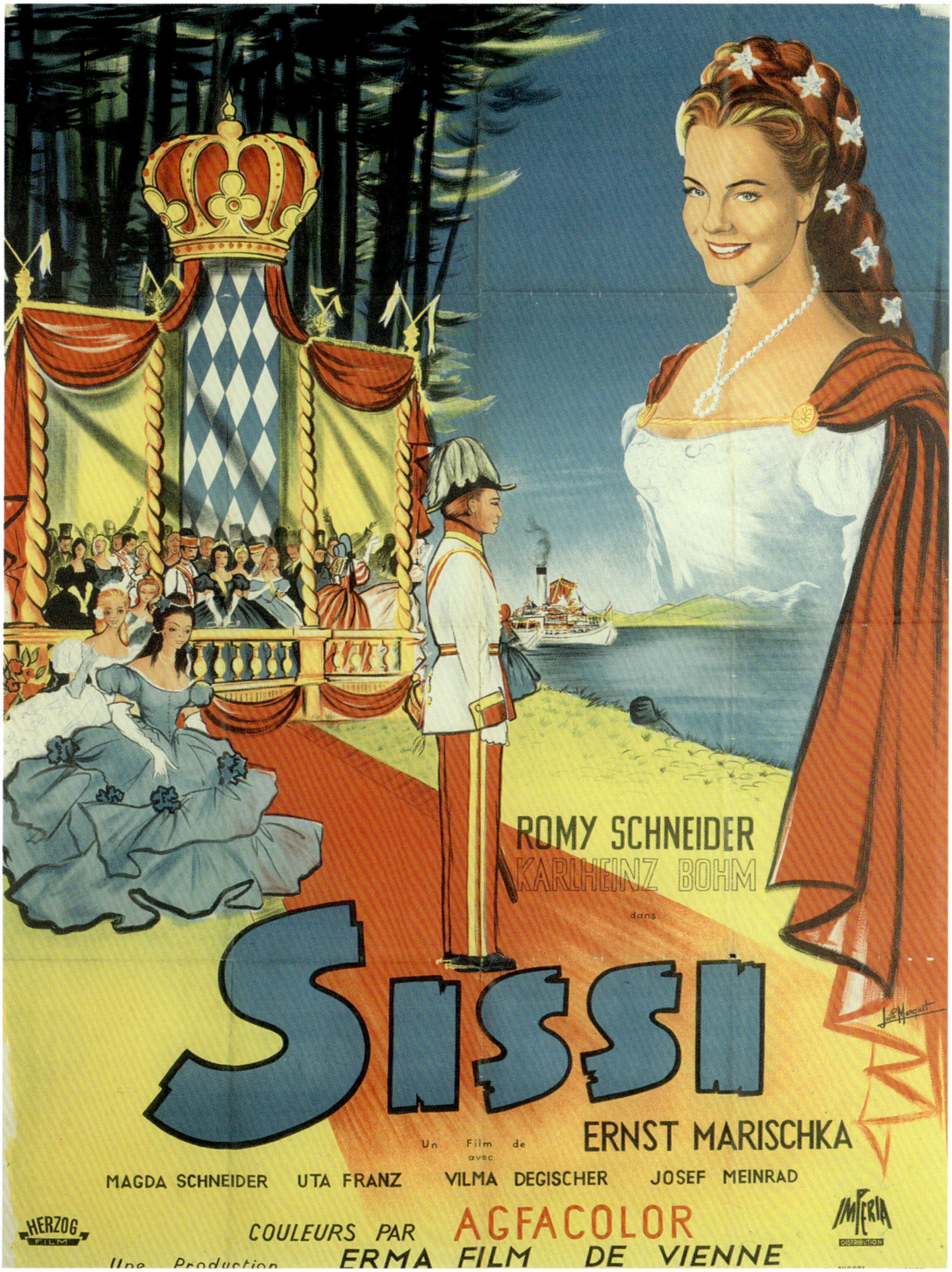


Der Film wurde mit aufwendigen Kampagnen beworben. Romy Schneider war auf Plakaten und Anzeigen zu sehen und auch auf Postkarten, Zuckerpäckchen und Streichholzschachteln, die in Cafés, Kinos und Warenhäusern verteilt wurden. Die Besucherzahlen wurden auf über 20 Millionen geschätzt.

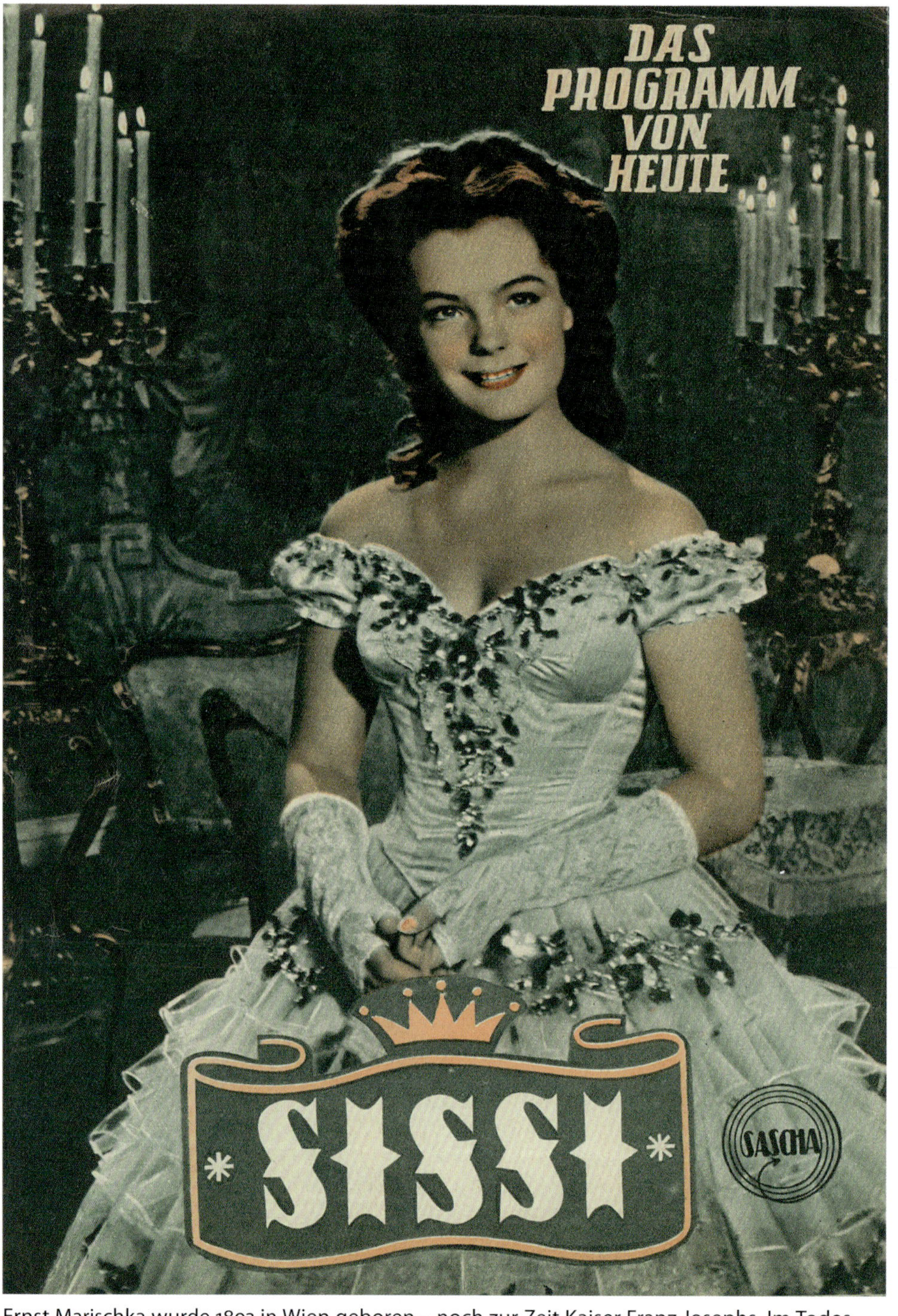


Ernst Marischka wurde 1893 in Wien geboren – noch zur Zeit Kaiser Franz Josephs. Im Todesjahr der Kaiserin war er fünf Jahre alt. Ihr Leben faszinierte ihn schon immer. Bereits 1936 hatte er die Geschichte Elisabeths in einem ersten Drehbuch verarbeitet.

2

# „Sissi – Die junge Kaiserin"

„Sissi – Die junge Kaiserin" wurde 1956 uraufgeführt und schließt inhaltlich an den ersten Teil an, wobei der Film die ersten Ehejahre des Kaiserpaares beleuchtet. Einige historische Geschehnisse dieses Zeitabschnitts liefern die Inspiration für die Handlung des zweiten Teils. Sissi muss sich gegen ihre strenge Schwiegermutter durchsetzen, die ihr die Erziehung ihrer Tochter nicht überlassen möchte. Zu den wenigen politischen Aktivitäten der Kaiserin gehörte ihr Bestreben nach einem Ausgleich mit Ungarn, den sie Anfang 1867 gegen den Willen von Erzherzogin Sophie und großer Teile des Hofes durchsetzen kann. Am 8. Juni 1867 wurden Kaiser Franz Joseph und Kaiserin Elisabeth in der Matthiaskirche zu Budapest als König und Königin von Ungarn gekrönt. Der Film behandelt den Zeitraum von 1854 bis 1867, dem 30. Lebensjahr der Kaiserin. „Freud und Leid der ersten Ehejahre", lautete die Filmreklame.

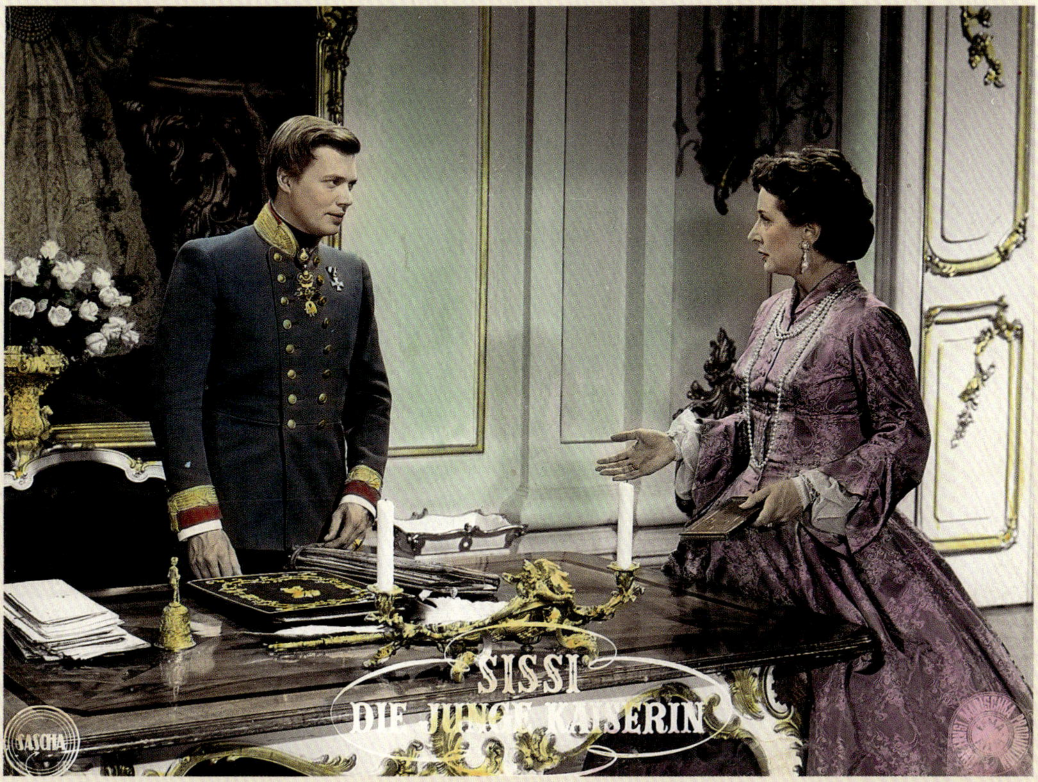


Franz Joseph bestieg 1848 den Thron. Nach der Revolution von 1848 war er bestrebt, die Legitimität der Monarchie zu erhalten und den auseinanderbrechenden Vielvölkerstaat zusammenzuhalten. Er war noch politisch unerfahren und wurde von seiner energischen und dominanten Mutter maßgeblich beeinflusst.

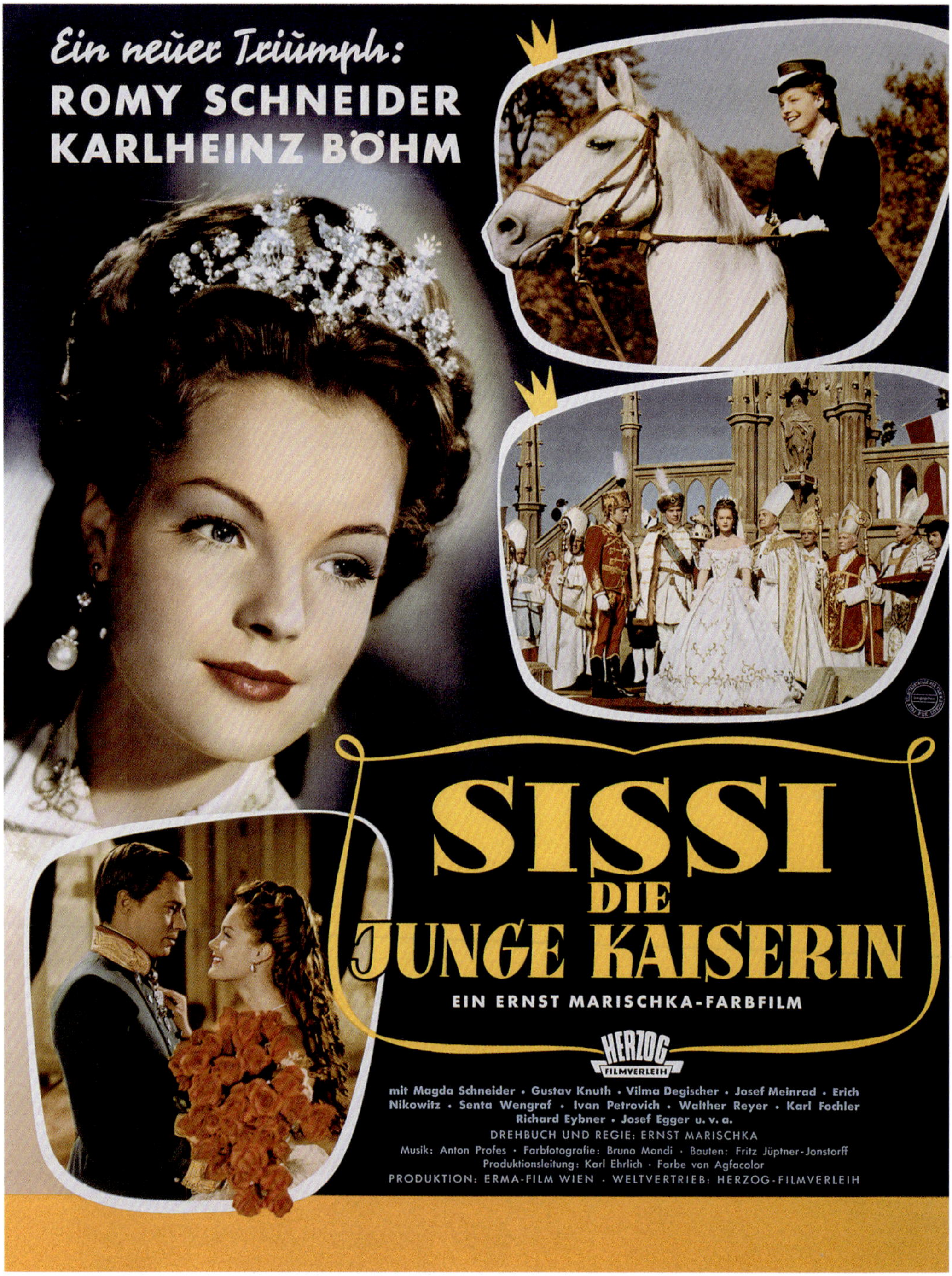


„Erfreulich, dass unter geschickter Ausbalancierung von Schaugepräge (Hofball, Krönungsfeierlichkeiten, Empfänge) und besonders durch die junge Hauptdarstellerin menschlich Gewinnendem gegenüber dem ersten Sissi-Film der Standard gehalten […]“, schreibt Paimann in seinen Filmlisten.

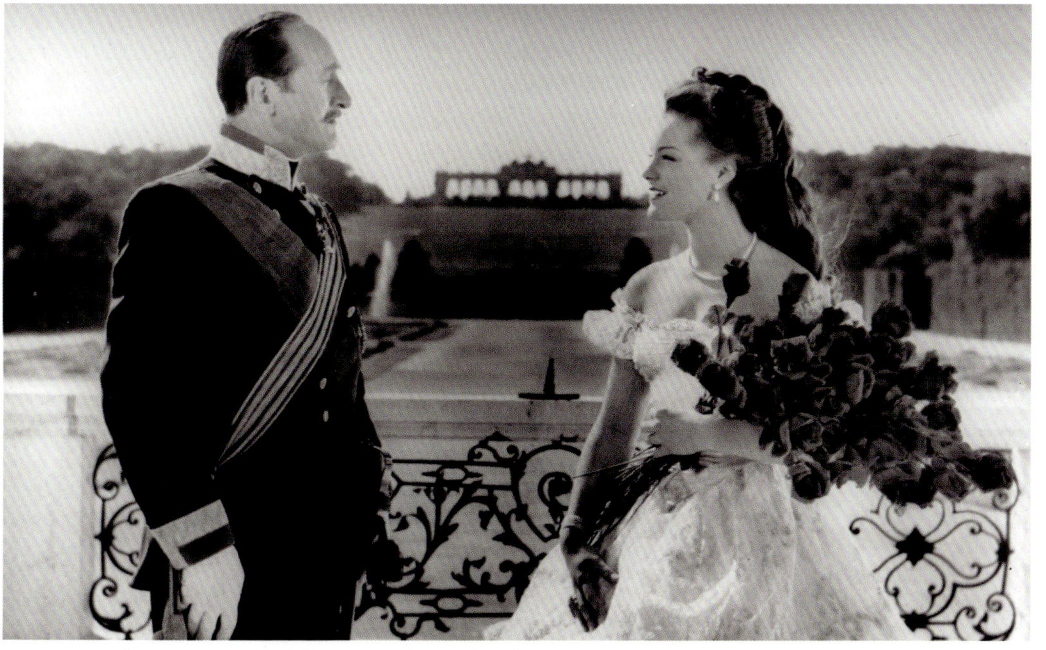

Sissi mit Graf Grünne, Karl Fochler, in Schloss Schönbrunn. Hier wurde Franz Joseph 1830 geboren und hier starb er 86 Jahre später. Graf Grünne war ein Vertrauter und Obersthofmeister von Kaiser Franz Joseph sowie ein Günstling von Erzherzogin Sophie. Er hatte starken Einfluss auf den jungen Kaiser.

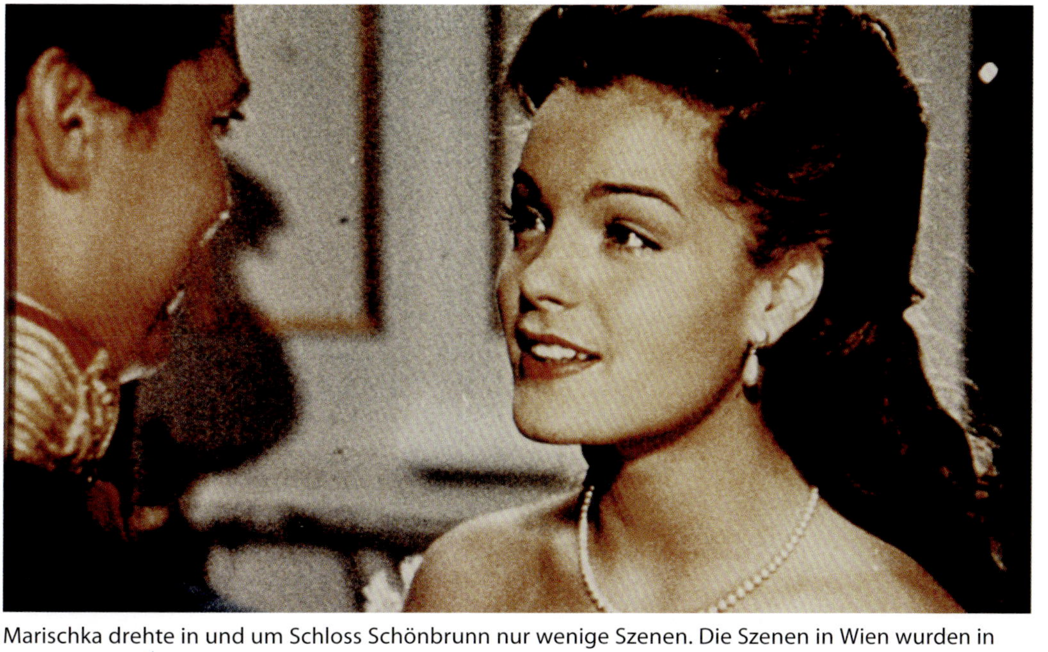

Marischka drehte in und um Schloss Schönbrunn nur wenige Szenen. Die Szenen in Wien wurden in den Rosenhügel-Studios gedreht. Das Mobiliar stammte aus dem Hofimmobiliendepot. Die Hofburg oder Schloss Schönbrunn standen für die Innenaufnahmen kaum zur Verfügung.

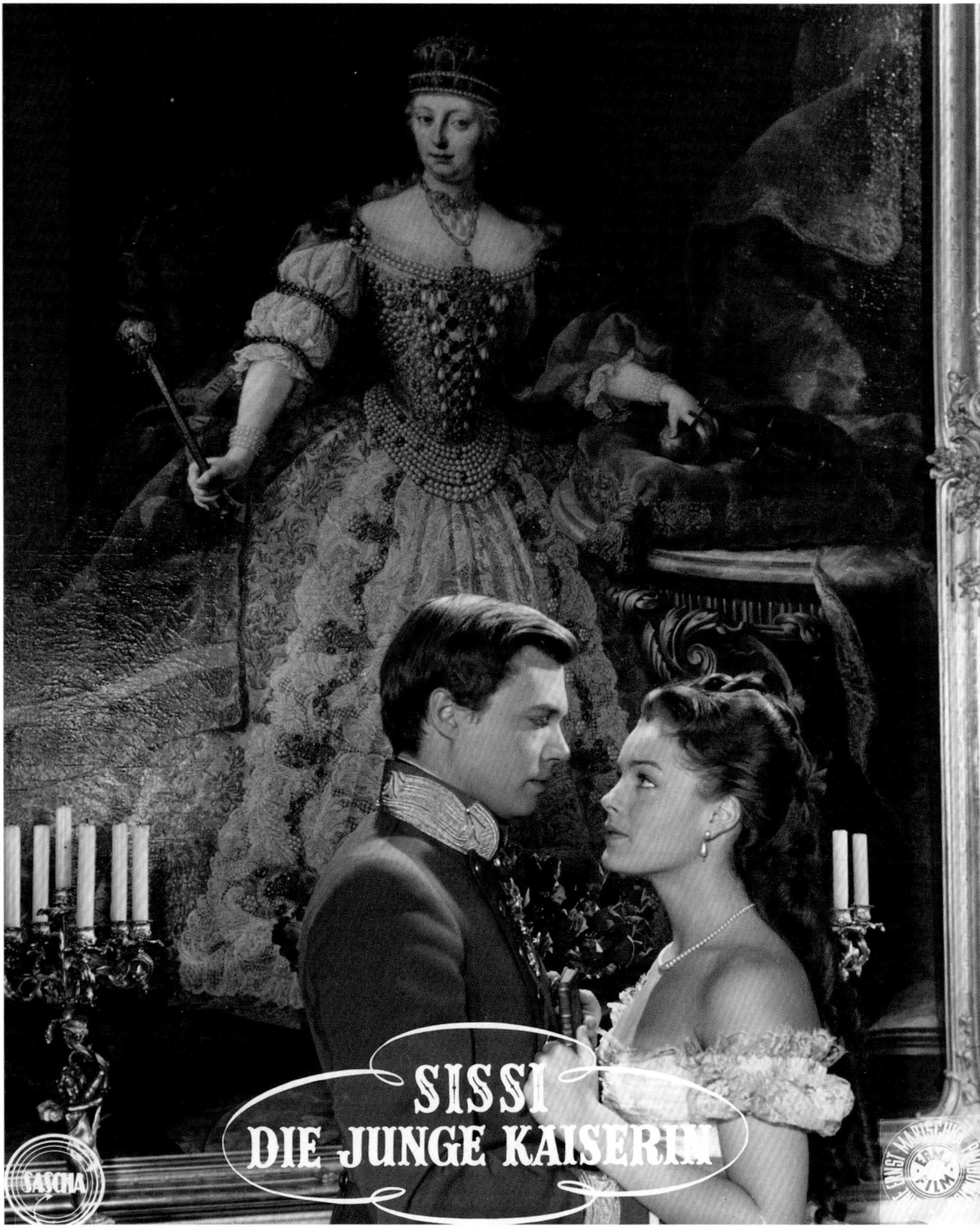
SISSI
DIE JUNGE KAISERIN
SASCHA

◁ Sissis Einfluss auf ihren Mann bewegt den Kaiser zu einer Generalamnestie der politischen Gefangenen in Ungarn. Im Hintergrund hängt ein Gemälde von Maria Theresia, der Ururgroßmutter von Franz Joseph. Es wurde von Martin van Meytens um 1760 gemalt und hängt in Laxenburg in der Franzensburg.

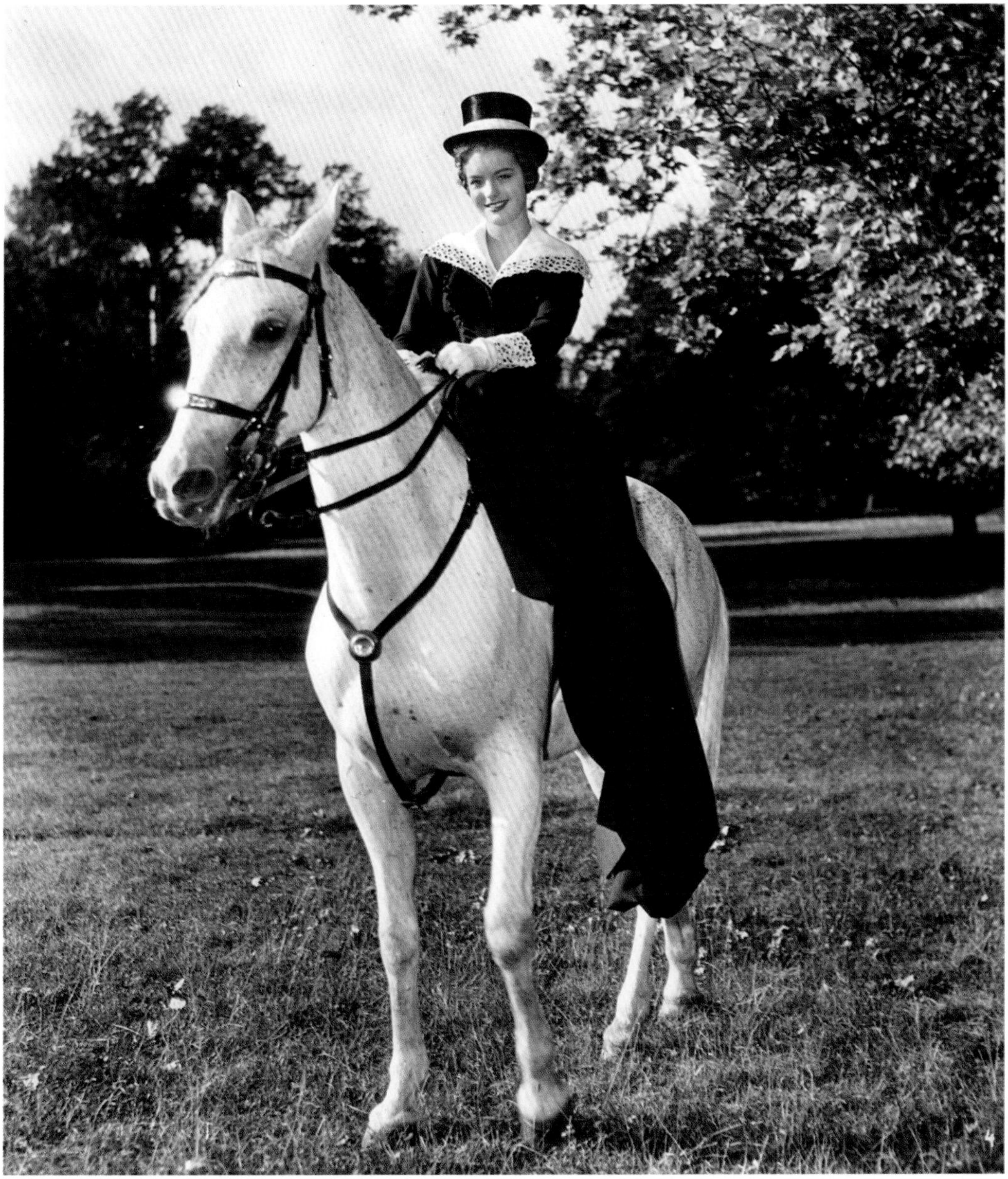

Kaiserin Elisabeth war eine der besten Reiterinnen ihrer Zeit und eine große Pferdeliebhaberin. Die Leidenschaft für das Reiten wurde von ihrem Vater gefördert. Sie ritt schon als Kind in Possenhofen. Im Münchner Palais von Herzog Max gab es eine Zirkusmanege für eigene Reitdarbietungen.

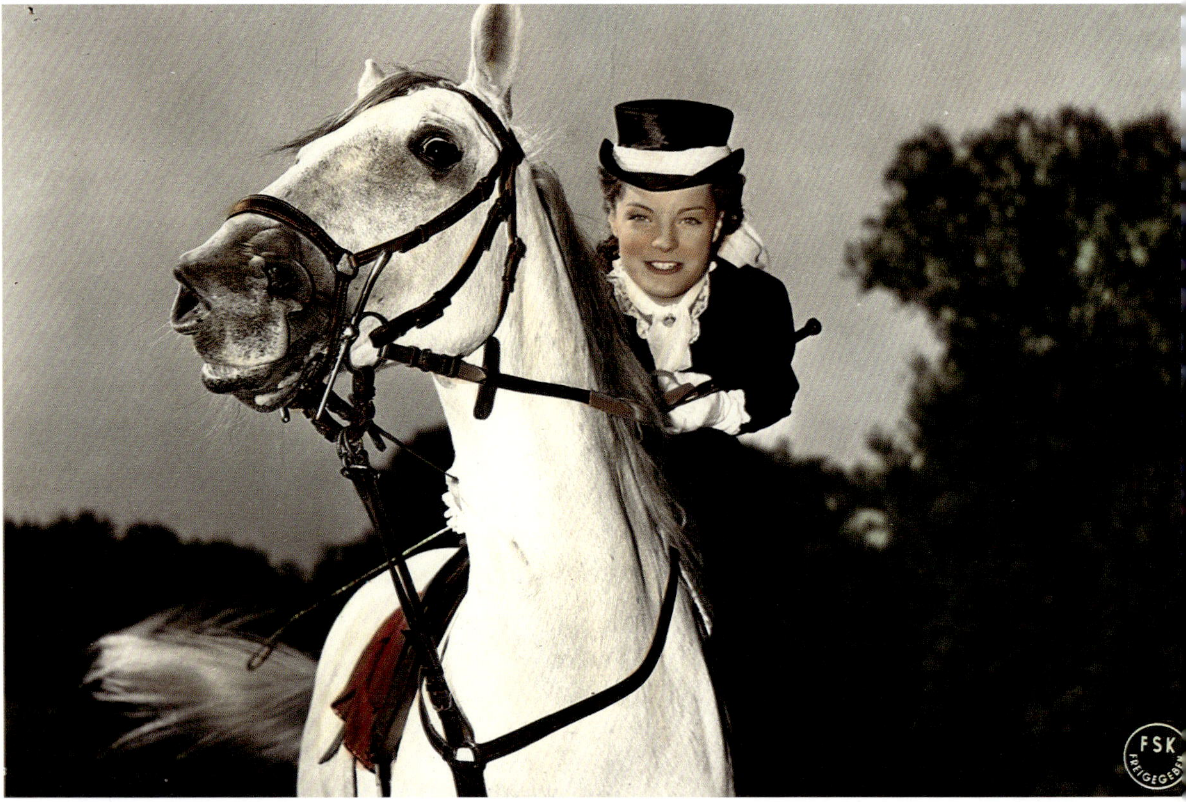
FSK
FREIGEGEBEN

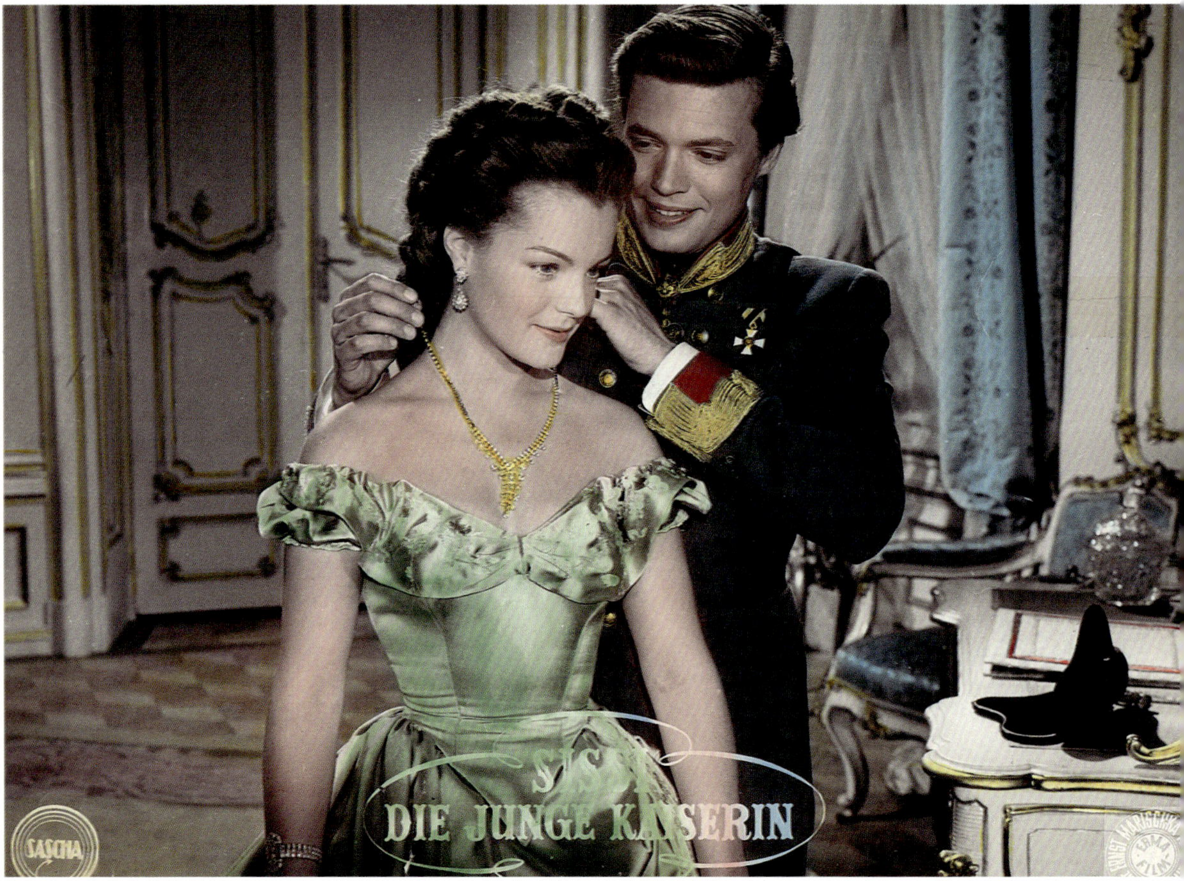
SASCHA
SISSI
DIE JUNGE KAISERIN

◅ Sissi wird schnell bewusst, dass eine Ehe mit dem österreichischen Kaiser und persönliche Freiheit unvereinbar sind. Die streng reglementierte Etikette am Hof macht ihr am meisten zu schaffen. Sie kann nicht mehr selbst über ihr Leben bestimmen, deshalb wird sie später vom Hof flüchten.

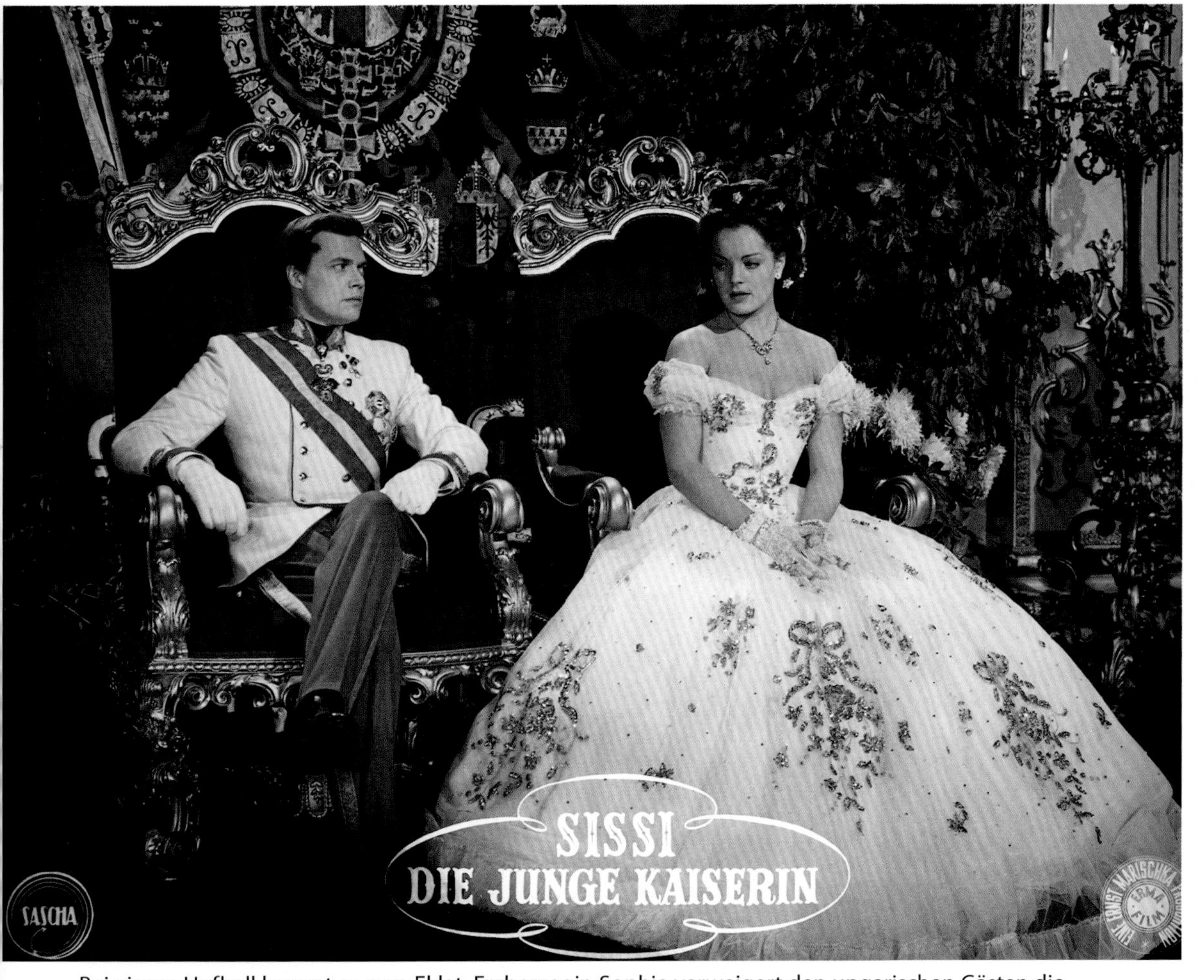


Bei einem Hofball kommt es zum Eklat. Erzherzogin Sophie verweigert den ungarischen Gästen die Audienz, woraufhin diese geschlossen die Veranstaltung verlassen wollen. Sissi ordnet gegen die Hofetikette Damenwahl an und bittet den Grafen Andrássy zum Tanz, um den Affront auszugleichen.

◅ Die Schwiegermutter und Tante muss die Kaiserin siezen. Das strenge Hofzeremoniell muss unter allen Umständen gewahrt werden. Auf dieses legt Erzherzogin Sophie großen Wert und am schwersten fällt es der noch sehr jungen Prinzessin vom Lande, sich diesen Richtlinien zu fügen.

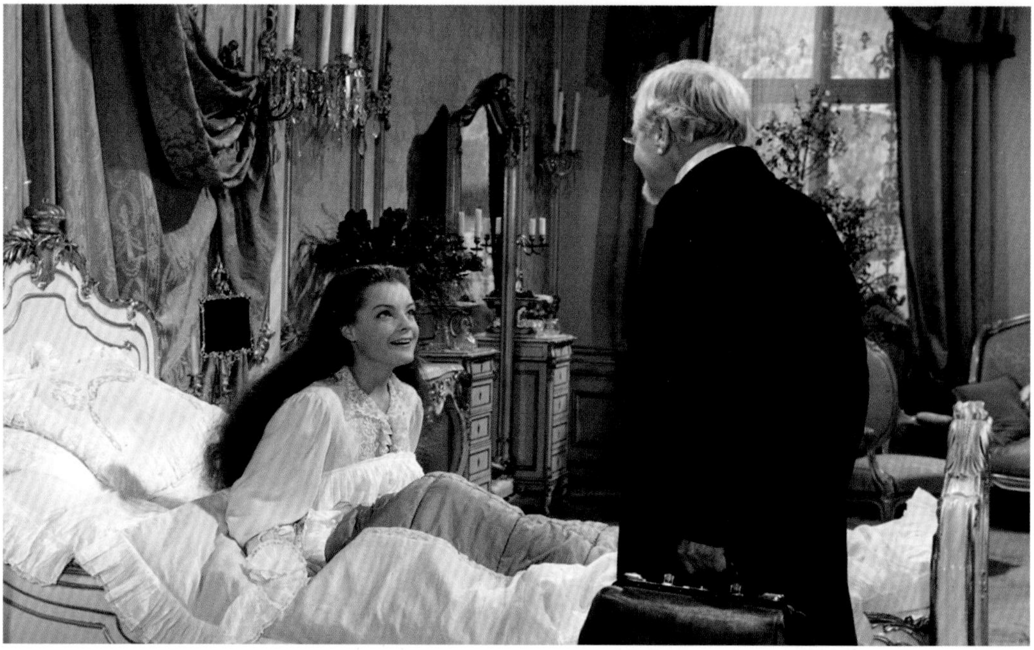

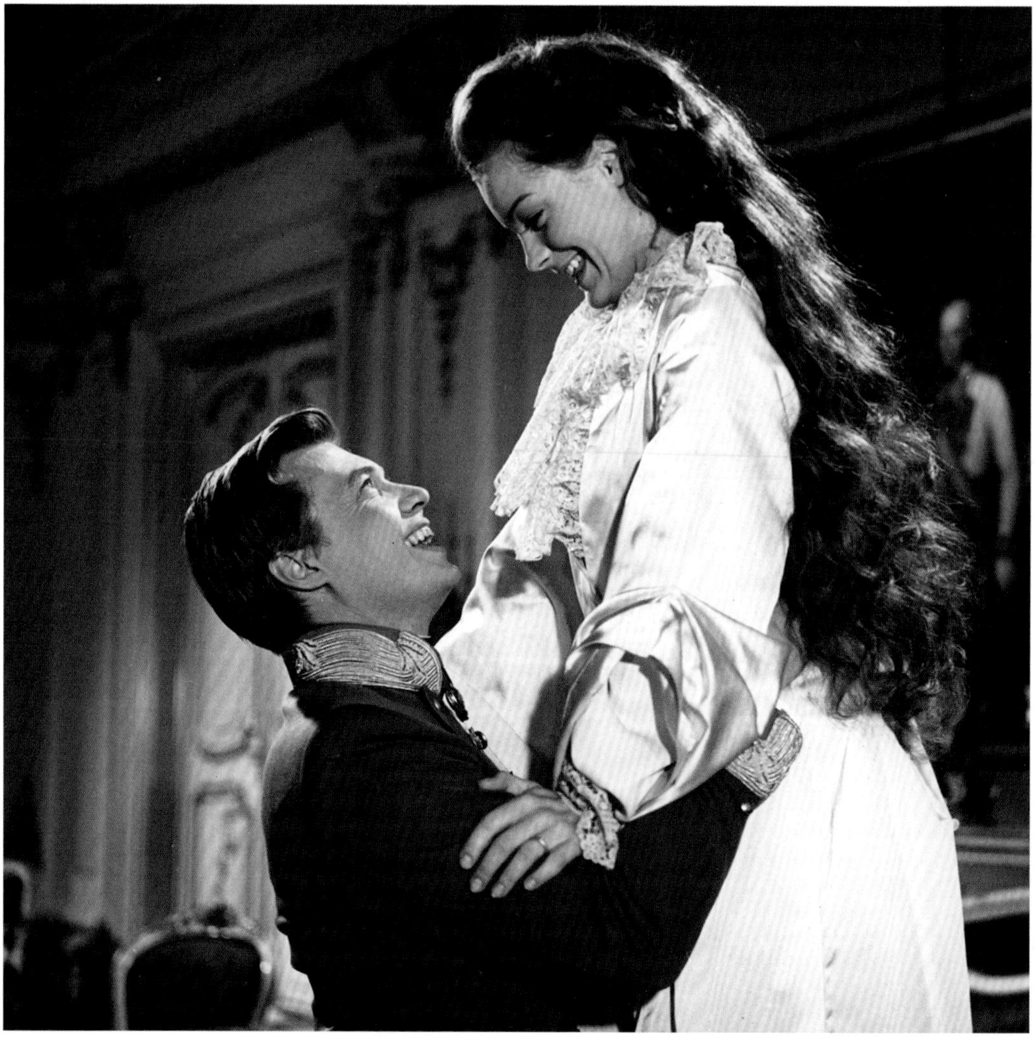

◁ Während des Tanzes mit dem Grafen Gyula Andrássy wird Sissi ohnmächtig und sinkt zu Boden. Doktor Seeburger, gespielt von Hans Ziegler, hat jedoch gute Nachrichten: Sissi erwartet ihr erstes Kind. Johann Nepomuk Freiherr von Seeburger war ab 1847 Leibarzt Kaiser Franz Josephs.

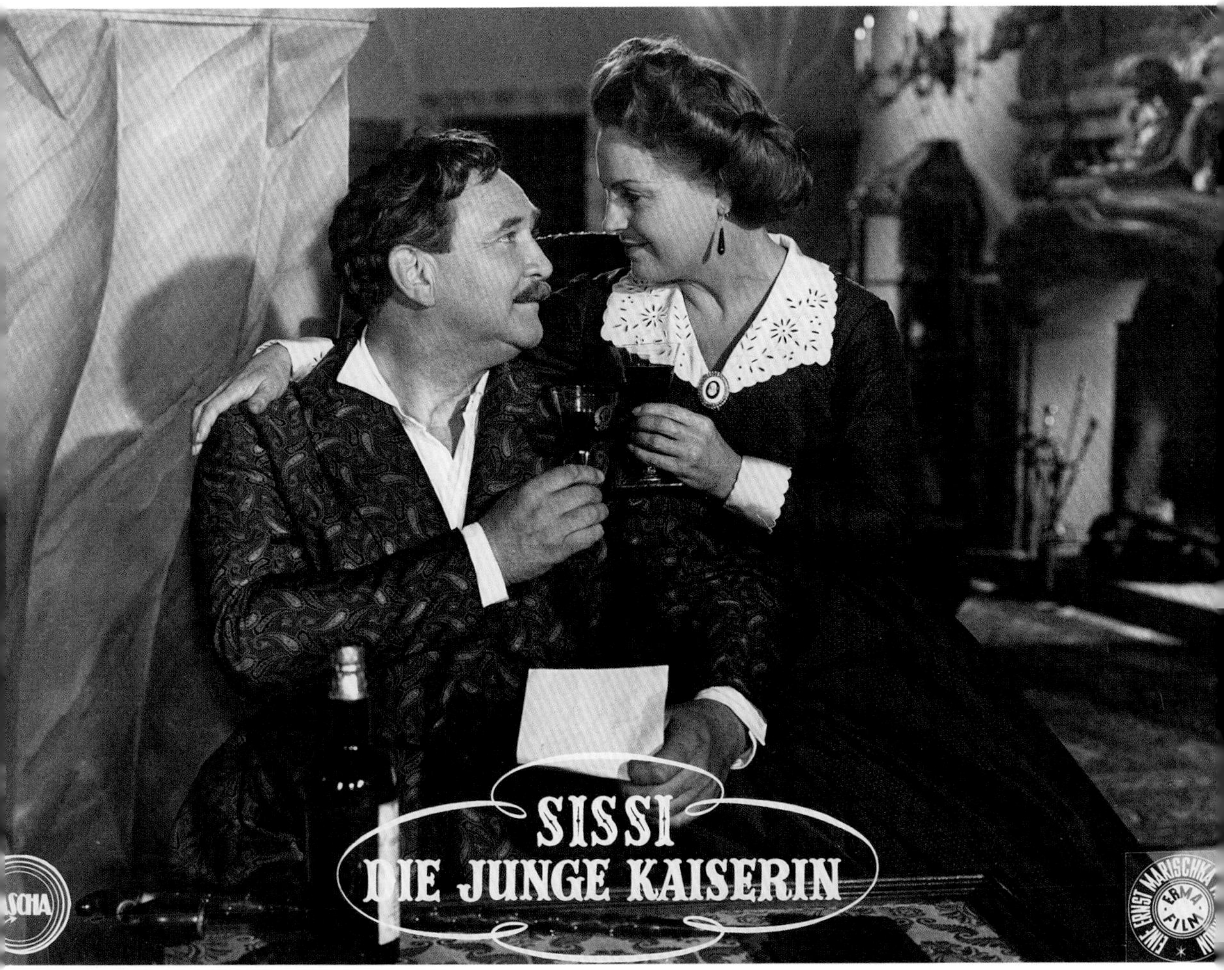


Sissis Eltern sind erfreut über die Neuigkeit. Erzherzog Max gehörte einer Seitenlinie der Wittelsbacher an, die trotz der unmittelbaren Verwandtschaft mit dem König von Bayern keine offizielle Funktion am Münchner Hof hatte. Es war die Linie „in“ Bayern im Gegensatz zur verwandten Linie „von“ Bayern.

◁ Sissi mit offenem Haar – so ist sie auf den berühmten Gemälden von Franz Xaver Winterhalter dargestellt. Das Bild hing im Arbeitszimmer von Franz Joseph. Um der langen Haarpracht der historischen Sisi gerecht zu werden, musste Romy eine sechs Kilo schwere Perücke tragen.

Elisabeth vermutet, Franz Joseph sei enttäuscht, weil ihr erstes Kind nicht der erhoffte männliche Thronfolger ist. Der Kaiser weist das von sich. Sissi wird sich auch in der Betreuung und Erziehung ihrer Kinder dem strengen Regiment ihrer Schwiegermutter unterwerfen müssen. ▷

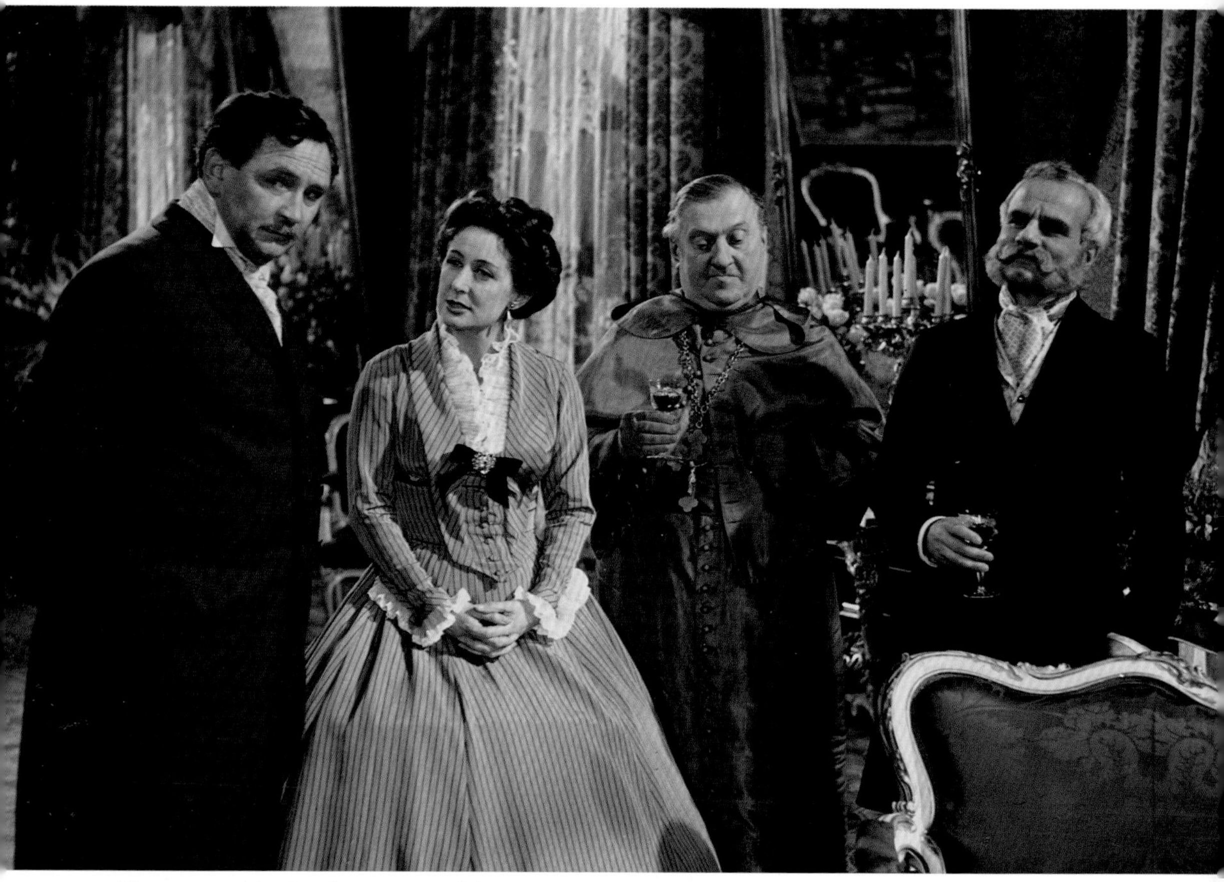

Die versammelte Familie wartet auf das Ereignis. Am 5. März 1855 kam um drei Uhr früh die kleine Prinzessin Erzherzogin Sophie Friederike Dorothea Maria Josepha von Österreich zur Welt. Das Mädchen wurde nach Franz Josephs Mutter Sophie benannt, die Großmutter war Patin.

„Sophie wollte sich um die kleine Erzherzogin selbst kümmern. Sie bestand darauf, dass das Kinderzimmer in ihren Wohntrakt verlegt wurde. Sophie war immer anwesend, wenn die Kaiserin ihre Tochter besuchen wollte", schildert Sisi-Biografin Brigitte Hamann. ▷

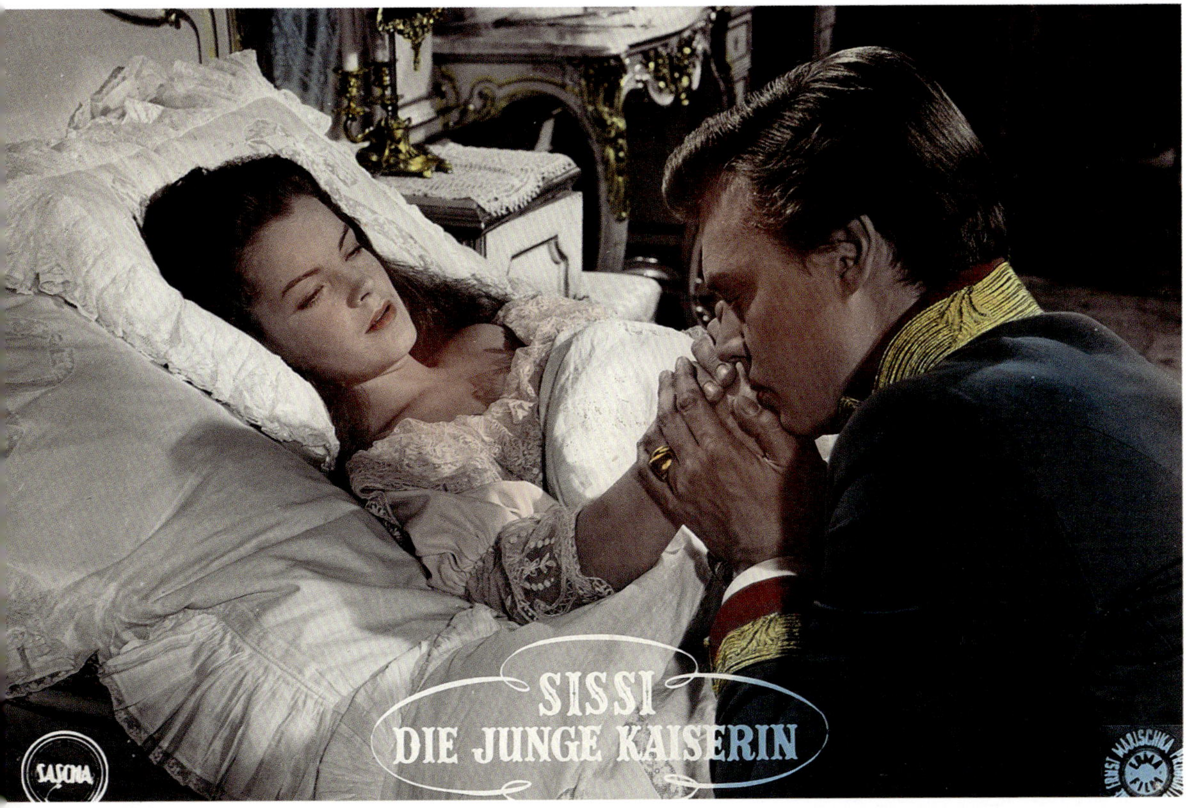
SISSI
DIE JUNGE KAISERIN

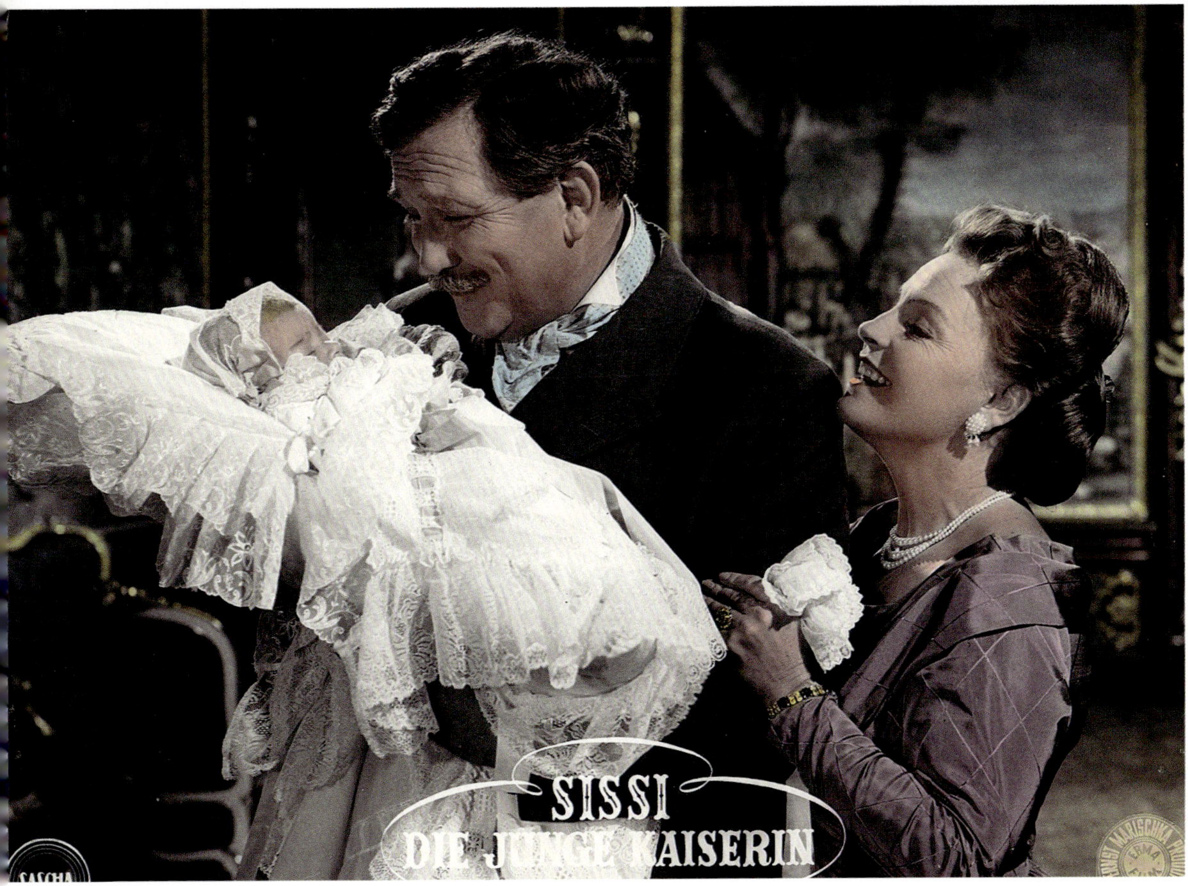
SISSI
DIE JUNGE KAISERIN

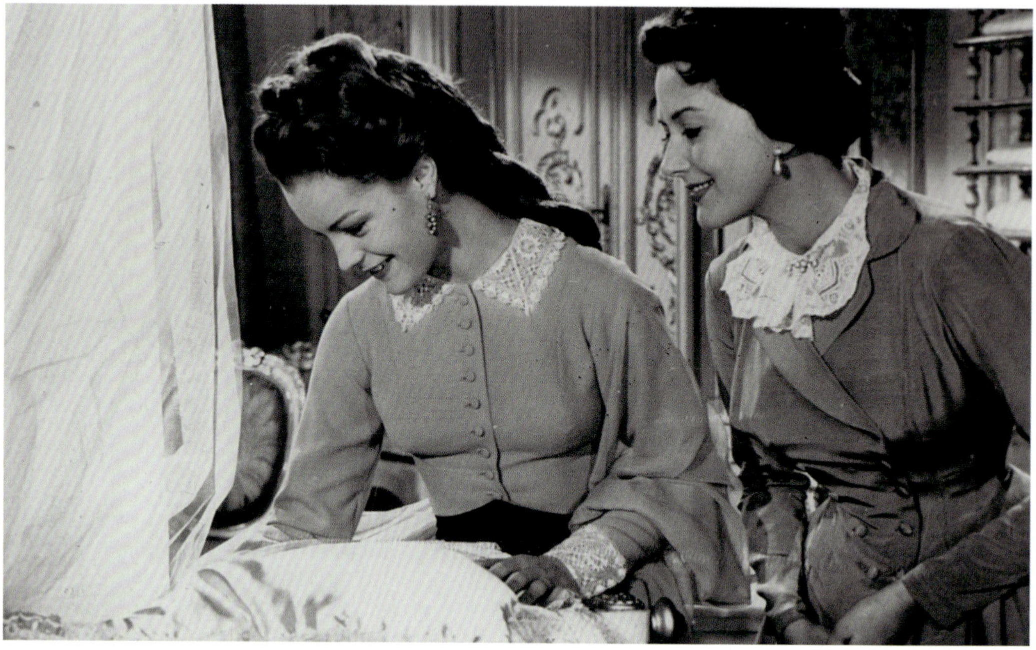

Senta Wengraf ist in der Rolle der Gräfin Bellegarde zu sehen. Pauline Marie Gräfin von Königsegg zu Aulendorf geb. von Bellegarde löste 1862 als erste Hofdame die Gräfin Esterházy-Liechtenstein ab, die eine enge Vertraute von Erzherzogin Sophie war.

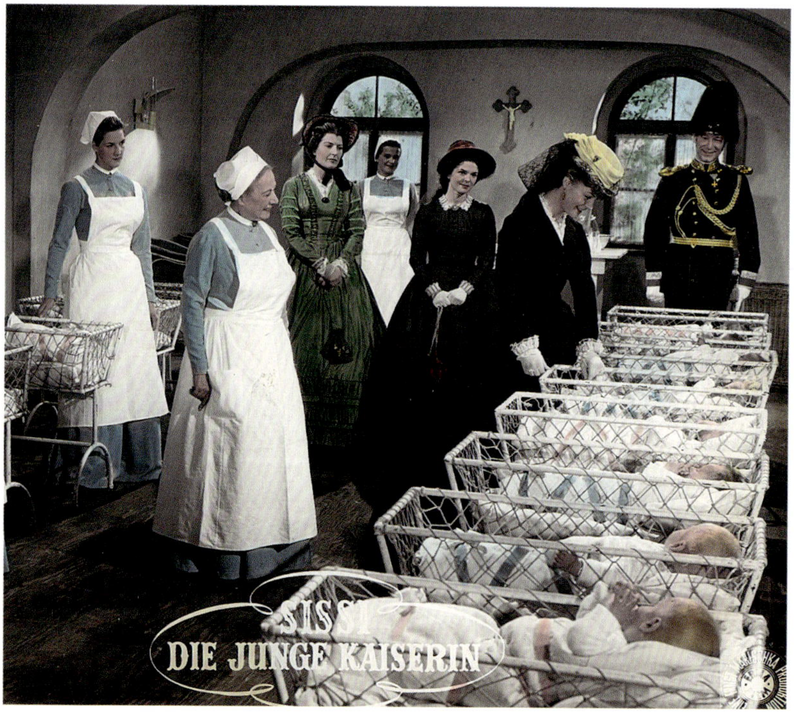


„Ihre Besuche in Kranken-, Waisen oder Armenhäusern entledigte sich die Kaiserin auf ihre Art. Sie kam stets unangemeldet, nur von einer Hofdame begleitet. Es ging ihr um die Sache. Zu den Kranken selbst vorzudringen, zu prüfen, ob sie gut behandelt und verpflegt würden“, beschreibt Sisi-Biografin Brigitte Hamann.

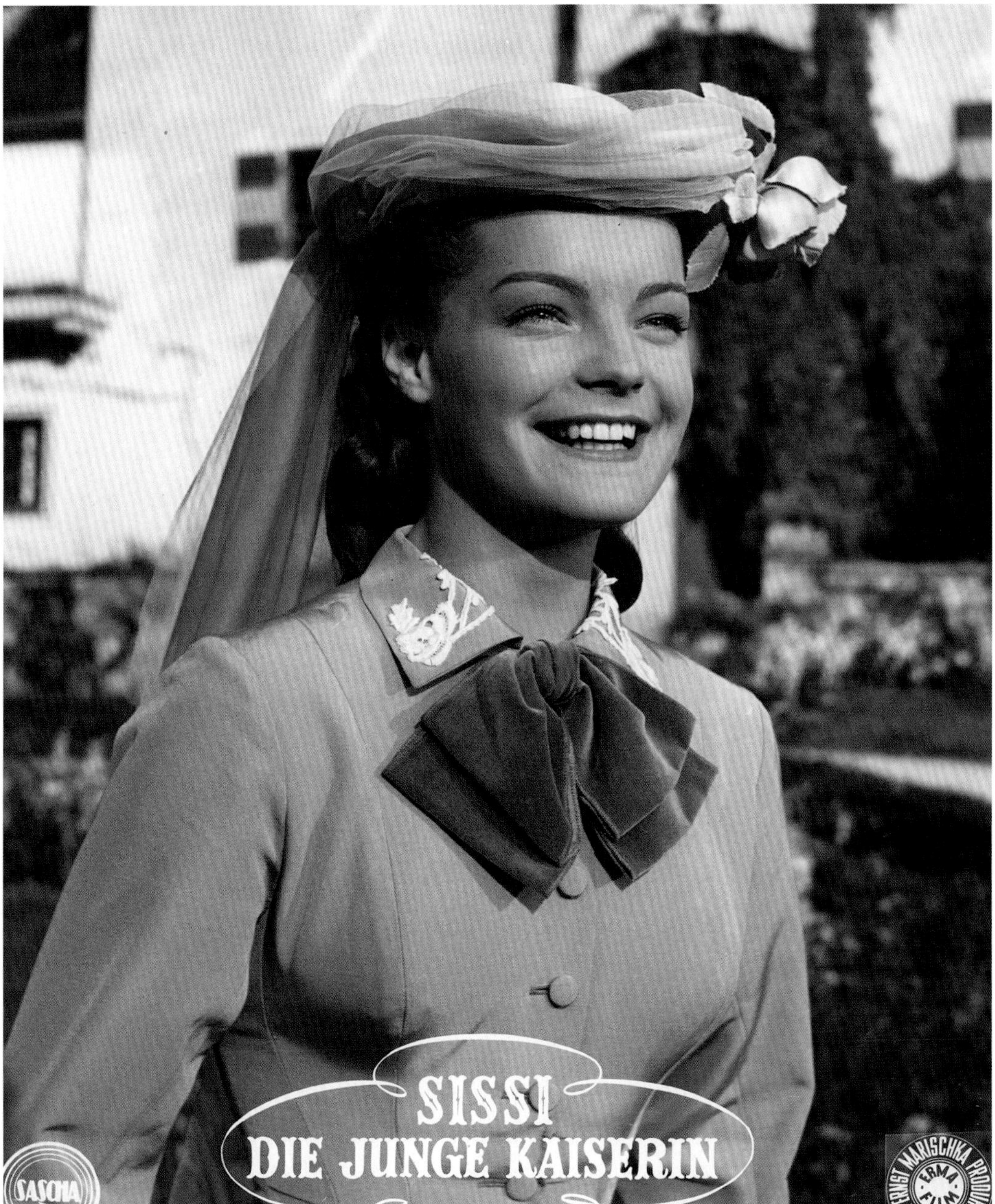


Sissi beginnt allmählich, sich gegen die Schwiegermutter aufzulehnen. Beim Kaiser findet sie keine wesentliche Unterstützung. Er bleibt seiner Mutter hörig. In dieser ersten Ehekrise flüchtet Sissi zu ihrer Familie nach Possenhofen. Das Schloss wurde in der Familie liebevoll „Possi" genannt.

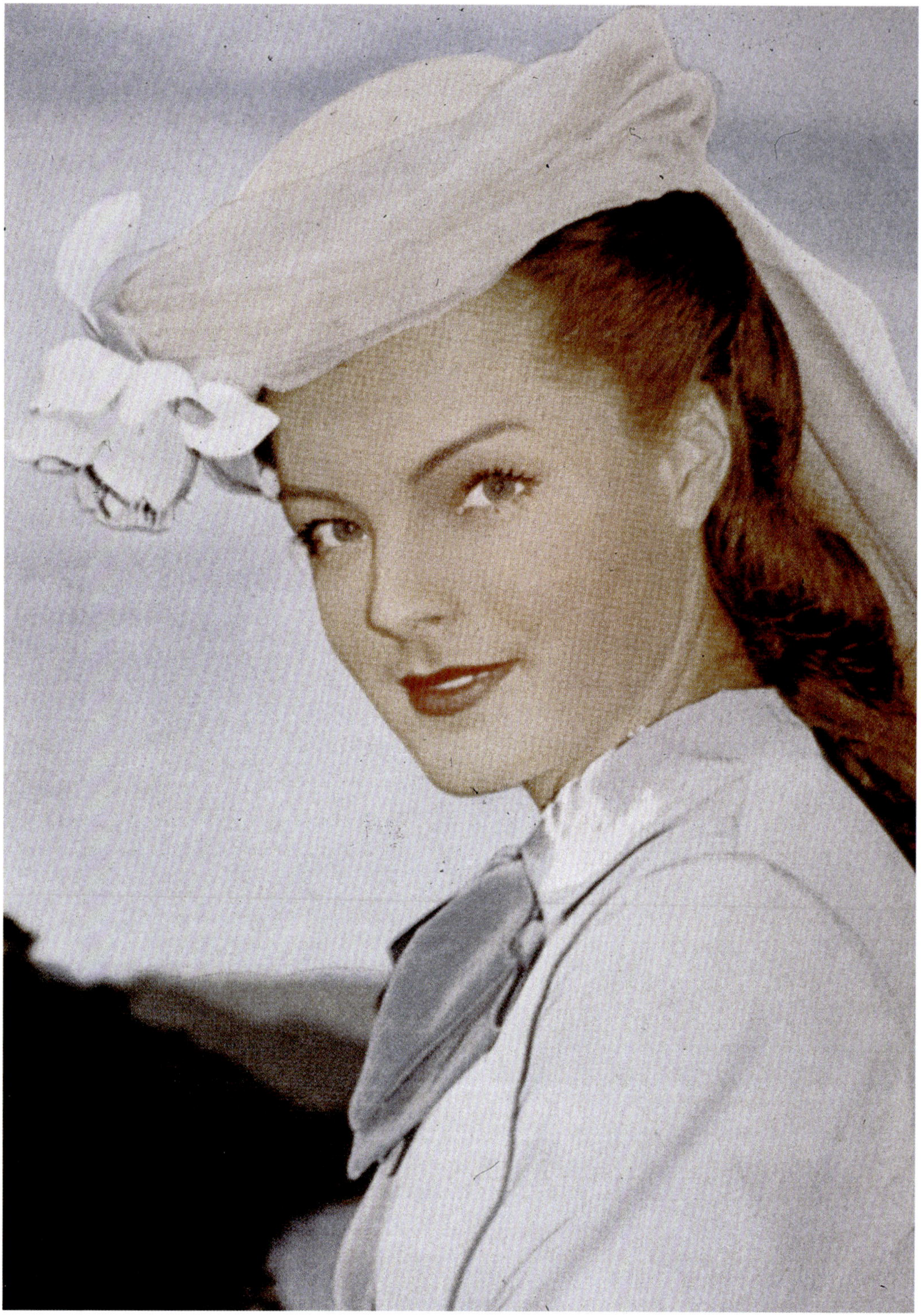

◁ 1834 hatte Max für seine Familie den Landsitz in Possenhofen erworben, wo Ludovika und die Kinder die meiste Zeit des Jahres verbrachten. Die Rückkehr zu ihren Eltern war für Elisabeth eine wichtige Möglichkeit, sich dem Wiener Hof zu entziehen. Bei ihrer Familie fand sie Verständnis und Unterstützung.

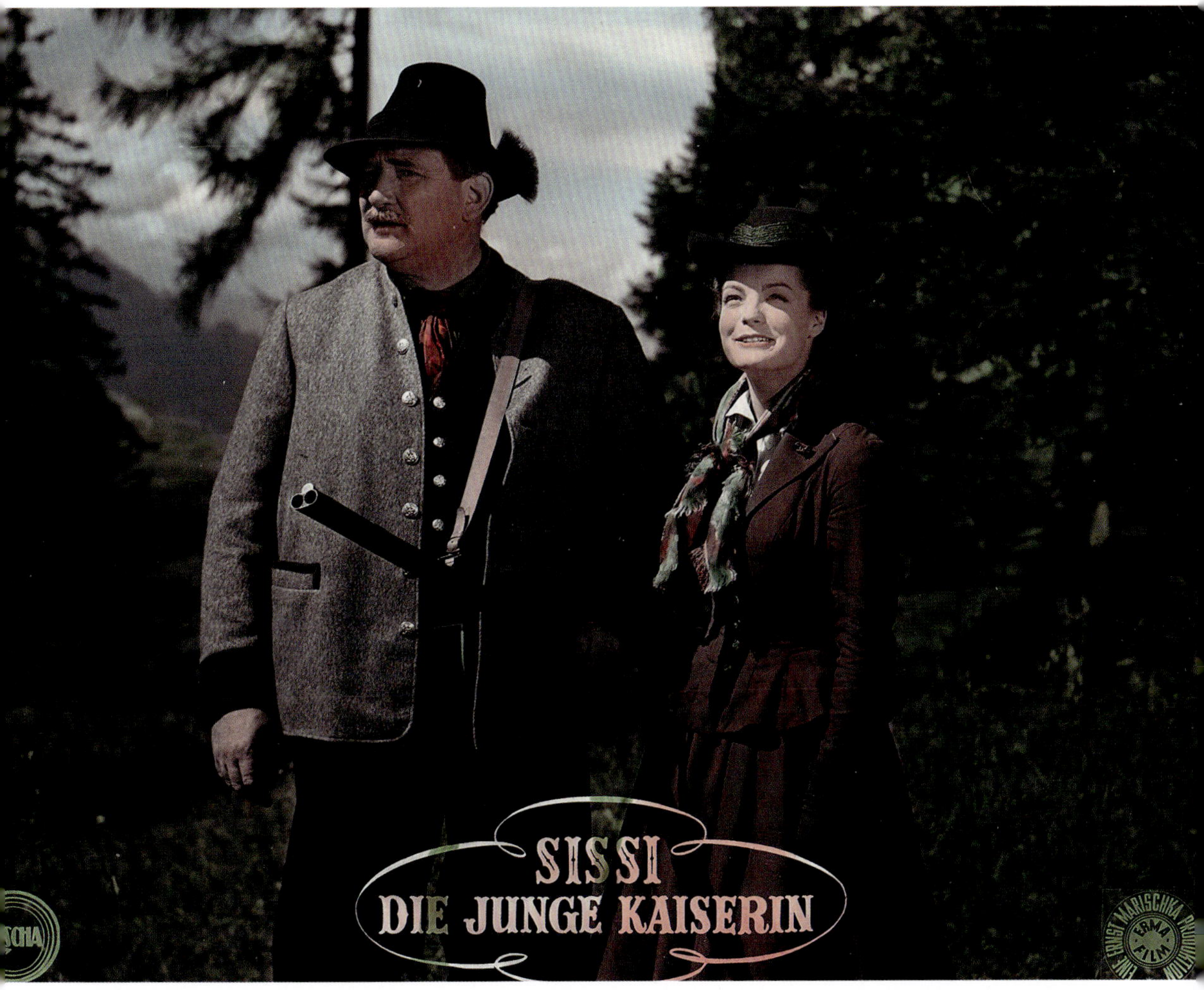


Herzog Max interessierte sich nicht im Geringsten für das höfische Leben. Er war bürgerlich, unkonventionell und volksnah. Der Herzog spielte Zither, liebte Bier und Geselligkeit, die Natur und die Jagd und vor allem seine Tochter Sissi, die ihm in vielem sehr ähnlich war.

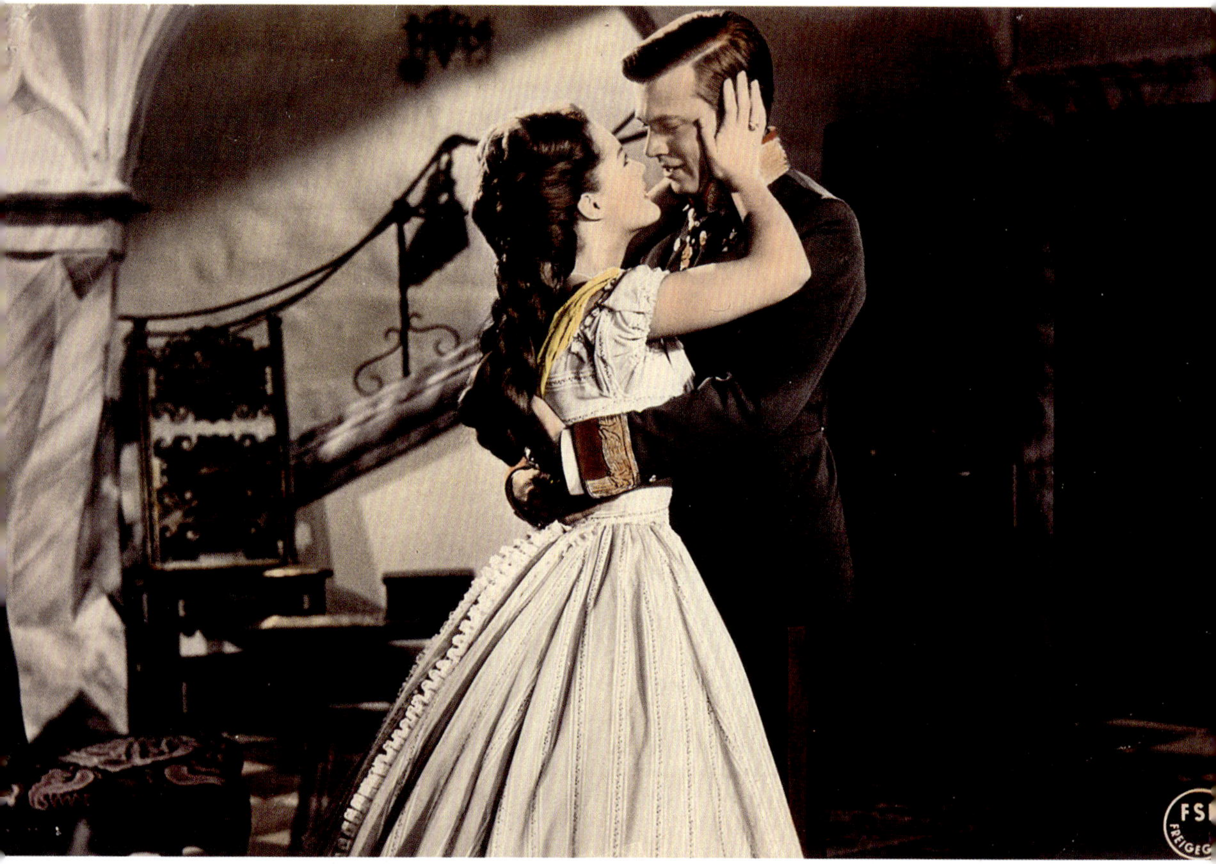

Franz Joseph reist Sissi nach und schnell ist der Streit fürs Erste beigelegt. Franz Joseph war ein überaus korrekter Herrscher, der die Umstände seines Lebens immer akzeptiert und die Aufgabe, zu deren Erfüllung ihn seine Mutter erzogen hatte, immer an erste Stelle gereiht hat.

Der Kaiser schlägt vor, ein paar Tage in den Bergen zu verbringen. Auf dieser Reise führte Marischka Sissi und Franz in die Tiroler Alpen zur Innsbrucker Nordkette in das Karwendelgebirge. Hier pilgerte das Filmteam jeden Tag vom Innsbrucker Quartier aus mit der Drahtseilbahn zum Hafelekar hinauf. ▹

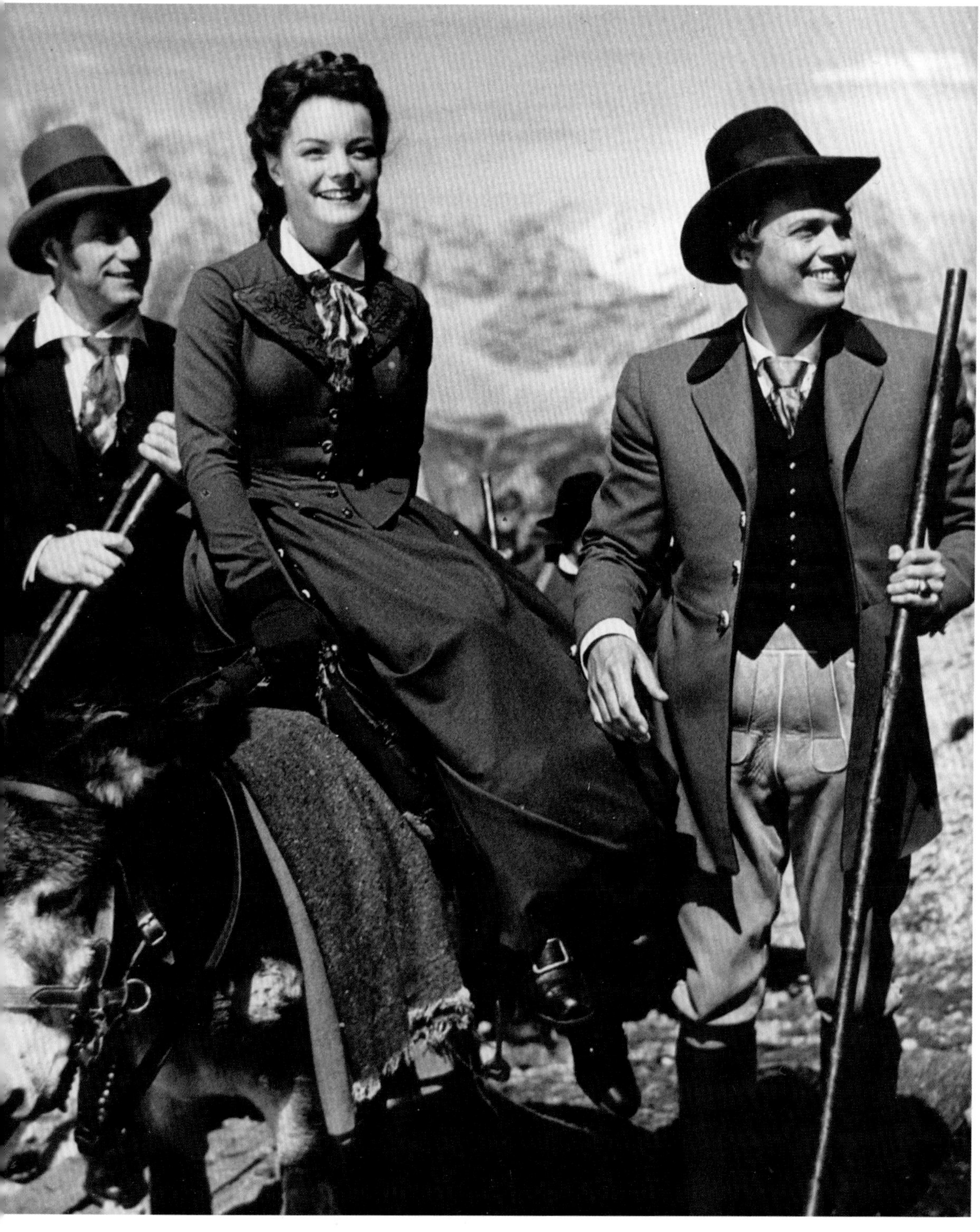

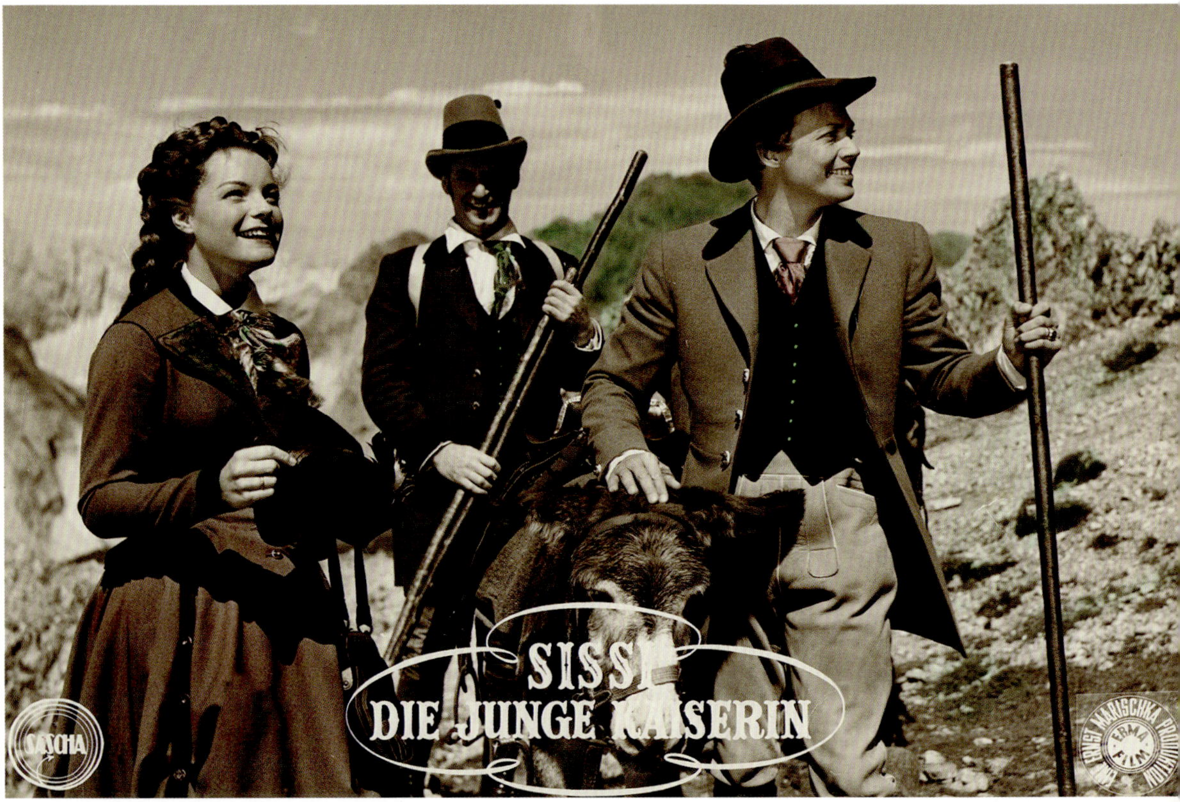
SISSI
DIE JUNGE KAISERIN
SASCHA

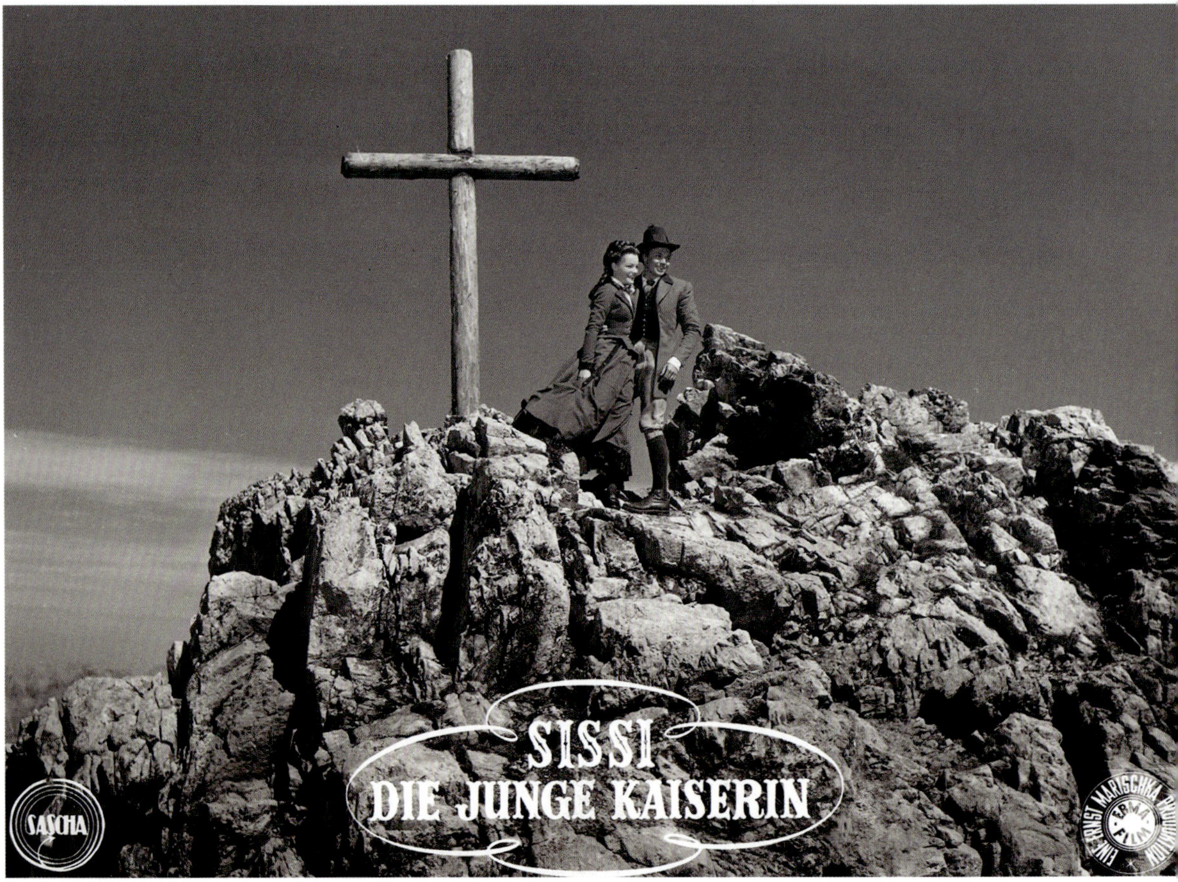
SISSI
DIE JUNGE KAISERIN
SASCHA

◃ In diesen Szenen wurde vor allem die landschaftliche Idylle Österreichs vermittelt, was in der Nachkriegszeit die Sehnsucht nach regionaler und nationaler Identität, nach Stabilität und einem konfliktfreien Leben stillte.

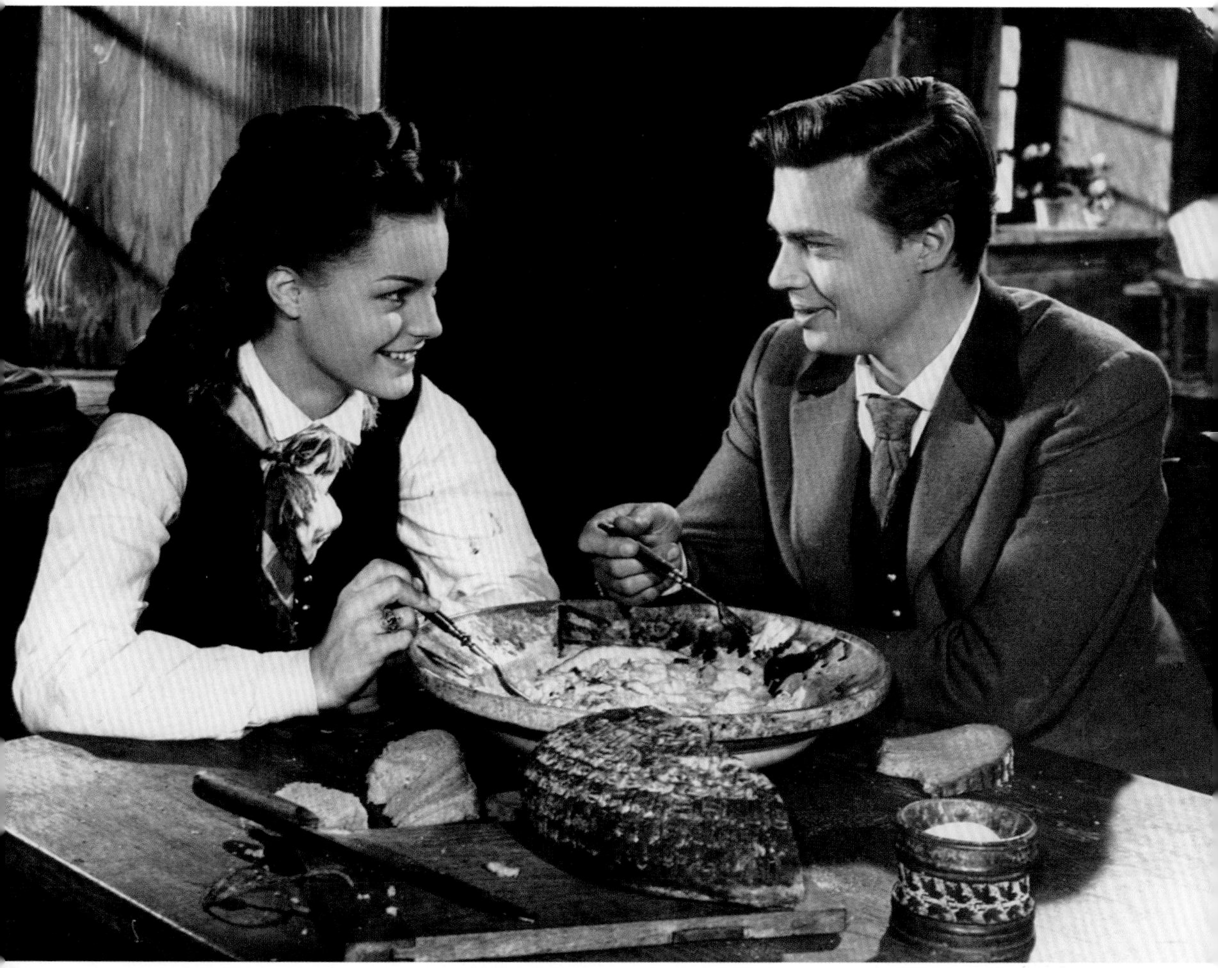

Da ein Gewitter aufzieht, suchen Sissi und Franz Schutz in einer Hütte und beschließen, sich ein paar Tage inkognito einzumieten. Einmal können sie privat und fast ungezwungen sein und die Landschaft und die Berge genießen.

◃ Die Reise fand tatsächlich – wenn auch erst später im Jahr 1856 – statt und war nach der Hochzeitsreise die zweite Reise des Kaiserpaars ohne politische Hintergründe. Sie wird auch oft als ihre zweiten Flitterwochen bezeichnet, weil die Reise Sisi und ihrer Ehe guttat.

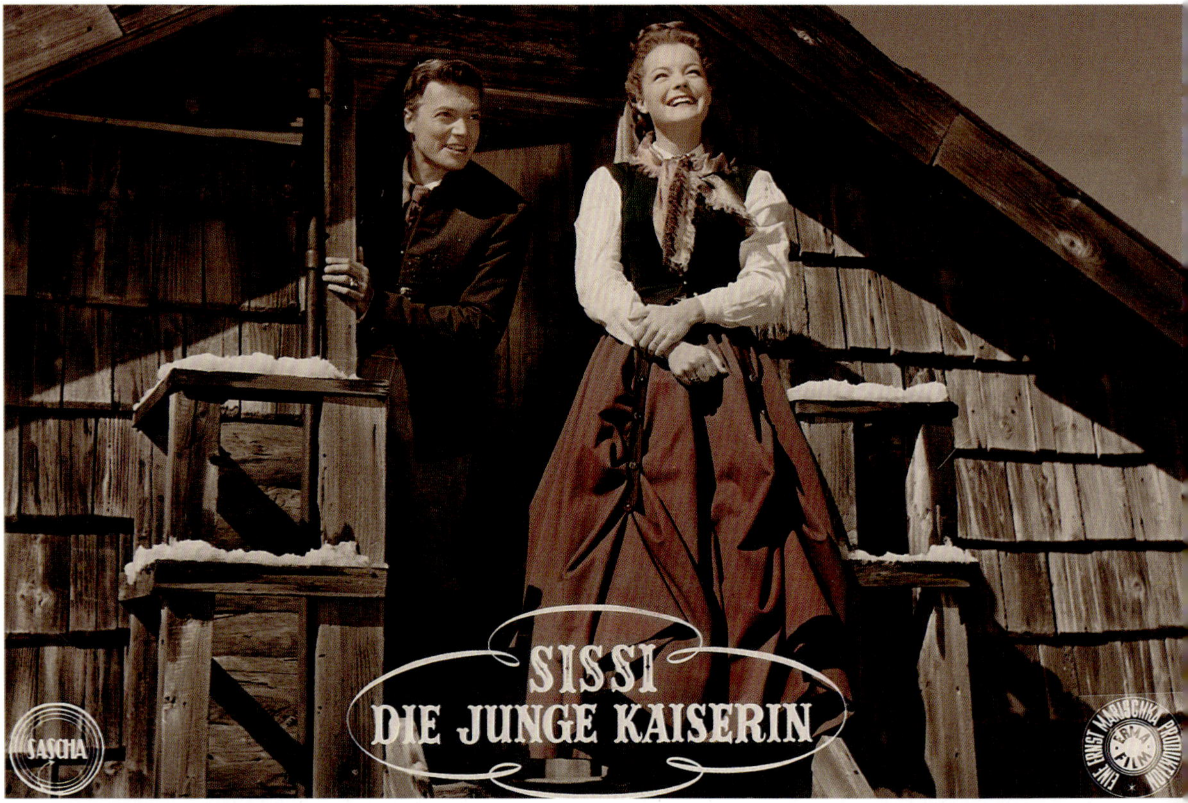
SISSI
DIE JUNGE KAISERIN
SASCHA

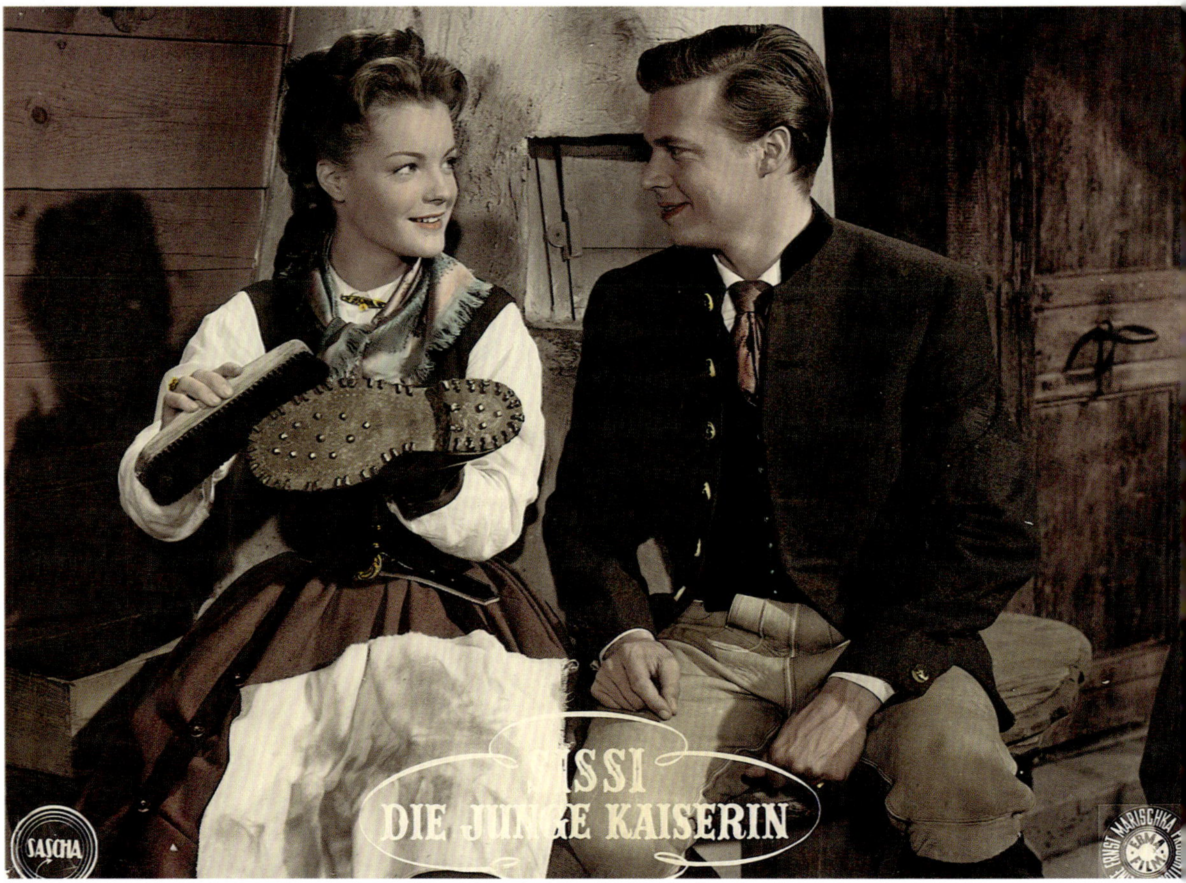
SISSI
DIE JUNGE KAISERIN
SASCHA

◁ Die Szene in der Berghütte könnte sich tatsächlich so abgespielt haben, weil Sisi und Franz Joseph öfters in den Bergen unterwegs waren – er in Lederhose mit Gamsbarthut, sie im knappen Lodenkostüm mit derben Bergschuhen.

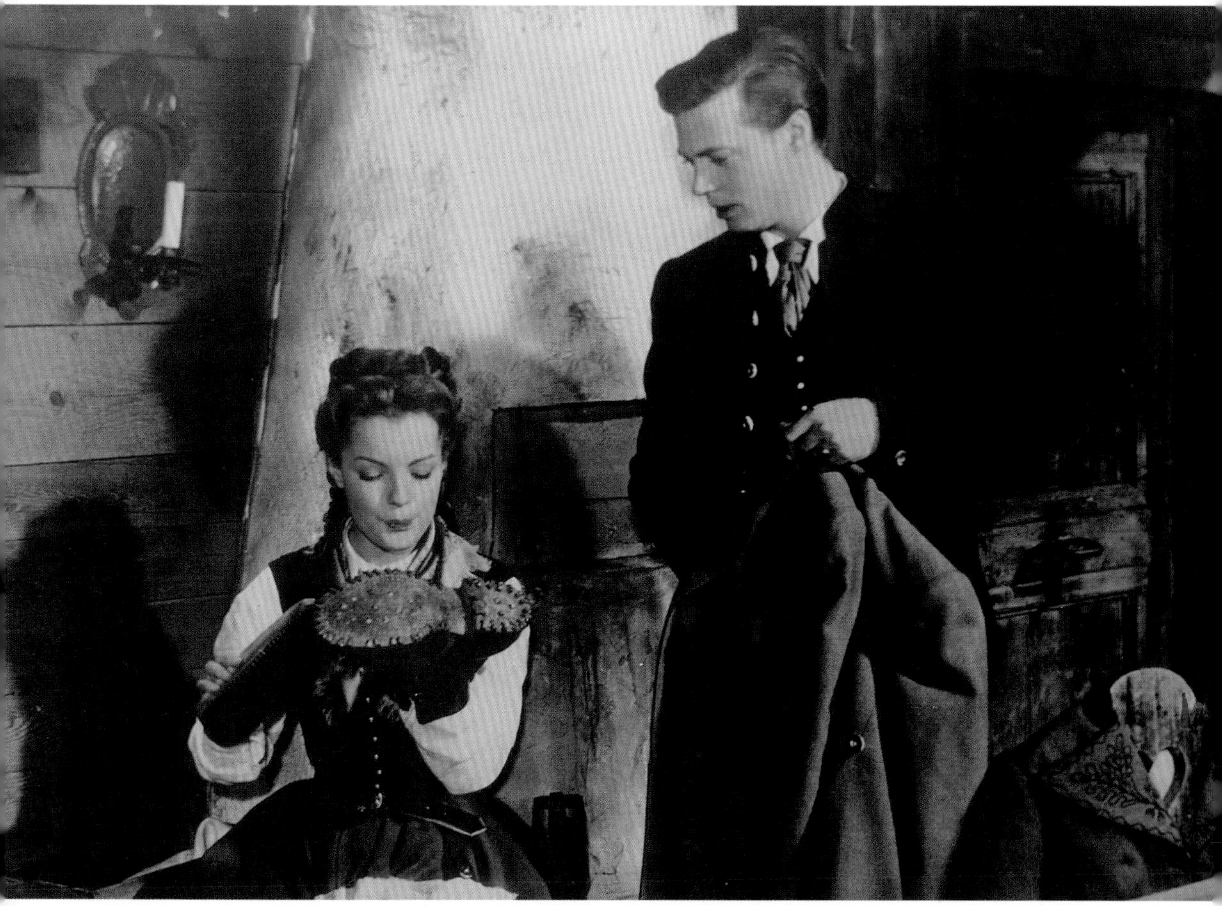

Elisabeth wird als populäre, menschennahe Kaiserin dargestellt. Sie kann gut mit einfachen Menschen umgehen und wird dafür geliebt, als würden Standesunterschiede keine Rolle spielen. Volkstümlichkeit und Volksnähe nehmen in den Filmen einen großen Raum ein.

◁ „In ländlicher Umgebung gab es kein höfisches Zeremoniell und selbst der in Wien so förmliche und gehemmte Kaiser benahm sich salopp und zeigte, dass er sich noch ein gewisses Maß an Spontaneität und Lebensfreude bewahrt hatte." So beschreibt Sisi-Biografin Brigitte Hamann den Kaiser.

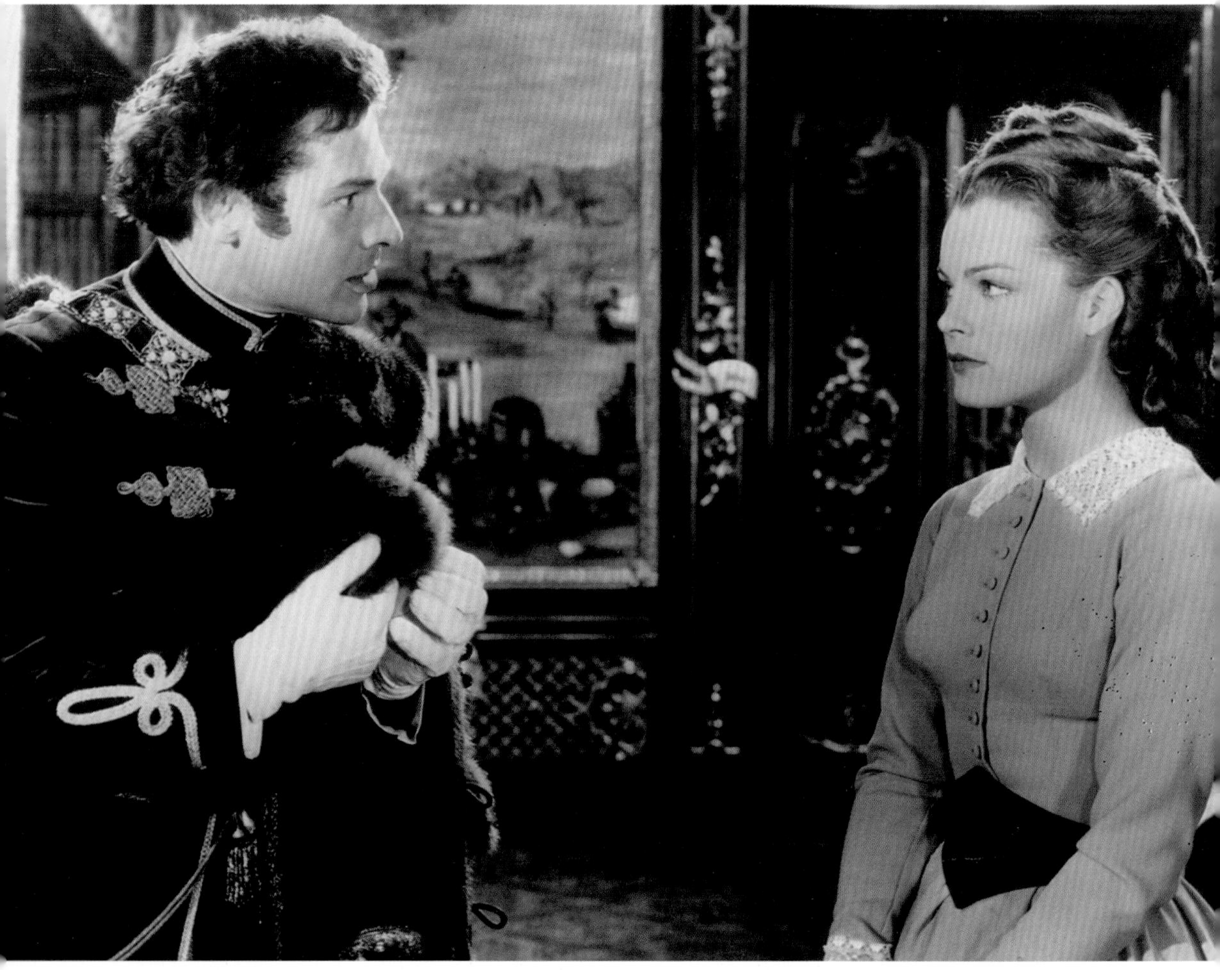

Graf Gyula Andrássy – im Film Schauspieler Walther Reyer – war wegen seiner Beteiligung an der ungarischen Revolution 1848 ins Exil verbannt worden. Nach einer Amnestie lernte er die Kaiserin 1866 bei einer Audienz kennen. Er wurde später zu ihrem engsten Freund und persönlichen Berater.

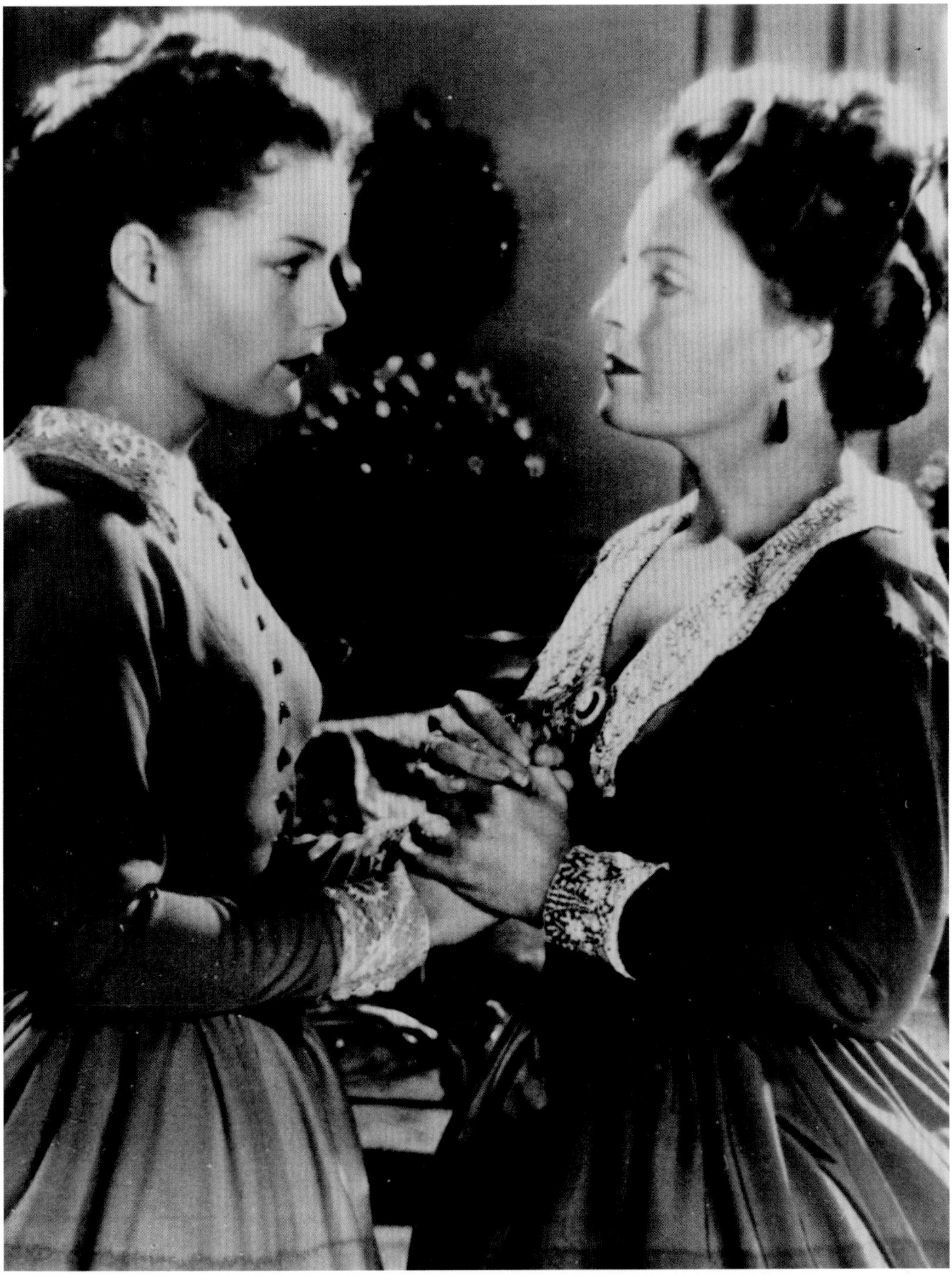

Die Verbindung mit dem Grafen führte zu einem wachsenden Engagement der Kaiserin für die ungarischen Interessen. Elisabeth wurde gegen den Willen ihrer Schwiegermutter und großer Teile des Hofes zu einer energischen Fürsprecherin der ungarischen Forderungen und nahm die Rolle der Vermittlerin ein.

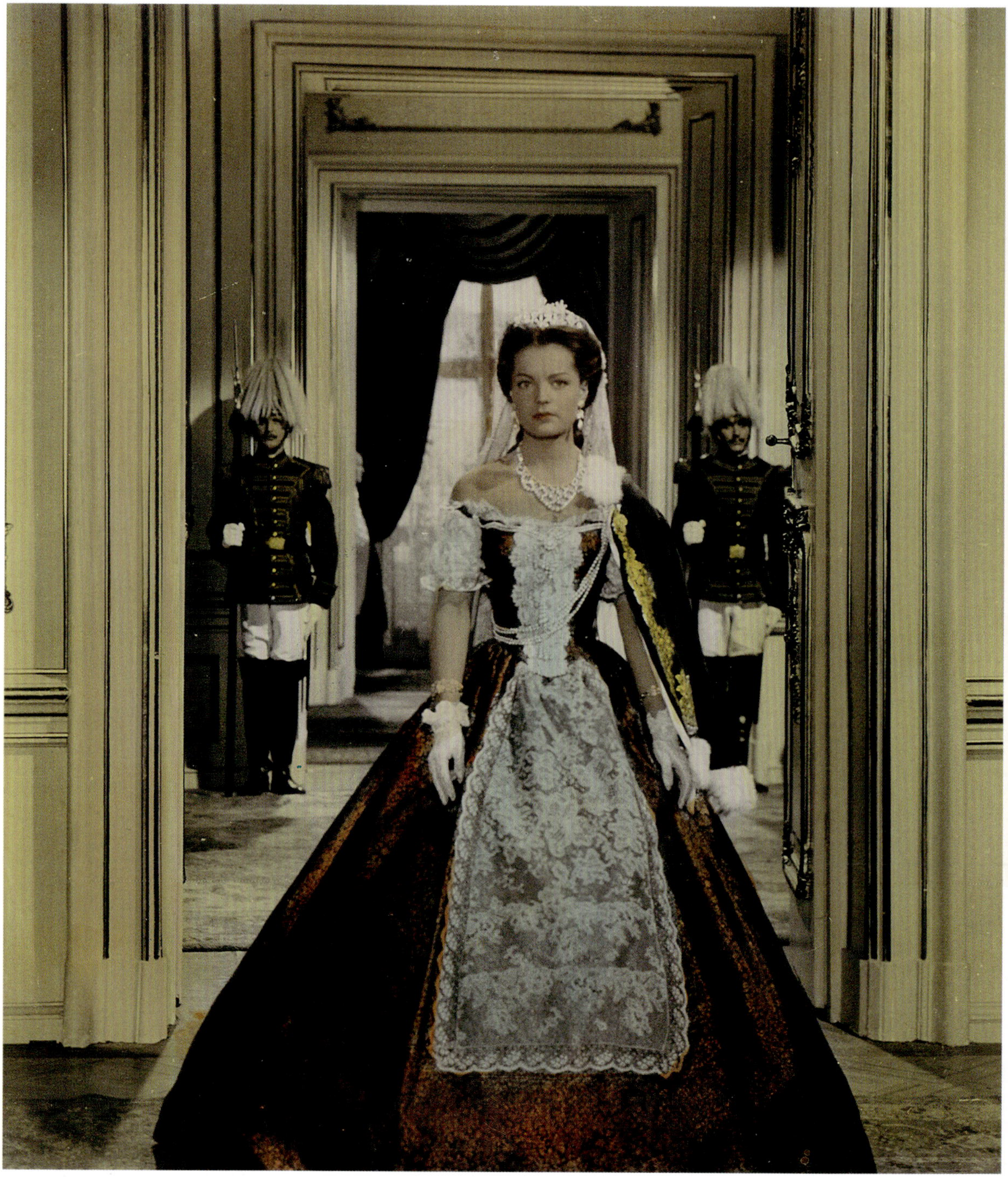

Sissi in ungarischer Nationaltracht in den Nationalfarben mit weißer Spitzenschürze, Schleier und Diamantenkrone. Die Kaiserin empfand große Zuneigung für das ungarische Volk. Sie widmete sich mit Begeisterung der ungarischen Kultur und Geschichte und erlernte die ungarische Sprache.

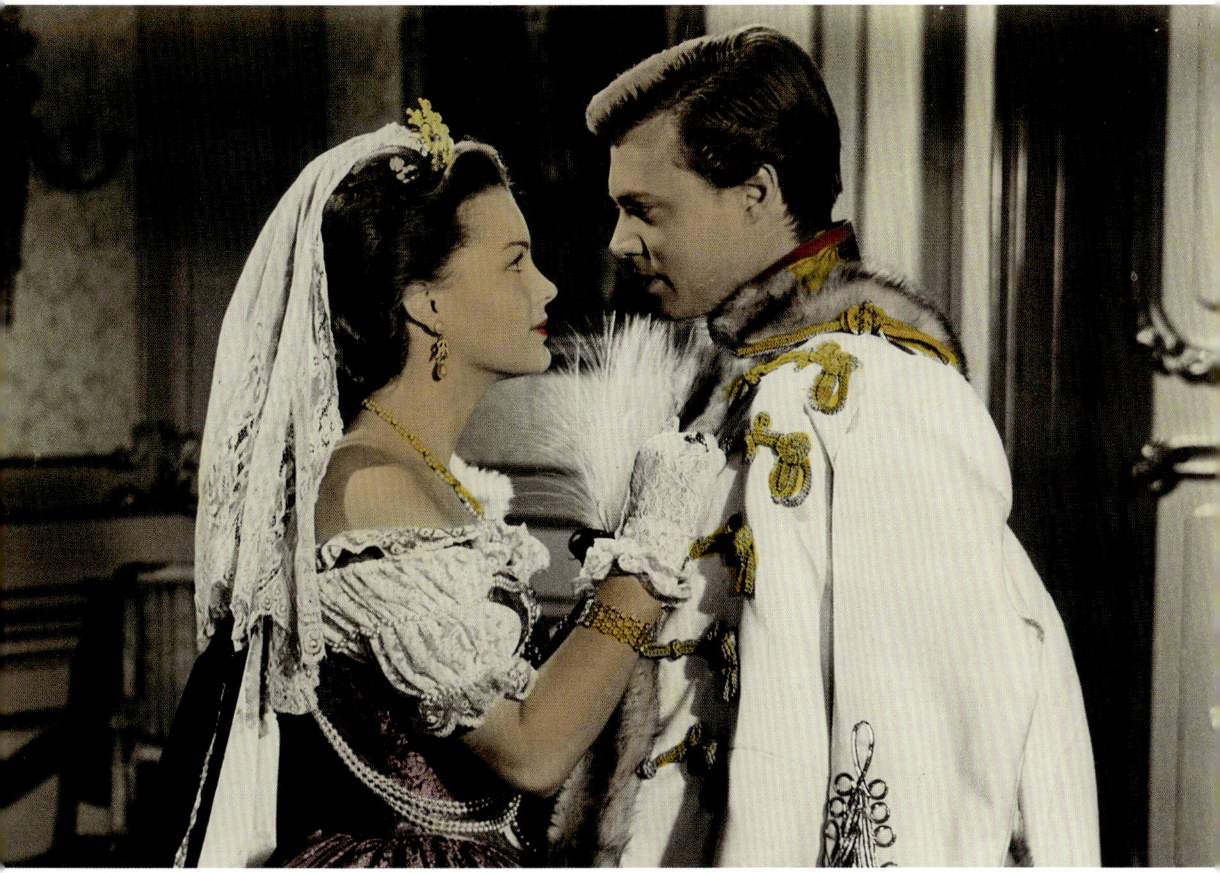

Franz Joseph informiert Sissi, dass seine Mutter, die von ihrem Standpunkt nicht abweichen wollte, jetzt doch eingelenkt habe. Das Kinderzimmer der kleinen Sophie wird wieder neben den Räumen von Sissi eingerichtet. Das widerspricht der historischen Realität.

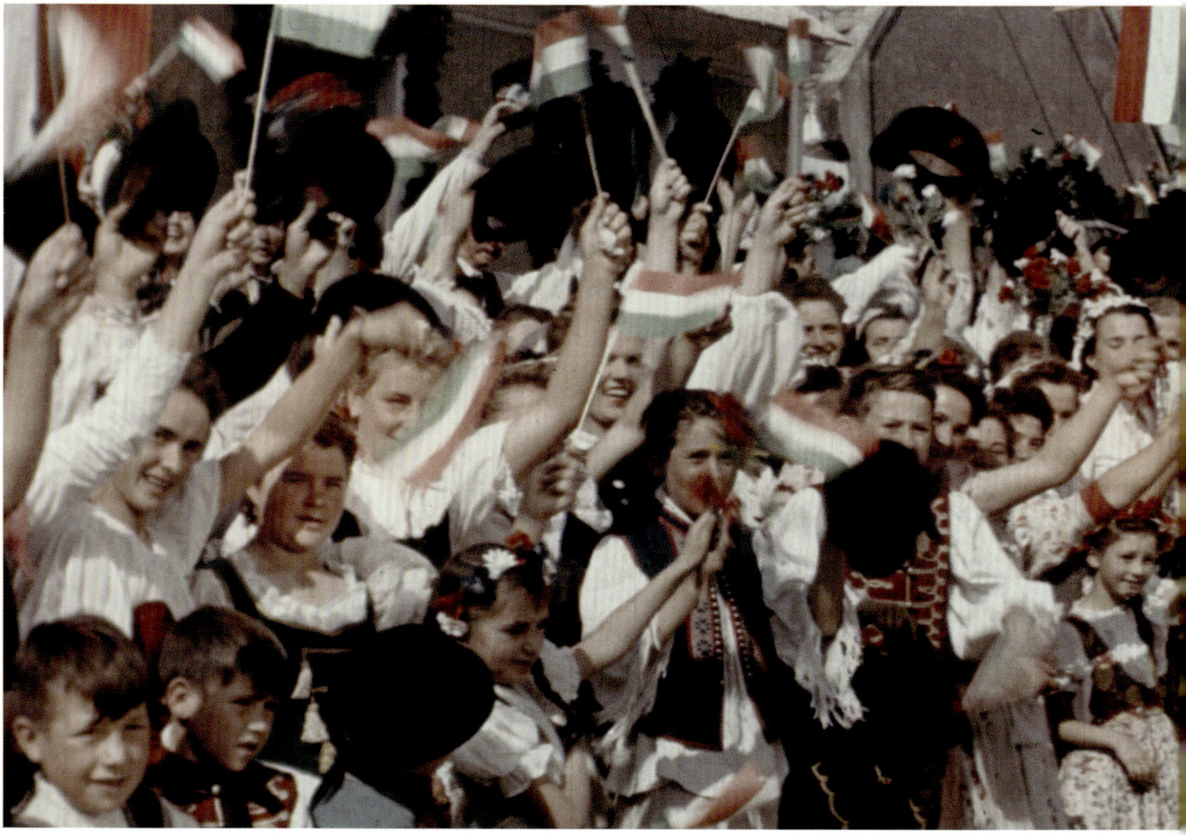

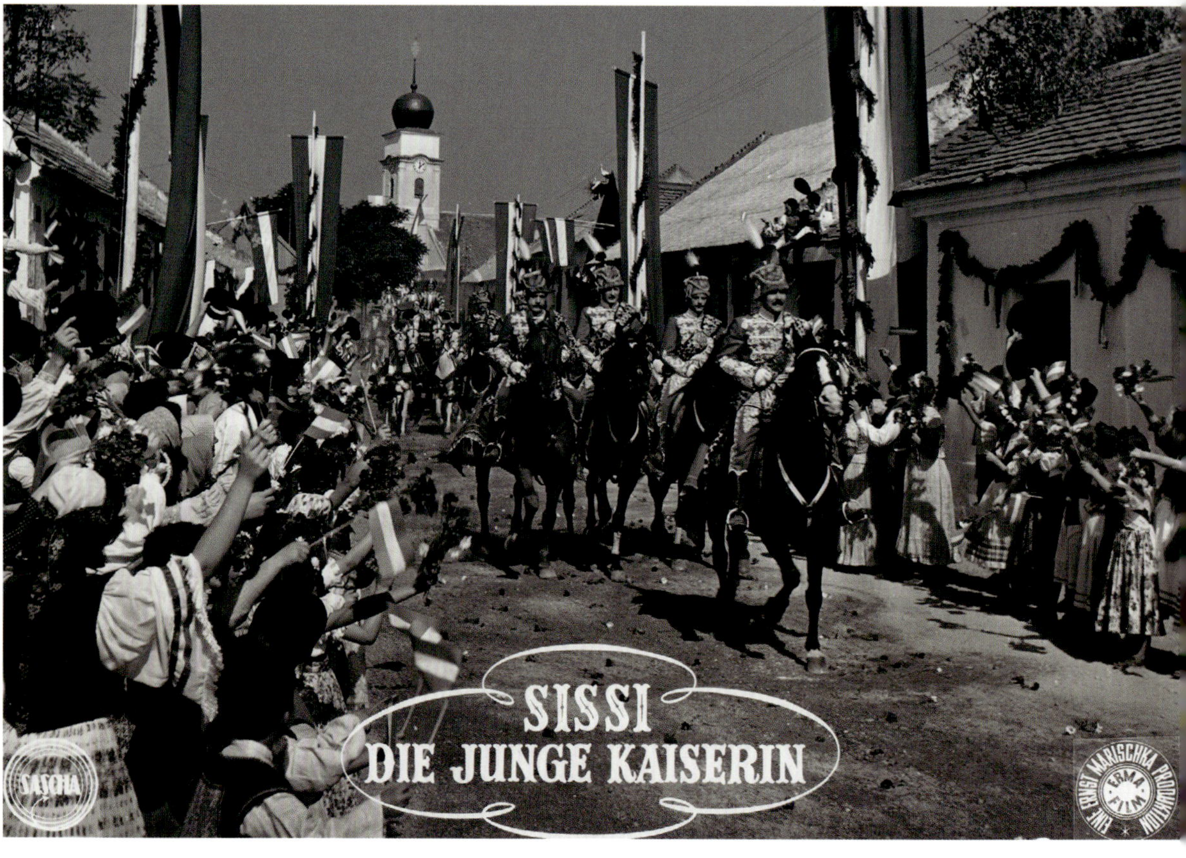
SISSI
DIE JUNGE KAISERIN

◃ Mitte Februar 1867 kam es zum ungarischen Ausgleich. Die alte ungarische Verfassung wurde wiederhergestellt. Das Kaiserreich Österreich wurde in die Doppelmonarchie Österreich-Ungarn mit zwei Hauptstädten, zwei Parlamenten und zwei Kabinetten umgewandelt.

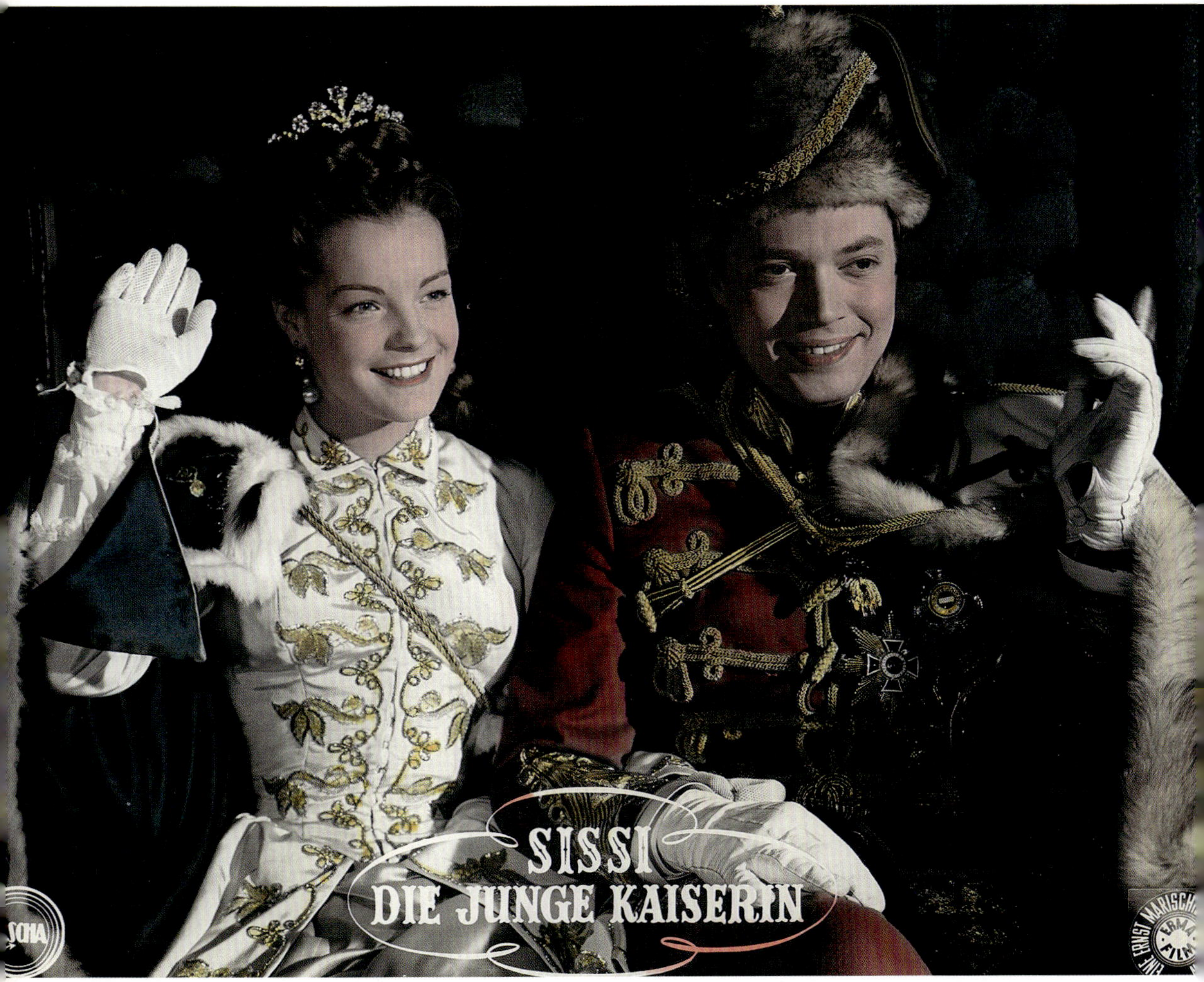


Die Ungarn-Szenen wurden wegen der damaligen politischen Lage in Ungarn im Burgenland gedreht. 1956 kam es zum ungarischen Volksaufstand gegen die Regierung der kommunistischen Partei, der durch die sowjetische Besatzung brachial niedergeschlagen wurde.

◃ Am 17. Februar 1867 wurde Graf Andrássy zum ersten Ministerpräsidenten Ungarns ernannt. Die Kaiserin war „die schönste Vorsehung für das ungarische Vaterland“. Vor allem zwei Personen hatten die politischen Entwicklungen zum Ausgleich durchgesetzt – Andrássy und Elisabeth.

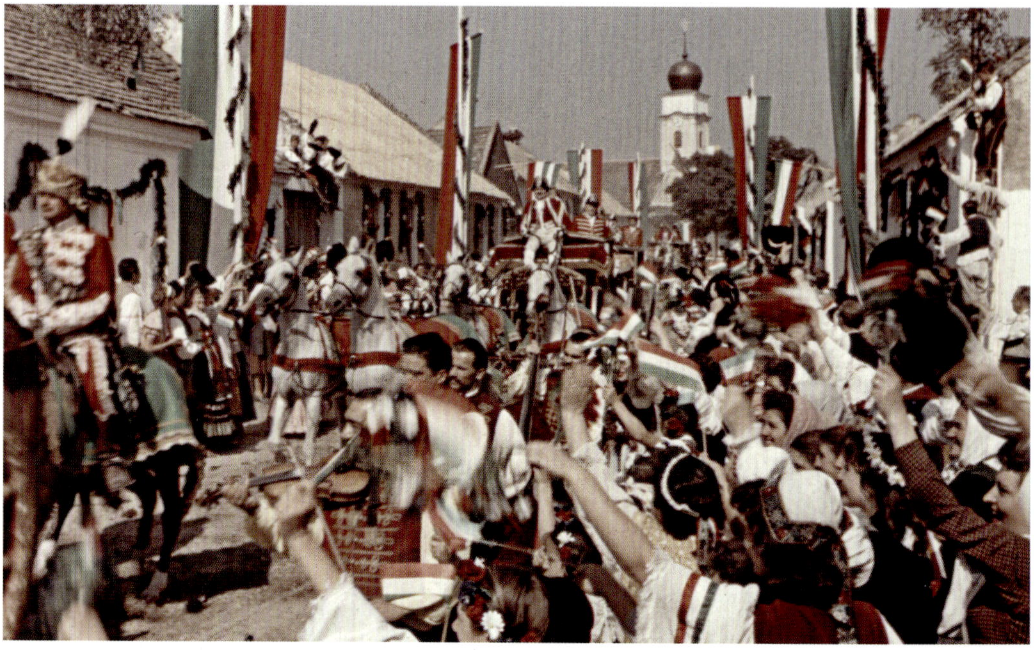

Die Kutschfahrtszene nach Ungarn durch das Dorf mit jubelnden Menschen am Straßenrand entstand in Rust. Die burgenländische Landschaft eignet sich gut, um die ungarische Tiefebene darzustellen. Die Szenen dieser Reise nach Ungarn wurden 1956 im Seewinkel gedreht.

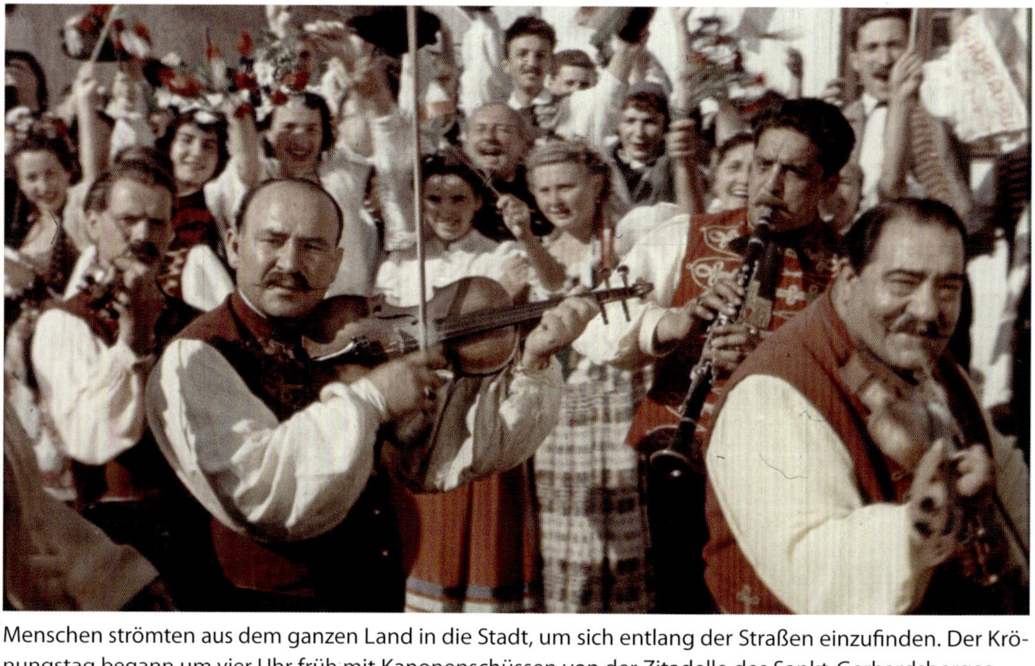

Menschen strömten aus dem ganzen Land in die Stadt, um sich entlang der Straßen einzufinden. Der Krönungstag begann um vier Uhr früh mit Kanonenschüssen von der Zitadelle des Sankt-Gerhardsberges. Die pompösen Feierlichkeiten dauerten fünf Tage und die Königin war ihr unbestrittener Höhepunkt.

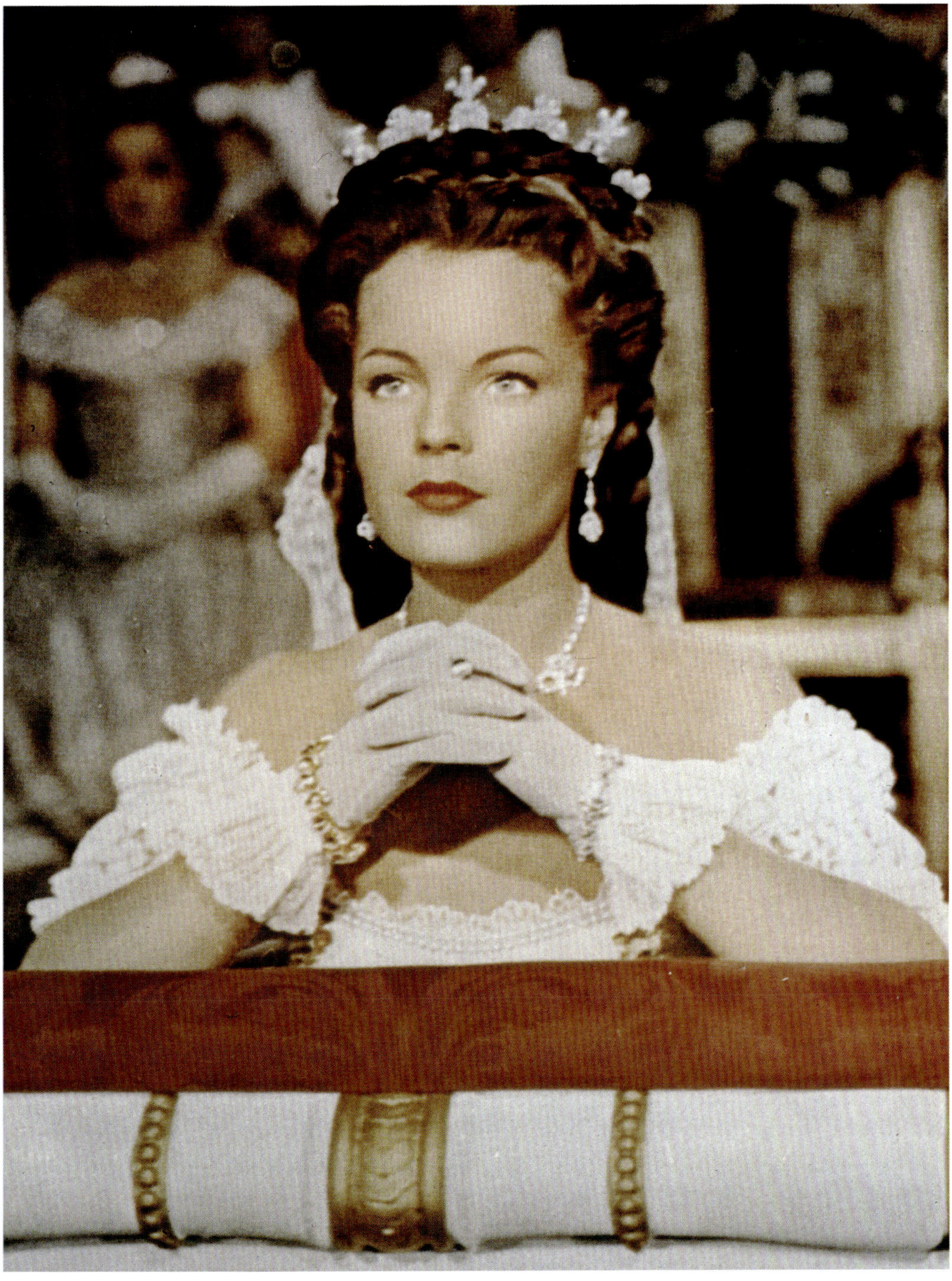

Die Krönung in Ungarn fand am 8. Juni 1967 in der Matthiaskirche mit unbeschreiblichem Prunk statt. Franz Liszt hatte aus diesem Anlass eine eigene Krönungsmesse komponiert.

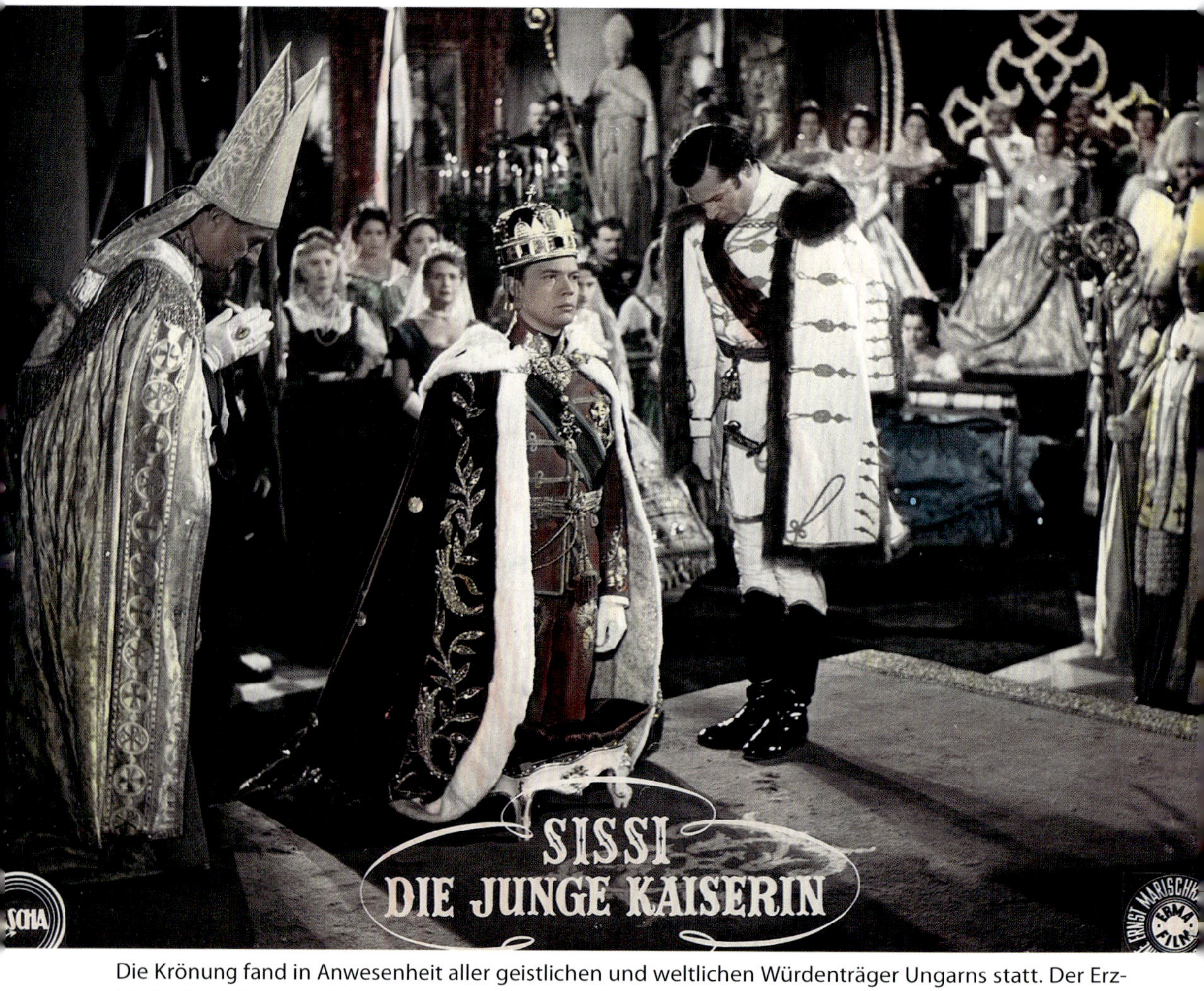


Die Krönung fand in Anwesenheit aller geistlichen und weltlichen Würdenträger Ungarns statt. Der Erzbischof von Gran und Primas von Ungarn und Graf Andrássy als Stellvertreter des Palatins setzten gemeinsam dem vor dem Altar knienden Franz Joseph die Stephanskrone auf das Haupt.

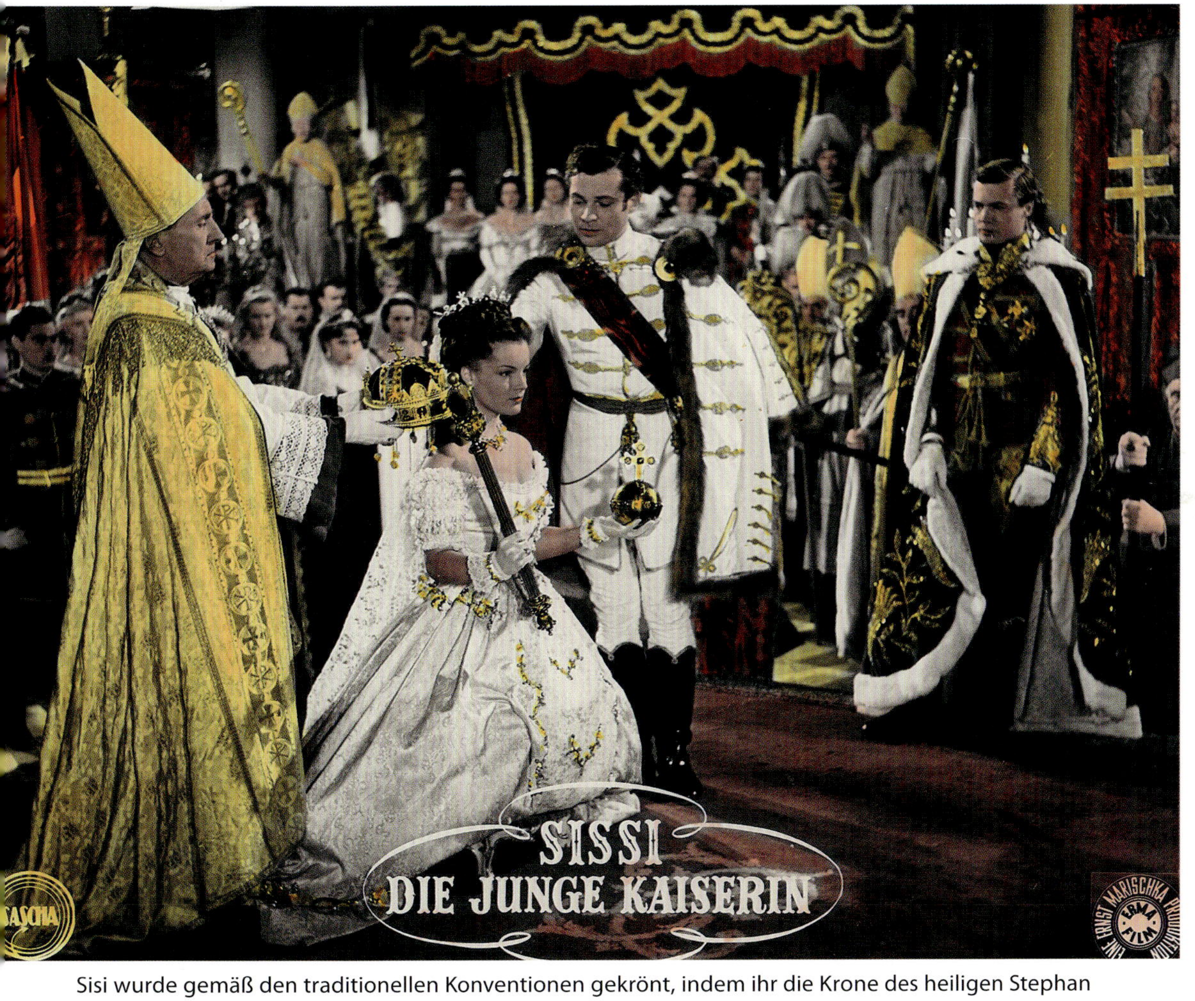


Sisi wurde gemäß den traditionellen Konventionen gekrönt, indem ihr die Krone des heiligen Stephan über die rechte Schulter gehalten wurde, als Symbol dafür, dass sie bereit ist, dem König zu helfen, die schwere Last dieser Aufgabe zu tragen.

Andrássy, einst Rebell und Anführer der Bewegung gegen die österreichische Vorherrschaft, setzte jenem Herrscher die Krone auf, mit dessen Billigung er einst zum Tod verurteilt worden war. ▷

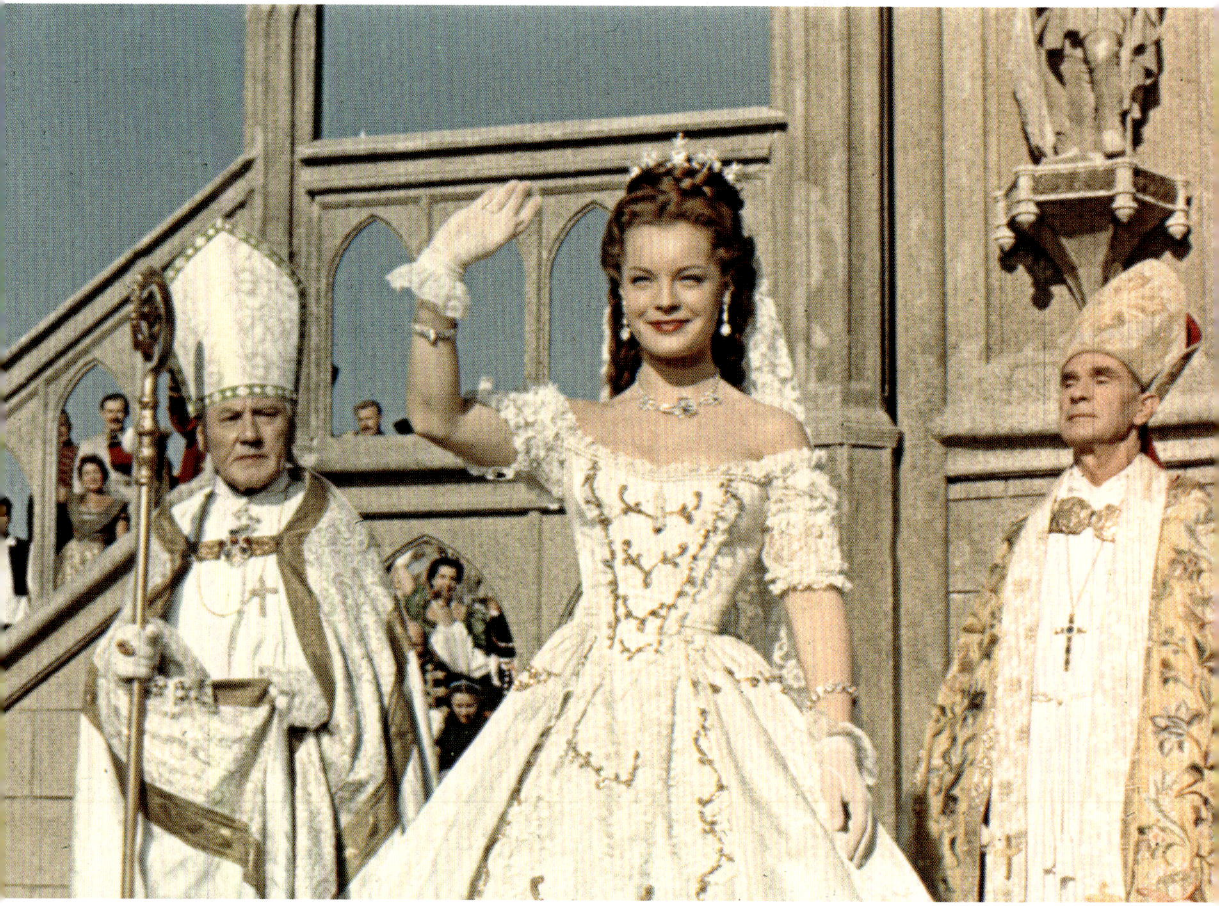

Die Kaiserin steht im Mittelpunkt des Geschehens, das Volk jubelt ihr begeistert zu. Wahrscheinlich war dieser Tag der größte Triumph ihres Lebens. Elisabeth gewann die Herzen der Ungarn, die von ihrer Königin begeistert waren.

Der Kaiser fuhr laut Tradition nicht im Wagen, sondern begab sich zu Pferd zur Matthiaskirche. Er ritt in ungarischer Marschallsuniform hinter dem Bischof und dem ungarischen Oberststallmeistervertreter, der das gezückte Reichsschwert hielt. ▷

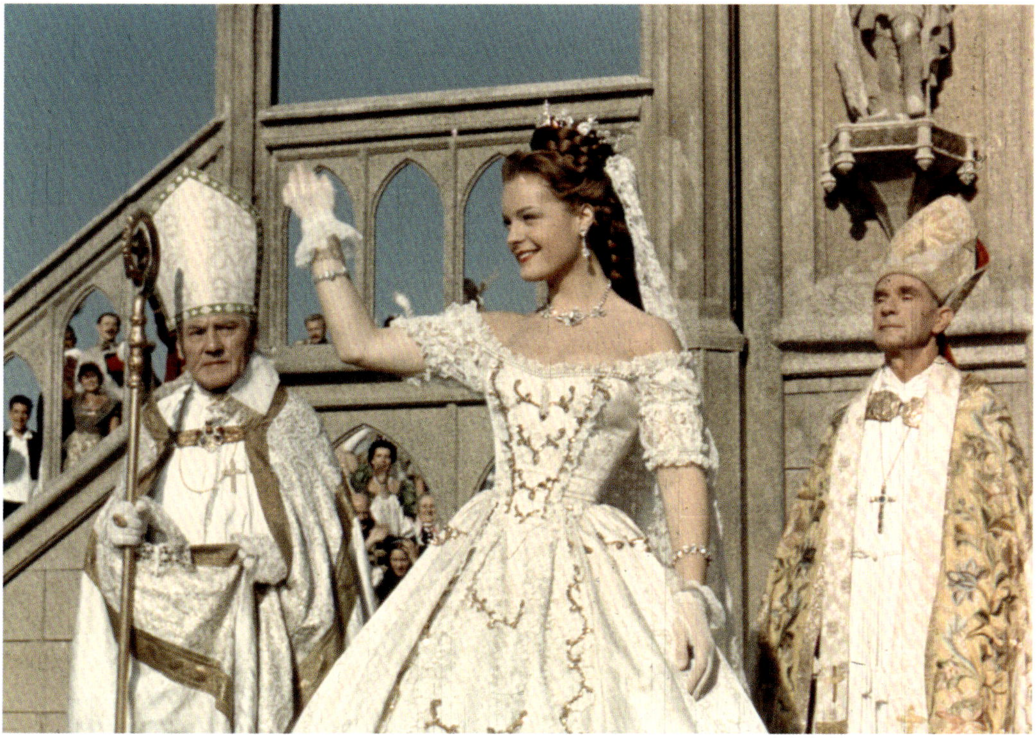

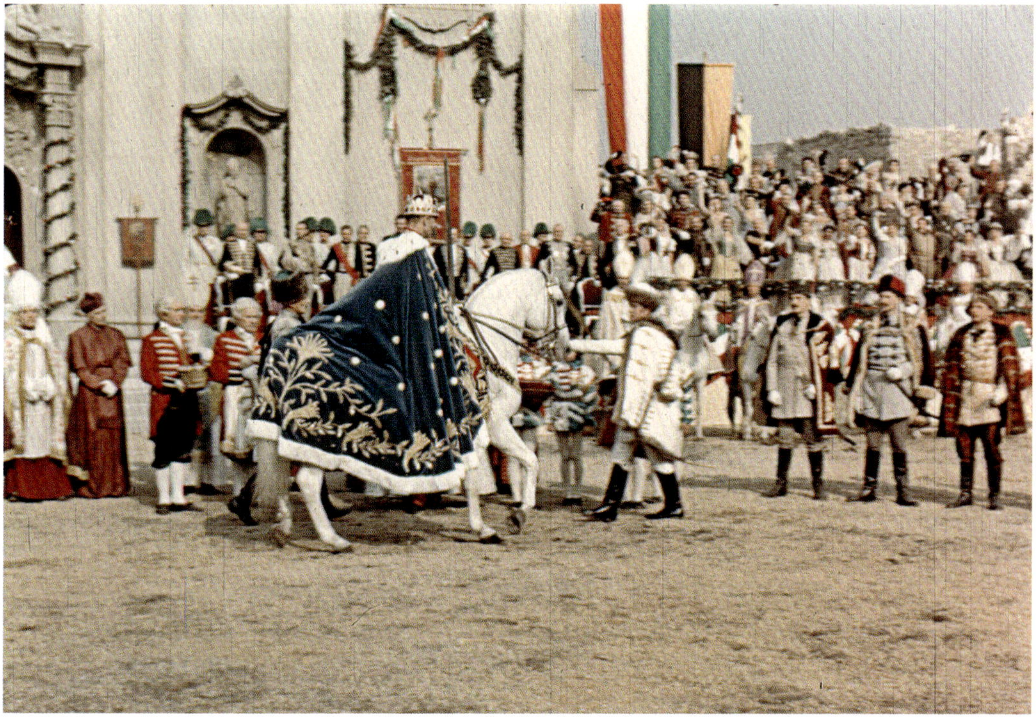

Auf dem Gelände der Deutschmeisterkaserne am Rennweg im 3. Wiener Bezirk ließ Ernst Marischka den Krönungshügel nachstellen. ▹

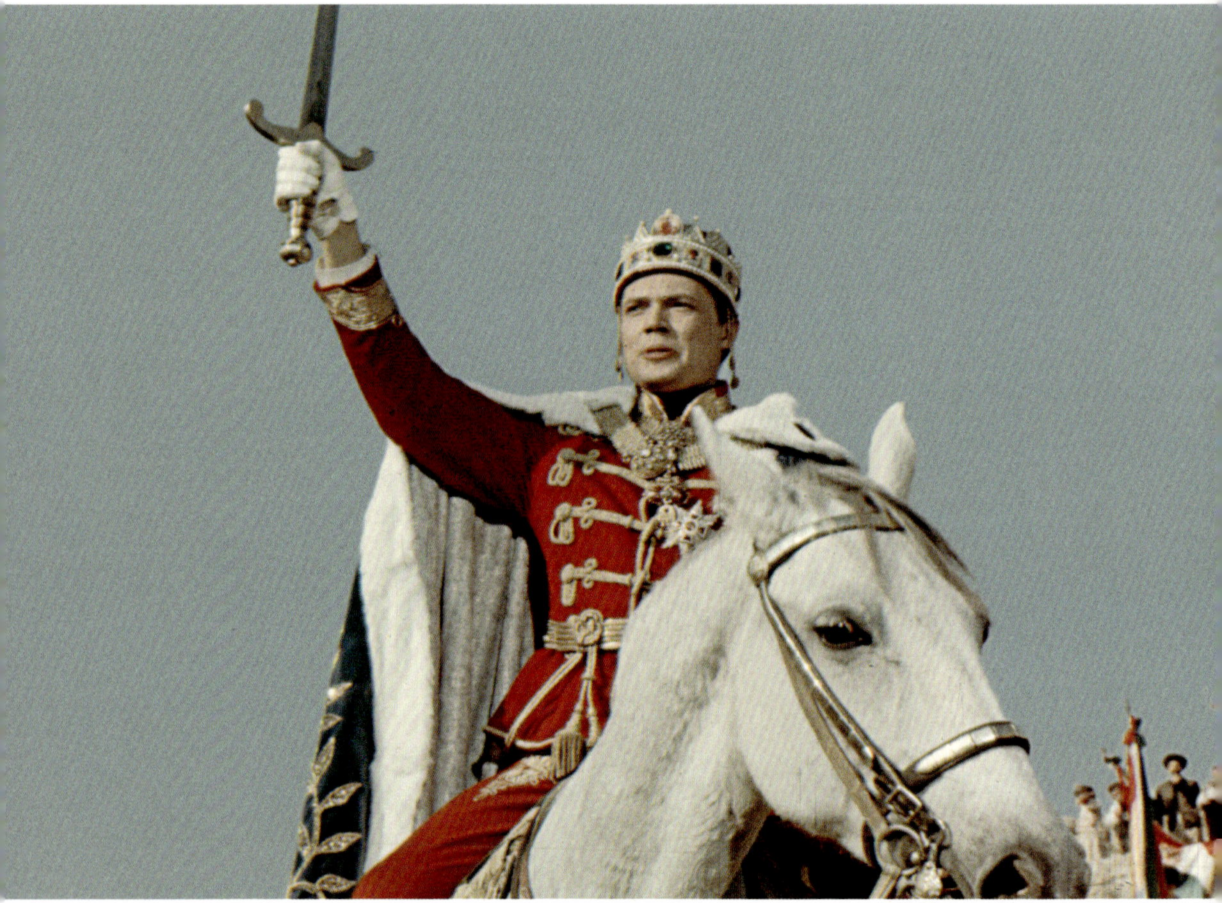

Kaiser Franz Joseph vollzog die traditionellen Schwertstreiche in alle Himmelsrichtungen, als Zeichen dafür, dass er das ungarische Reich vor allen Feinden, aus welcher Richtung sie auch kämen, schützen werde.

Sisis Einsatz für Ungarn war eine Liebesbezeugung und Respektsbekundung gegenüber dem Land und seinen Menschen, aber auch ein Affront gegen ihre Schwiegermutter und den Wiener Hof, die ihr das Engagement übel nahmen. ▹

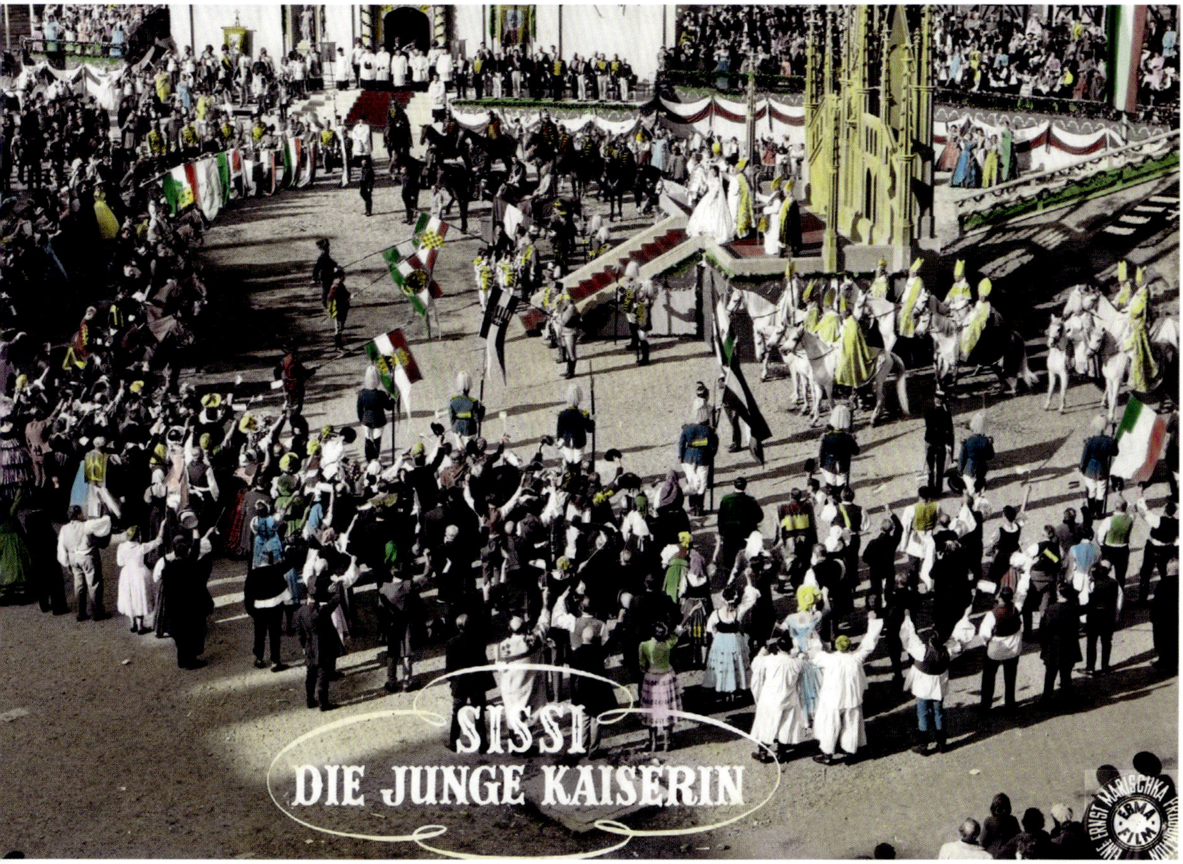
SISSI
DIE JUNGE KAISERIN

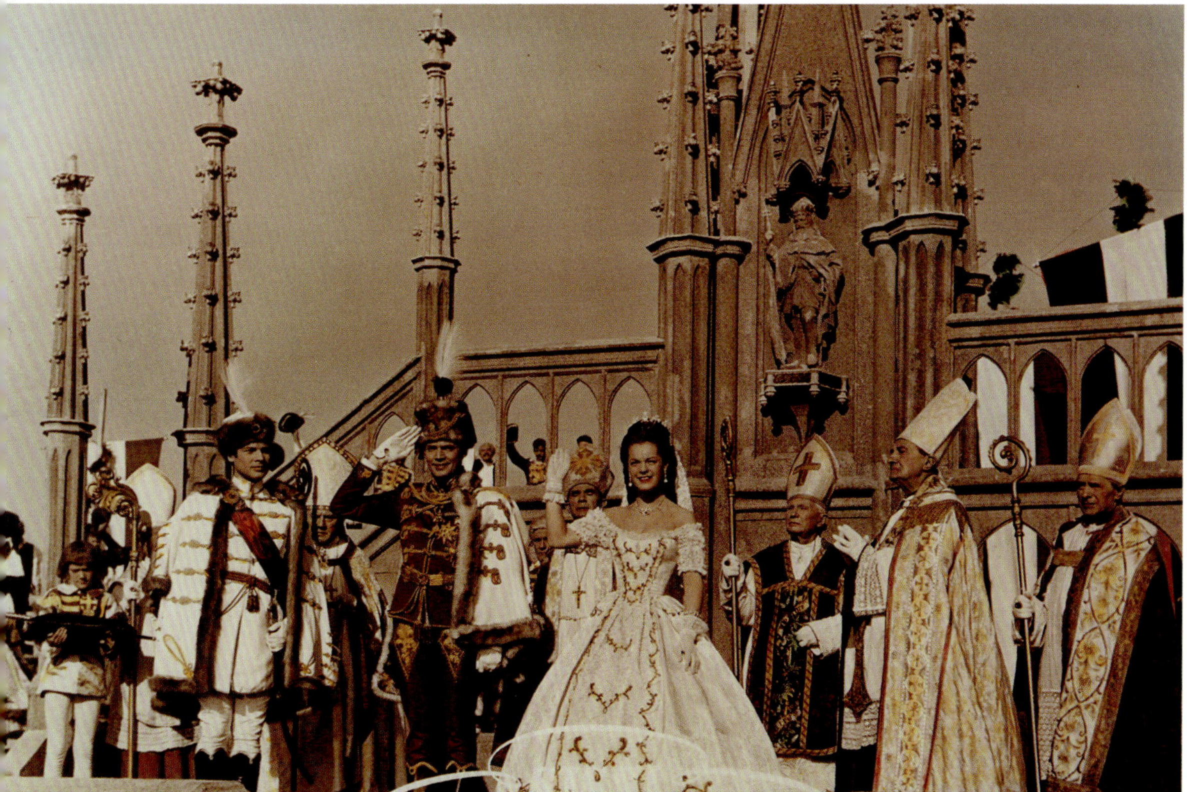

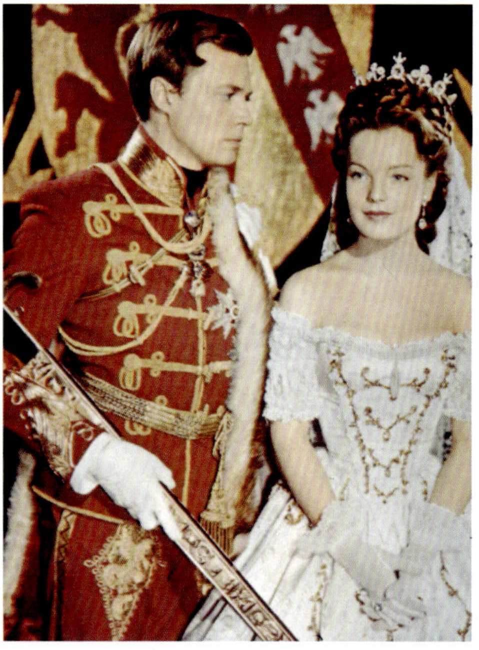

In über 30 Ländern wird die österreichische Produktion gezeigt, deren Besucherzahl sich mit den amerikanischen Spitzenfilmen messen kann. Die „Sissi"-Verfilmungen nutzen noch heute dem Fremdenverkehr, denn Österreich ist Kulisse einer der berühmtesten Liebesgeschichten des deutschsprachigen Raums.

Der zweite Teil setzte den Erfolg des ersten Teils ungebremst fort. Er erhielt als einziger der Trilogie eine Nominierung für die Goldene Palme bei den Internationalen Filmfestspielen von Cannes 1958. 1957 wird diesem Teil der Bambi für den wirtschaftlich erfolgreichsten Film verliehen.

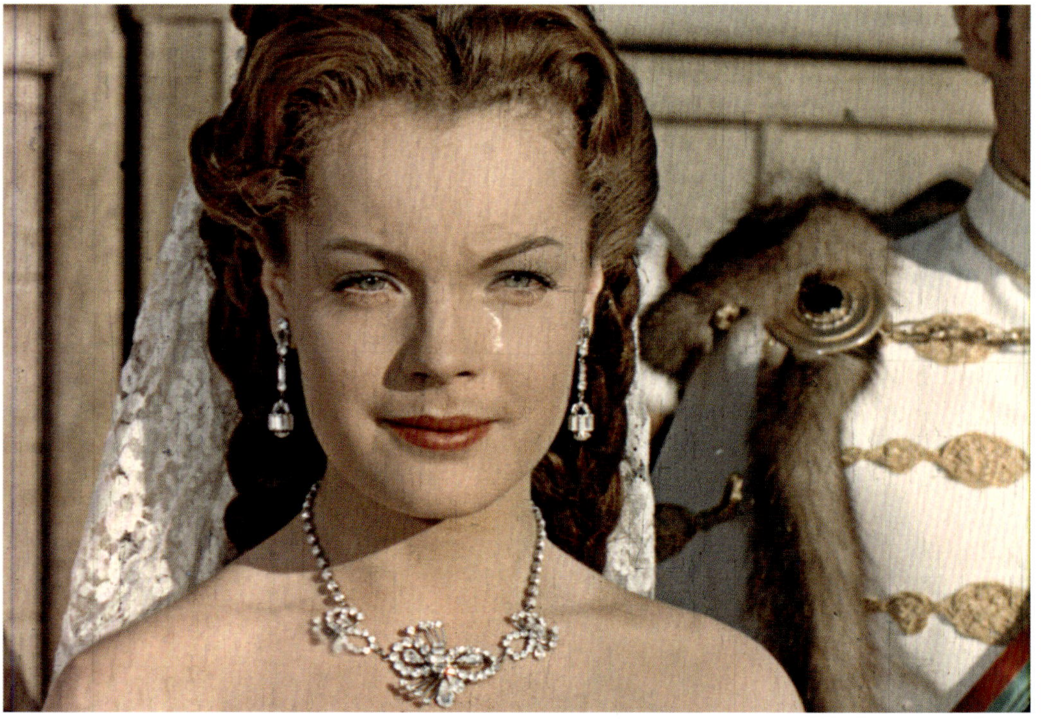

Das österreichische Ministerium für Bildung verlieh dem zweiten Teil nachträglich das Attribut „Besonders wertvoll" und lobte die historische Korrektheit der Handlung und Kostüme. Die Trilogie zählte zu den erfolgreichsten deutschsprachigen Filmproduktionen.

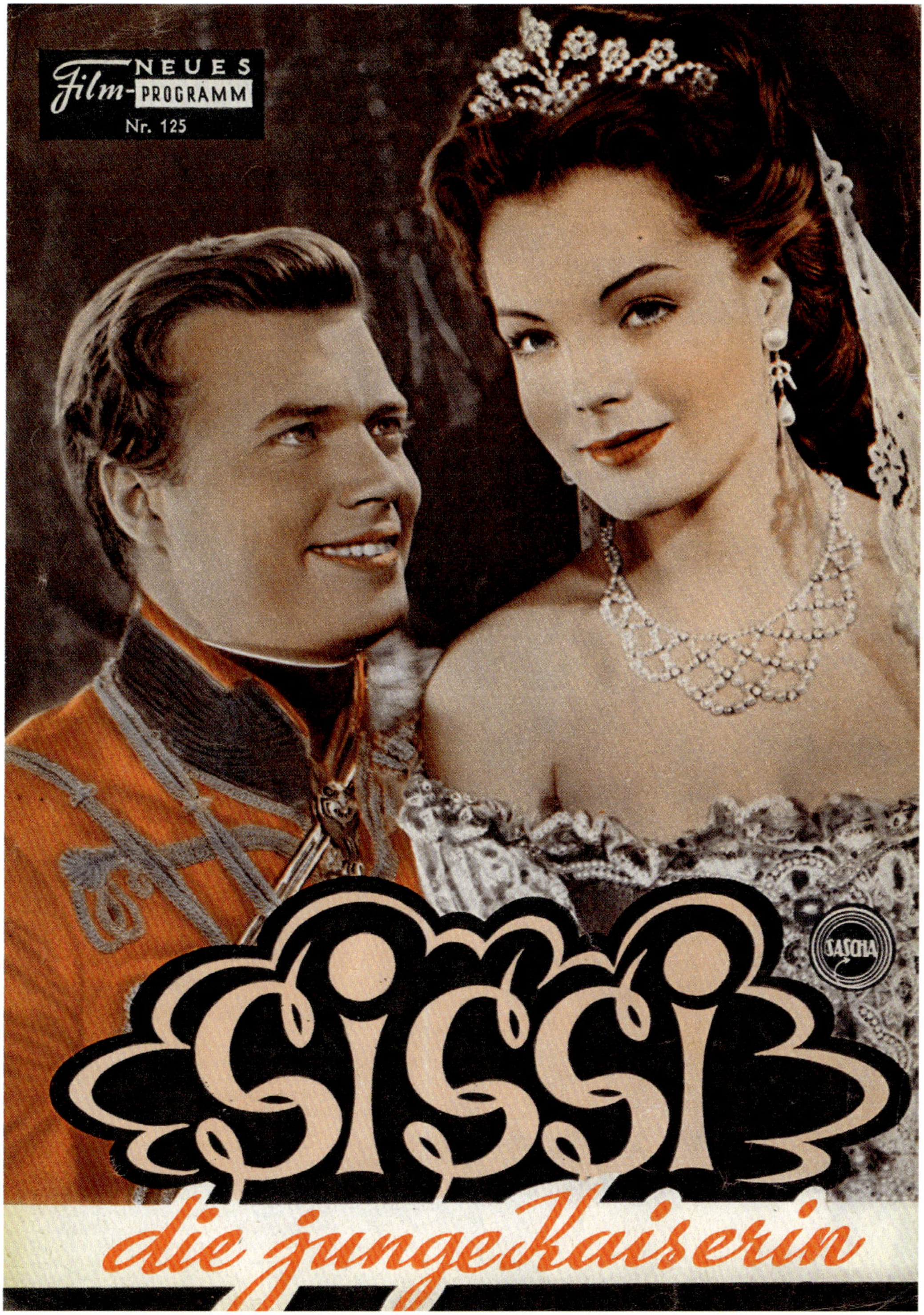
Film-NEUES PROGRAMM
Nr. 125
SASCHA
Sissi
die junge Kaiserin

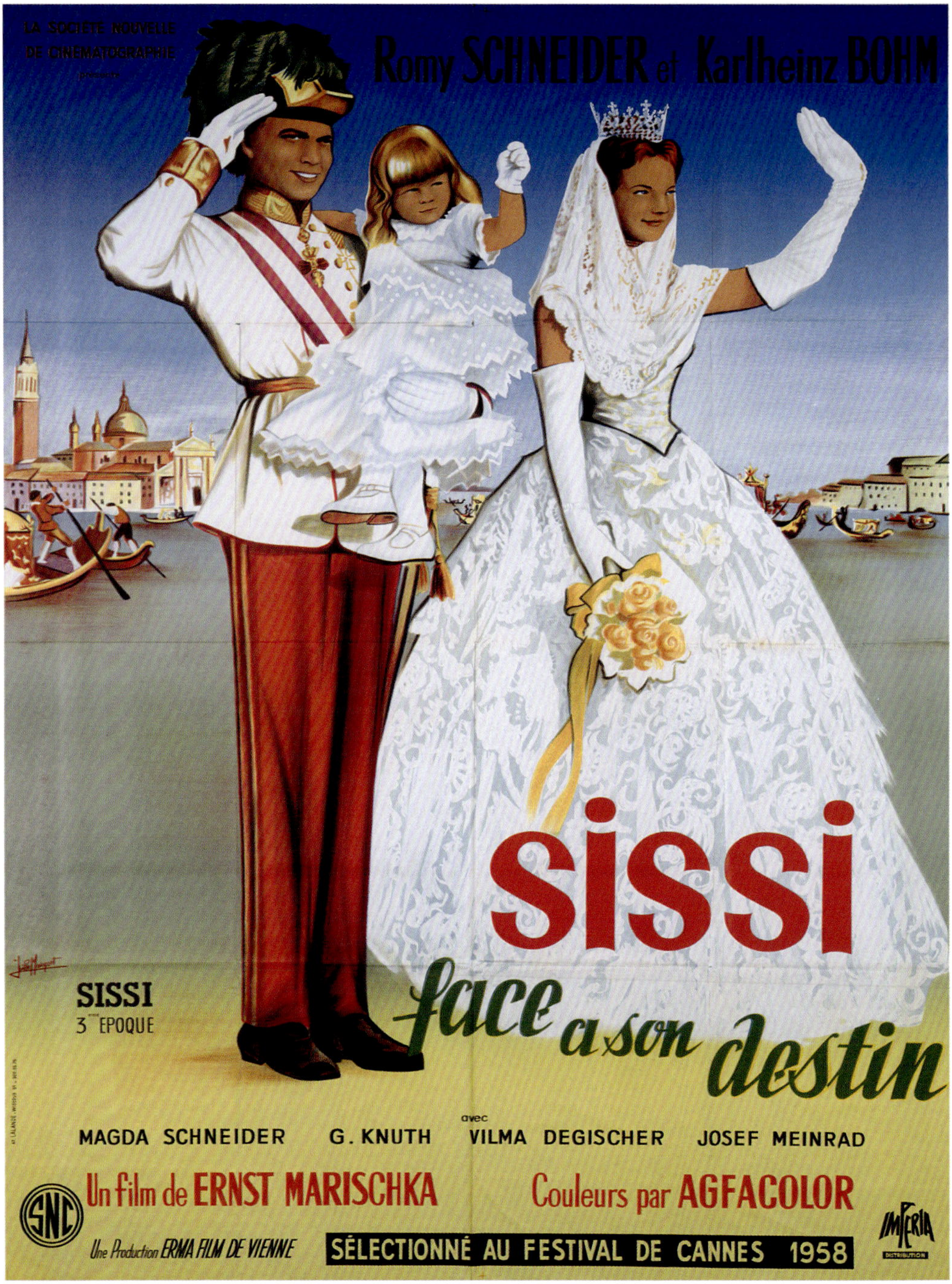


Die Dreharbeiten für den dritten Film begannen im August 1957, die Premiere fand am 20. Dezember 1957 im Apollokino statt. Mit 129 Kopien wurde der Film uraufgeführt. „Sehr gefällige Farbenfilm- und Tontechnik" und „ungewöhnlich packend" lautete Paimanns Kritik und „Dritter Film der Erfolgs-Serie" die Reklame.

3

# „Sissi – Schicksalsjahre einer Kaiserin"

Die Ereignisse aus dem Leben der Kaiserin, die die Vorlagen für den dritten Teil der Trilogie bilden, gehören historisch in die gleiche Periode wie die des zweiten Teils. Ernst Marischka verlegte mit künstlerischer Freiheit die Krönung in Ungarn im Jahr 1867 vor die Italienreisen und den Vorfall in der Mailänder Skala im Jahr 1857. Ansonsten hielt er sich weitgehend an historische Tatsachen. Bereits den zweiten Teil wollte Romy Schneider nicht mehr drehen – aus Angst, das Sissi-Image nicht mehr loszuwerden. Doch dieses klebte an ihr wie eine zweite Identität. Das Familienmanagement Blatzheim-Schneider wollte Romy zu einem dritten Teil der „Sissi"-Filme überreden und entschied letztendlich über ihren Widerstand hinweg.

Ein 16-jähriges Mädchen bekam eine Rolle, von der viele träumten, zerbrach fast daran, flüchtete ins Ausland, um der Rolle zu entkommen, und wurde dort selbstbewusst und erwachsen. Trotzdem blieb sie unglücklich und starb viel zu jung. Sisi und Romy, die Geschichte wiederholte sich tragischerweise nach fast 100 Jahren.

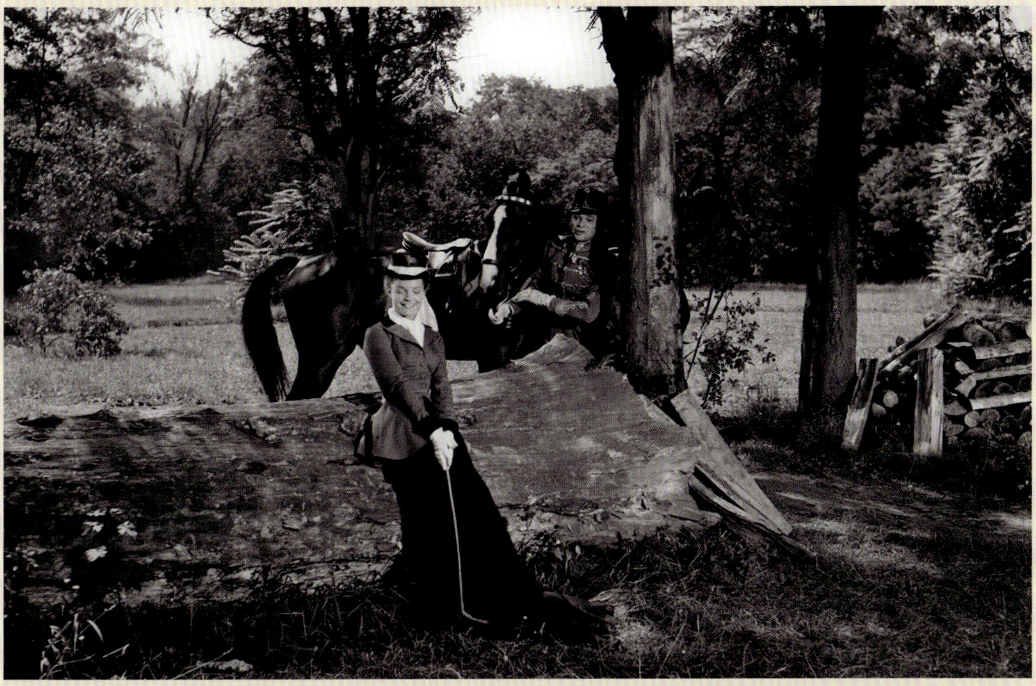

1957 hatte Romy Schneider bereits neun Filme gedreht. Die erfolgreichsten waren „Mädchenjahre einer Königin", die zwei „Sissi"-Filme und „Die Deutschmeister". Sie erkannte damals schon, dass sie allmählich auf das unschuldige Mädchen aus Adelskreisen reduziert werden würde.

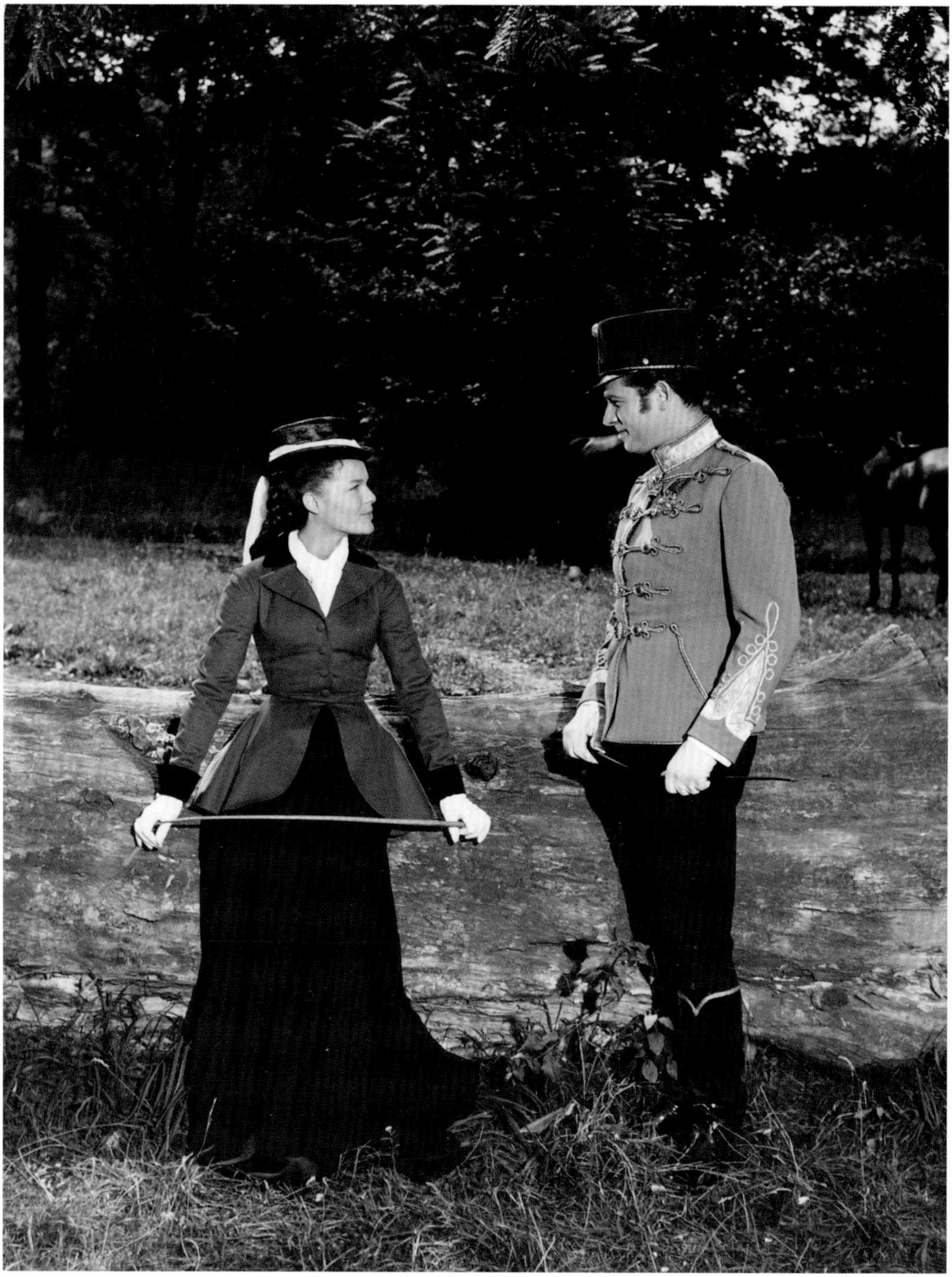

Diese „Ungarn-Szenen" wurden im Prater gedreht. Walther Reyer spielte Graf Gyula Andrássy. Er war österreichischer Kammerschauspieler und Filmschauspieler. Tatsächlich begegneten Sisi und Graf Andrássy einander erst 1866. Die Kaiserin war damals 26 und er bereits 42 Jahre alt.

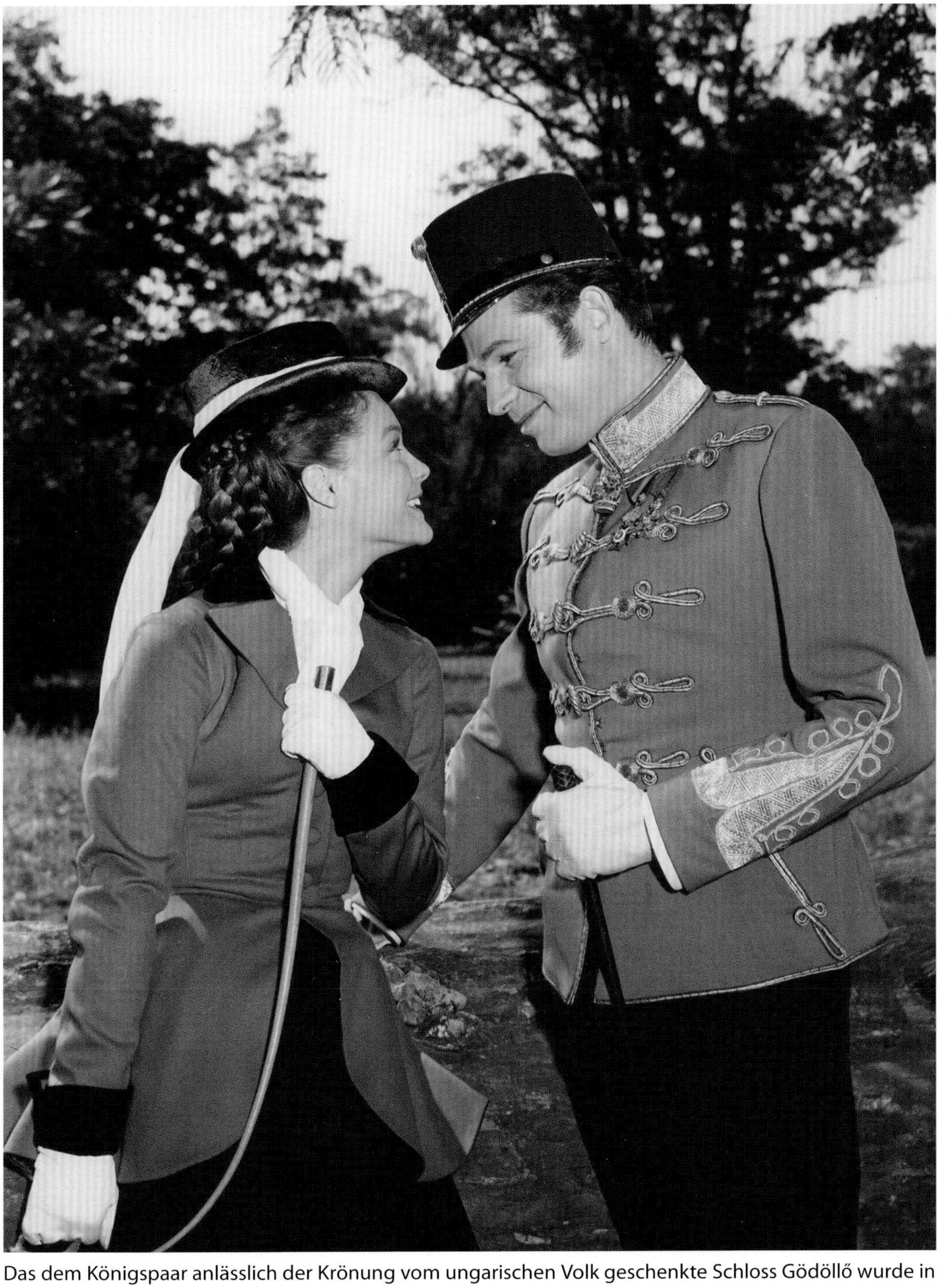

Das dem Königspaar anlässlich der Krönung vom ungarischen Volk geschenkte Schloss Gödöllő wurde in den folgenden Jahren ein beliebter Zufluchtsort der Kaiserin. Dort konnte Sisi frei leben, ohne Zwang und ohne das spanische Hofzeremoniell. Schloss Gödöllő ist im Film das Schloss Hetzendorf in Wien.

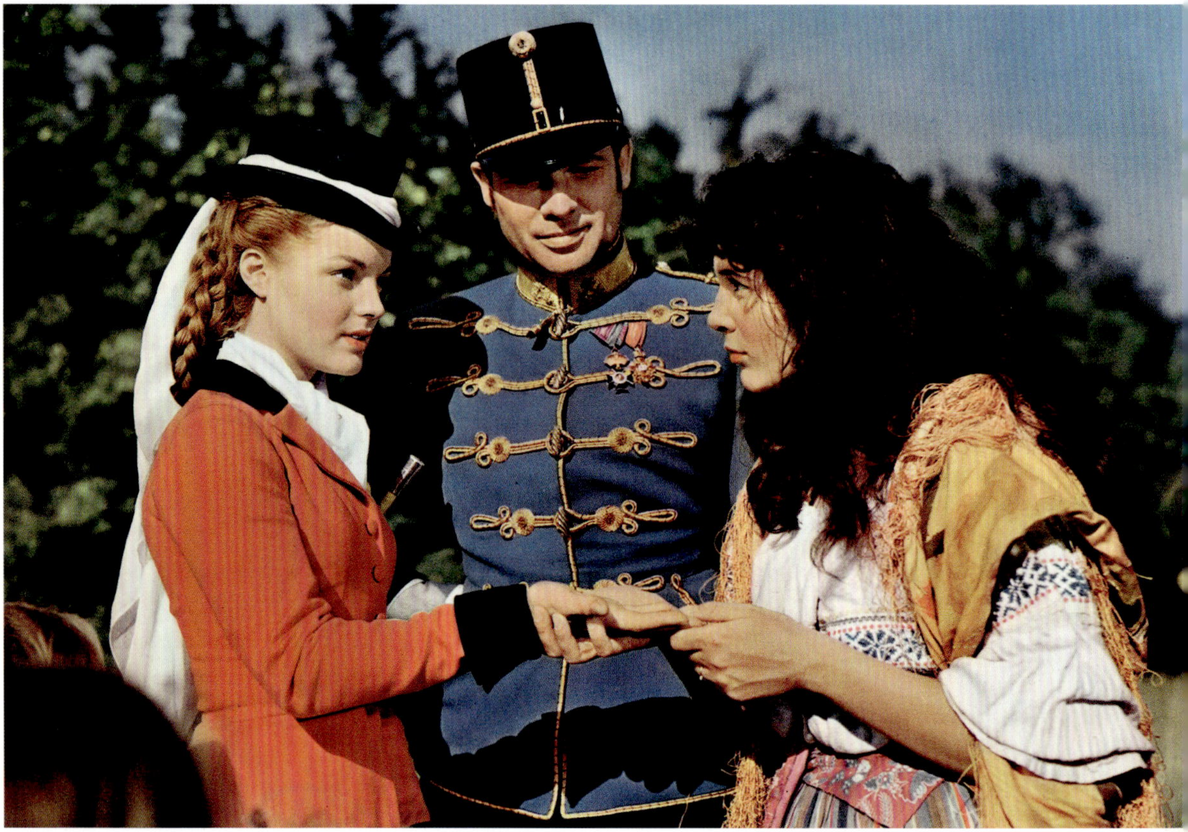

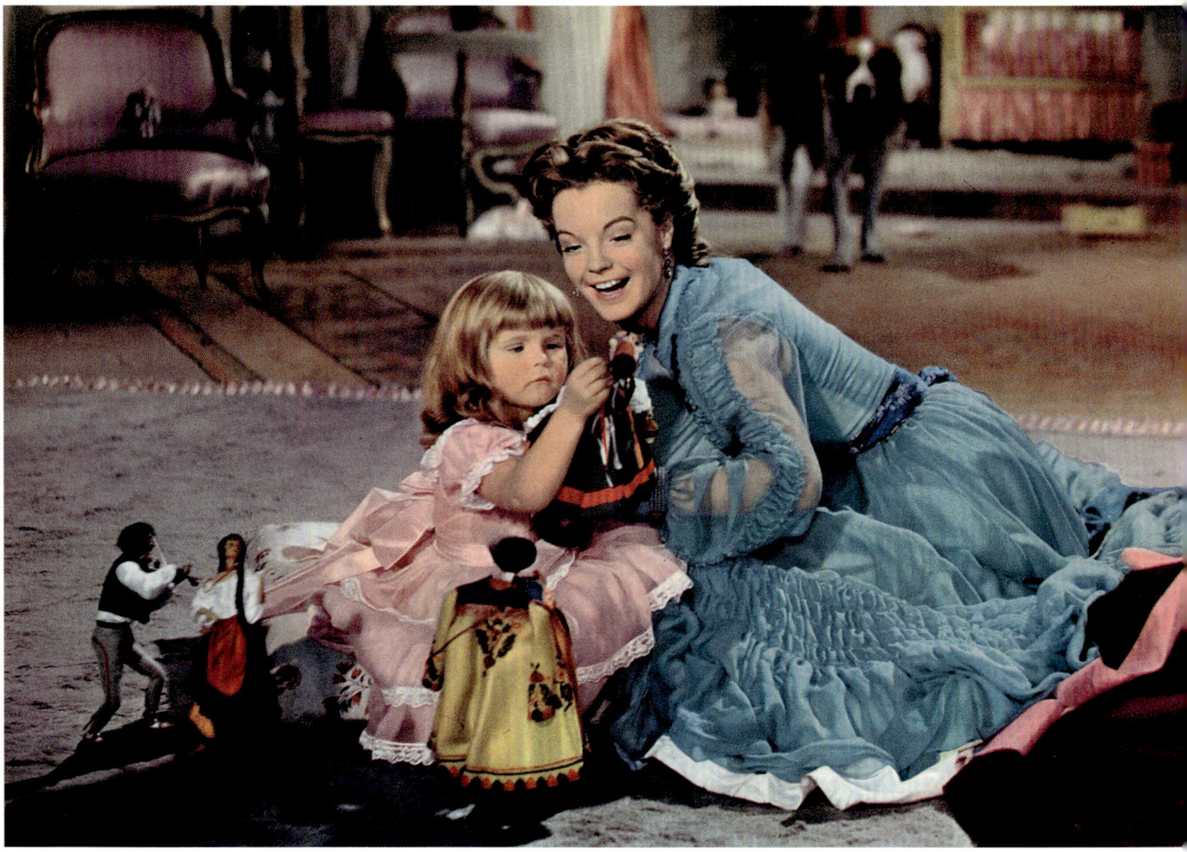

◃ Gödöllő war Sisis Reich. Hier herrschte sie nach ihren Gesetzen und lebte ihre Begeisterung für den Zirkus und den Reitsport aus. Beide Interessen hatte sie von ihrem Vater übernommen. Sisi liebte „Zigeunermusik". Sie lud oft Zirkusleute und „Zigeuner" ins Schloss ein.

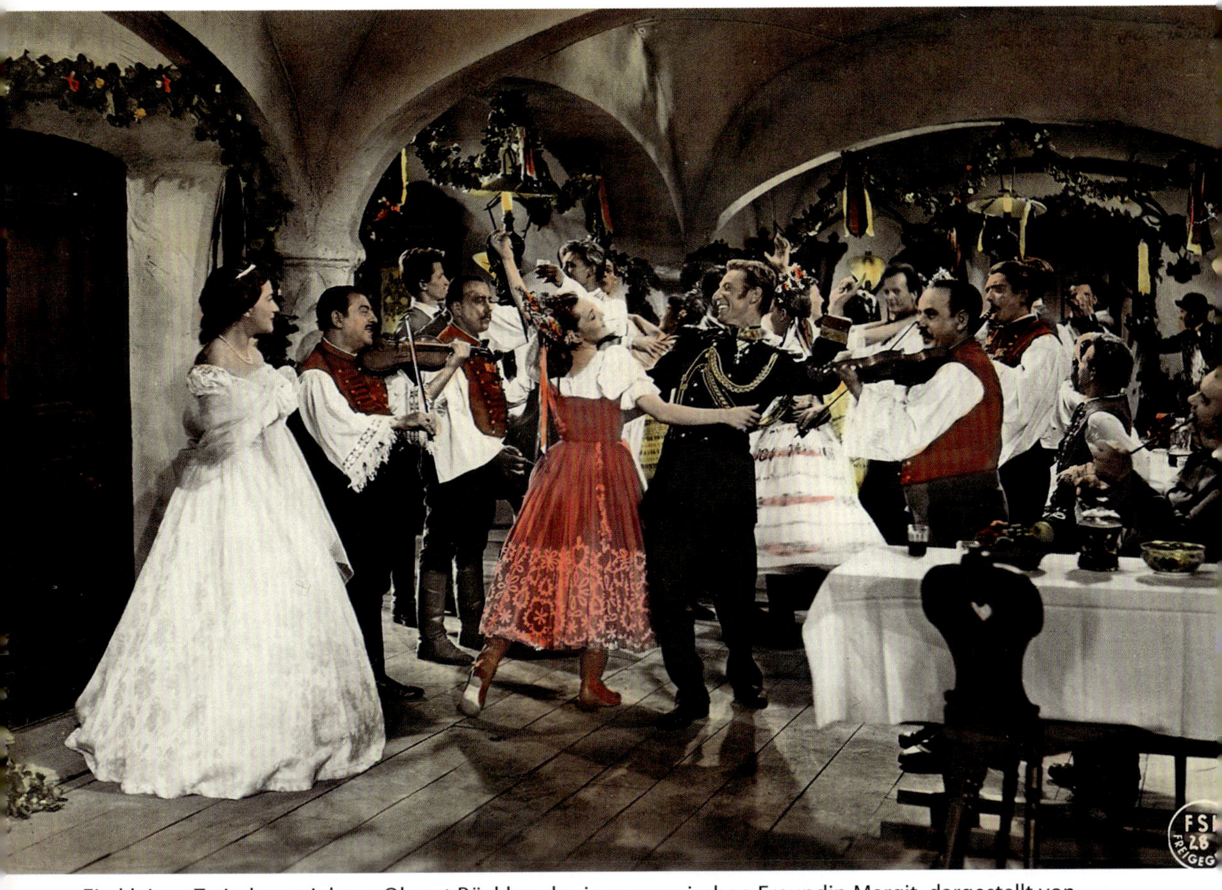

Ein kleines Zwischenspiel von Oberst Böckl und seiner ungarischen Freundin Margit, dargestellt von Ida Gabor. Oberst Böckl feiert seinen Geburtstag, während die Kaiserin auf einem Ball des Grafen Andrássy ist.

◃ Im Film ist Sissi die Mutter nur einer gesunden Tochter, während Kaiserin Elisabeth in Wirklichkeit zu dieser Zeit bereits drei Kinder auf die Welt gebracht hatte. Die ihr angedichtete Liebesbeziehung mit Graf Andrássy hat keine historische Grundlage.

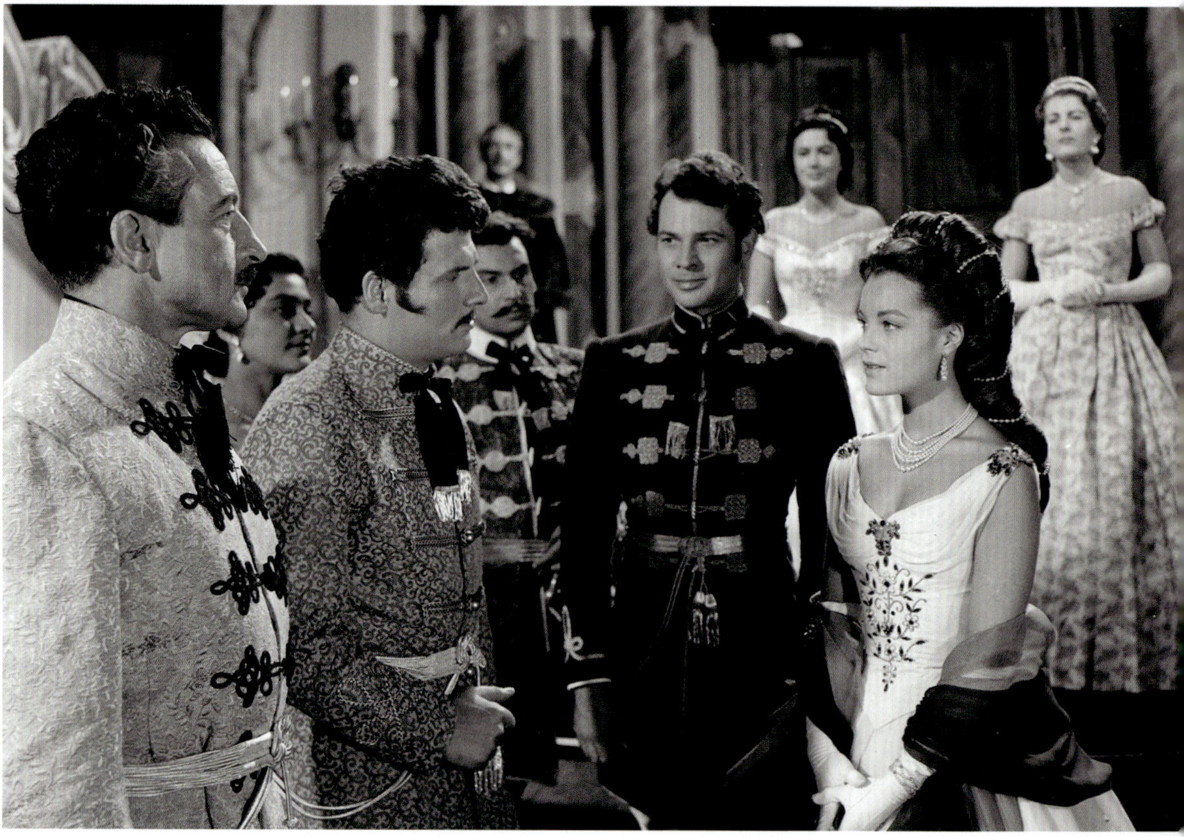

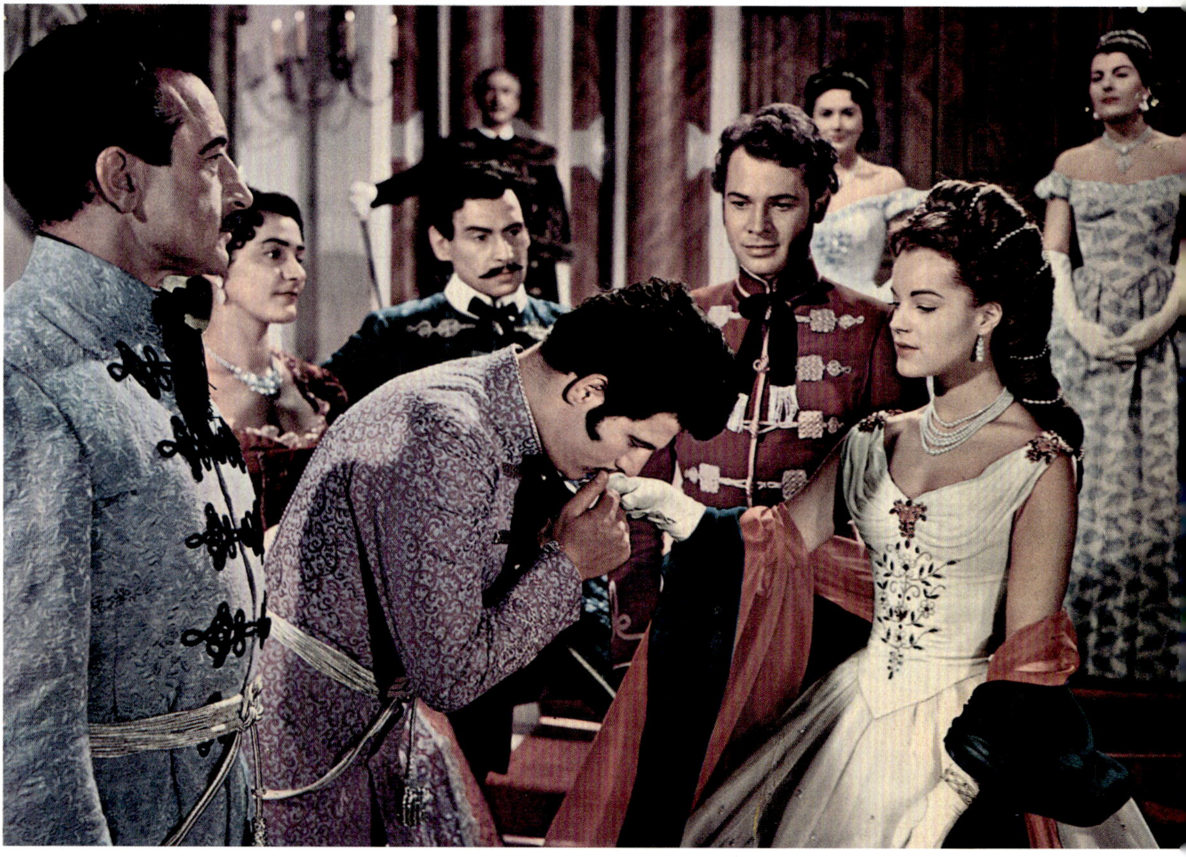

◁ Mit Unterstützung des Grafen Andrássy gelingt es Sissi, andere ungarische Adelige für die österreichische Krone zu gewinnen. Sissi mit Graf Batthyani, Peter Neusser, und Graf Czaky, Johannes Ferigo, Gegner des österreichischen Kaisers.

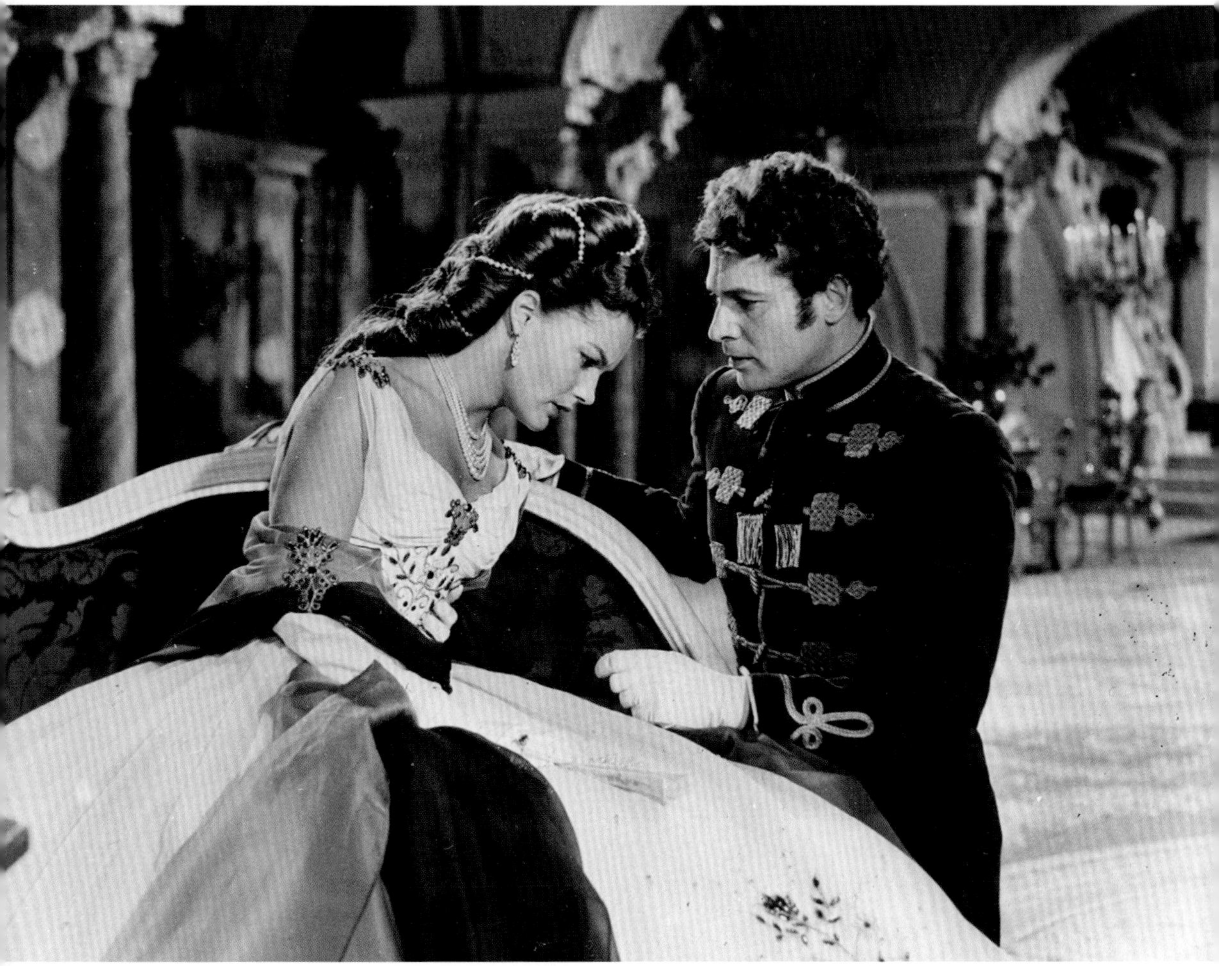

Sissi ist alleine in Ungarn, während sich Franz Joseph unermüdlich den Regierungsgeschäften in Wien widmet. Während des Balls zeigen sich die ersten Anzeichen ihrer Lungenkrankheit, die sie vom Wiener Hof weg in die Ferne treiben wird.

◁ Selbst Graf Batthyani, dessen Vater ein Reformer und bedeutendes Mitglied der Opposition war und der 1849 vom Kaiser zum Tode verurteilt worden war, war von der Schönheit und der Diplomatie der Kaiserin fasziniert und wurde von ihr in seiner Einstellung zum Wiener Hof besänftigt.

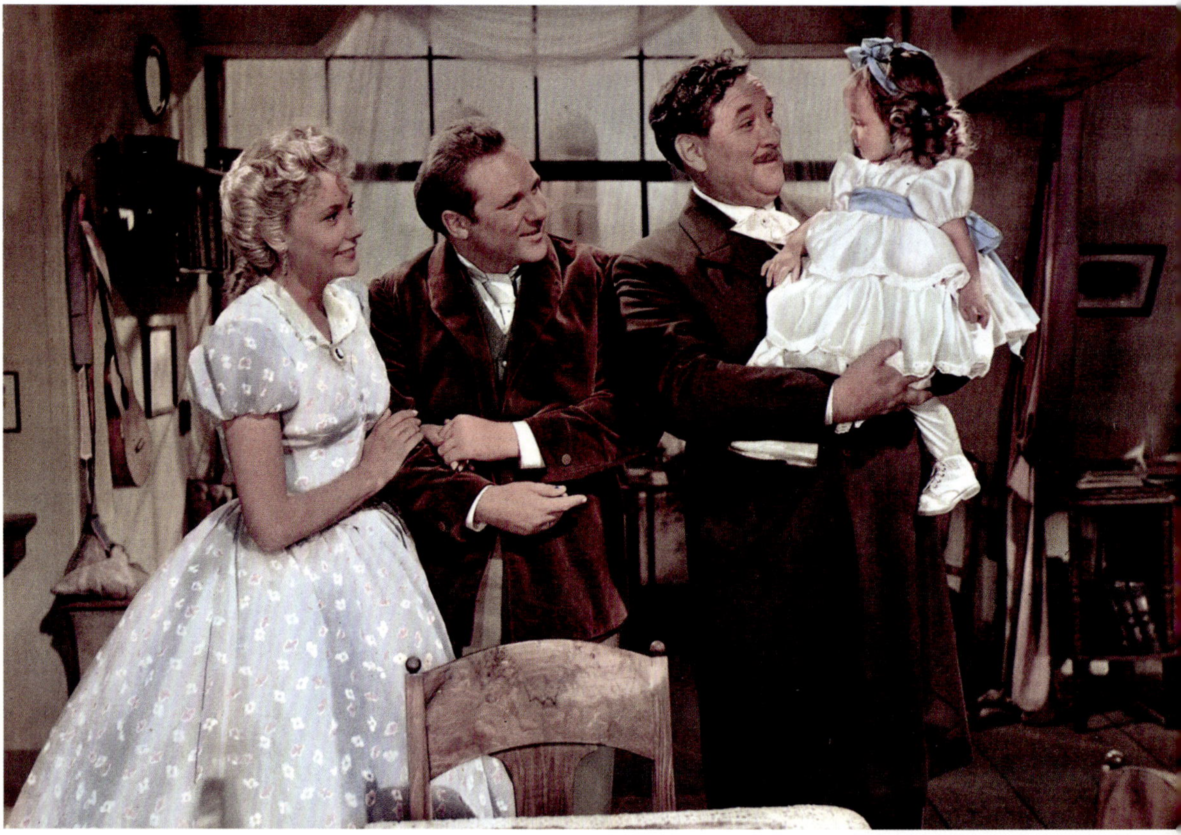

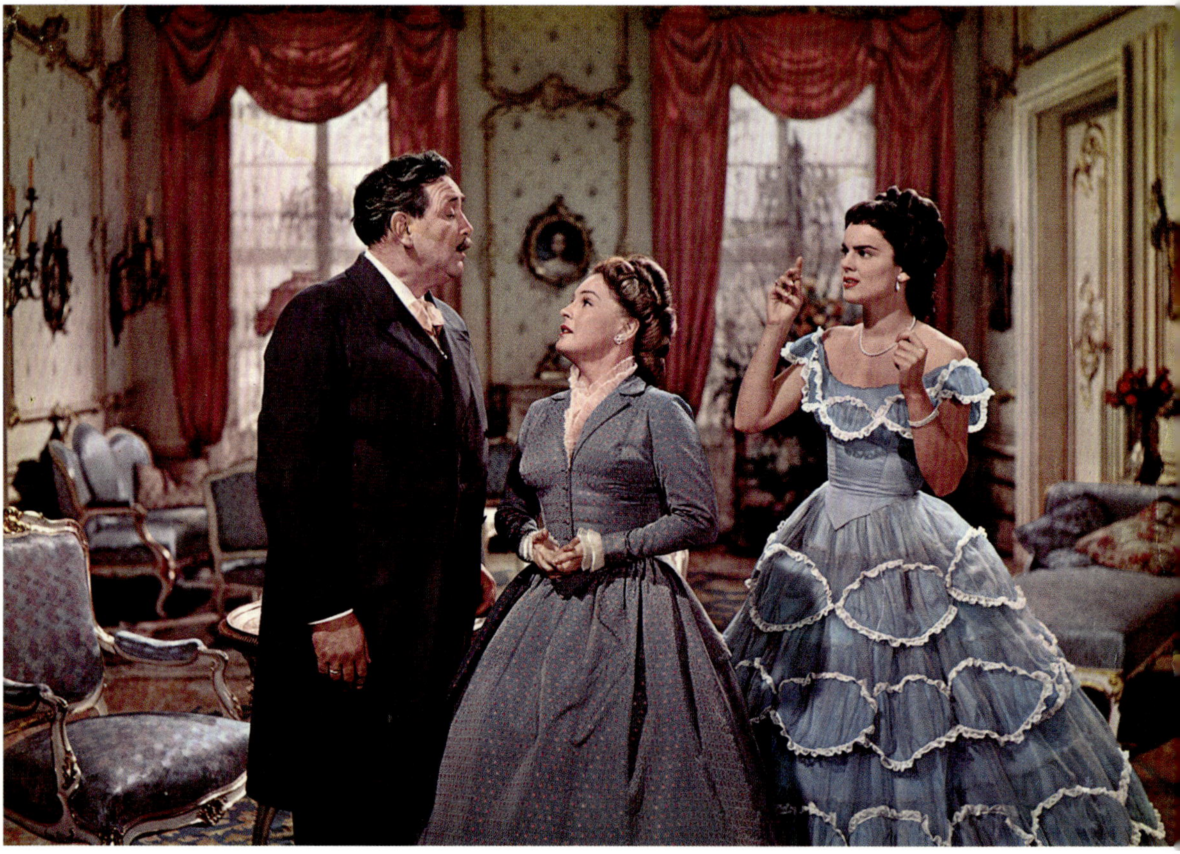

◁ Herzog Ludwig, Klaus Knuth, Sissis ältester Bruder, heiratete – nicht standesgemäß – die Schauspielerin Henriette Mendel, Sonia Sorel. Sie wurde später zur Freifrau von Wallersee erhoben. Aufgrund dieser morganatischen Ehe musste er auf seinen Platz in der Erbfolge der Herzöge von Bayern verzichten.

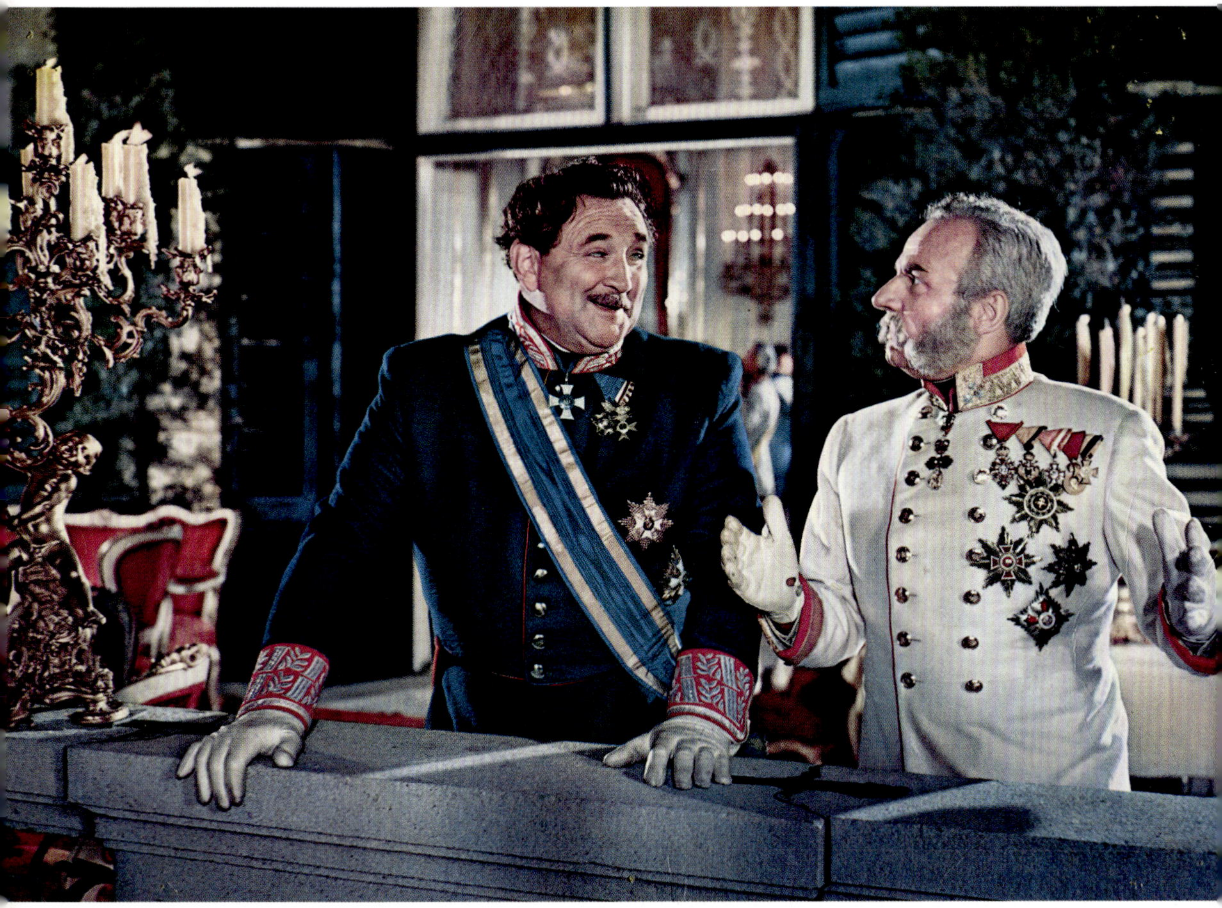

Herzog Max bittet Franz Karl, Erich Nikowitz, um Fürsprache beim Kaiser. Er soll die bürgerliche Ehefrau seines Sohnes in den Adelsstand erheben. Der österreichische Schauspieler Erich Nikowitz gehörte zum Ensemble des Theaters in der Josefstadt, spielte aber auch in Film und Fernsehen.

◁ Die Darstellung der Ehe zwischen Herzog Max und Ludovika weicht stark von der historischen Realität ab. Ihre Ehe war nicht glücklich. Max war ein Freigeist und Lebemann, der auch den Kontakt zu seinen außerehelichen Töchtern pflegte. Seine Leidenschaft galt Pferden, dem Reiten und dem Zirkus.

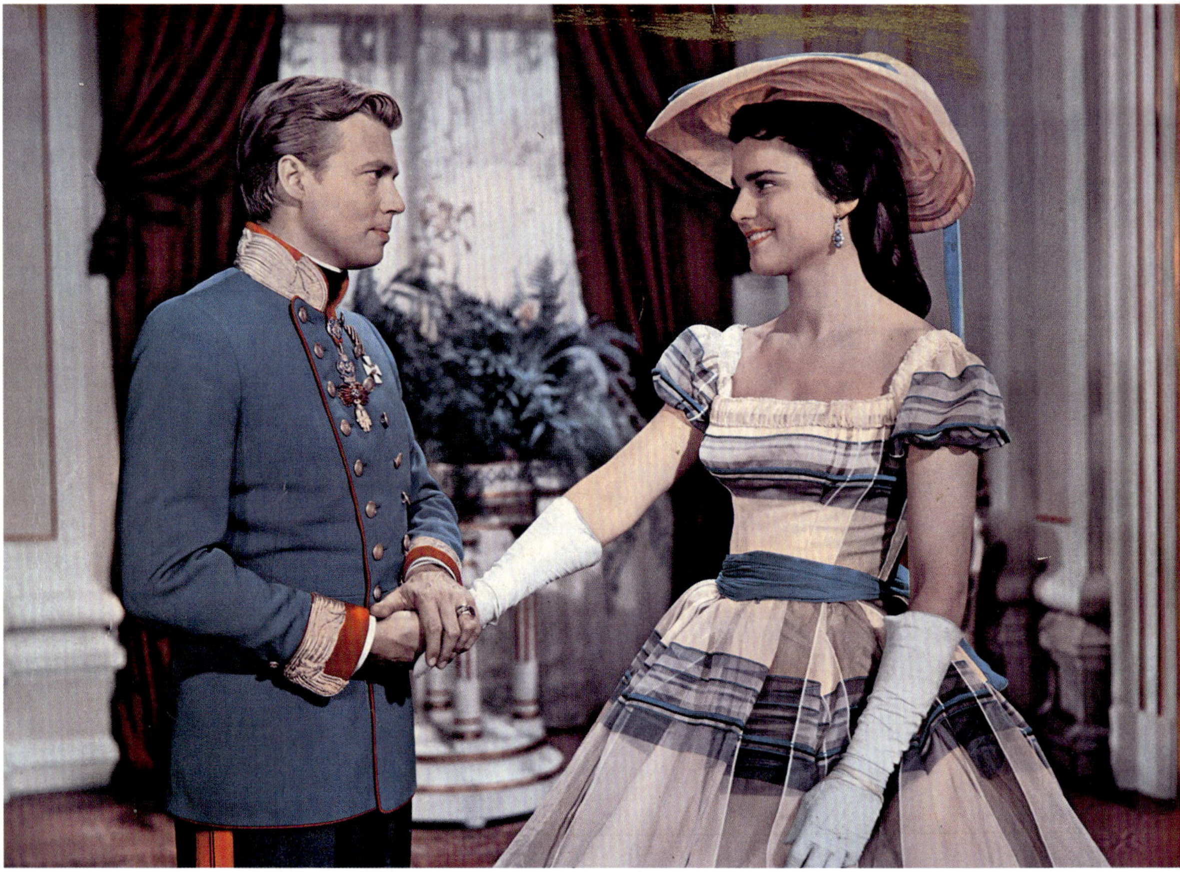

Die verschmähte Prinzessin gesteht im Film Franz Joseph ihre Liebe. Tatsächlich heiratete Helene 1858 Erbprinz Maximilian Anton von Thurn und Taxis. Beide führten im Gegensatz zum Kaiserpaar eine sehr glückliche Ehe.

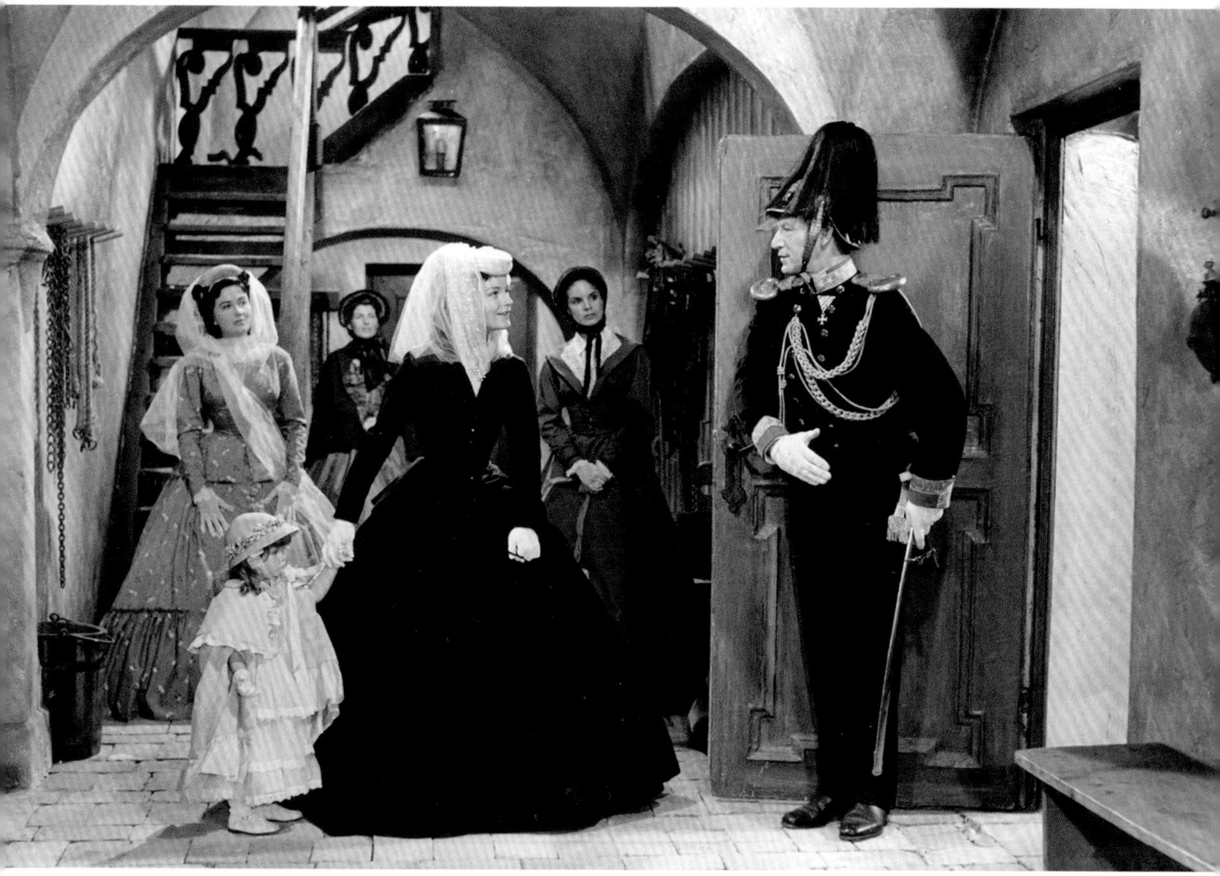

Sissi trifft auf ihrer Heimreise aus Gödöllő in einem Gasthof auf Franz, der ihr vor lauter Sehnsucht nachgereist ist. Tatsächlich hat Kaiser Franz Joseph, der sehr oft alleine war, Sisi oft gebeten, wieder nach Wien zu kommen und an seiner Seite zu sein. Doch meist tat sie ihm den Gefallen nicht.

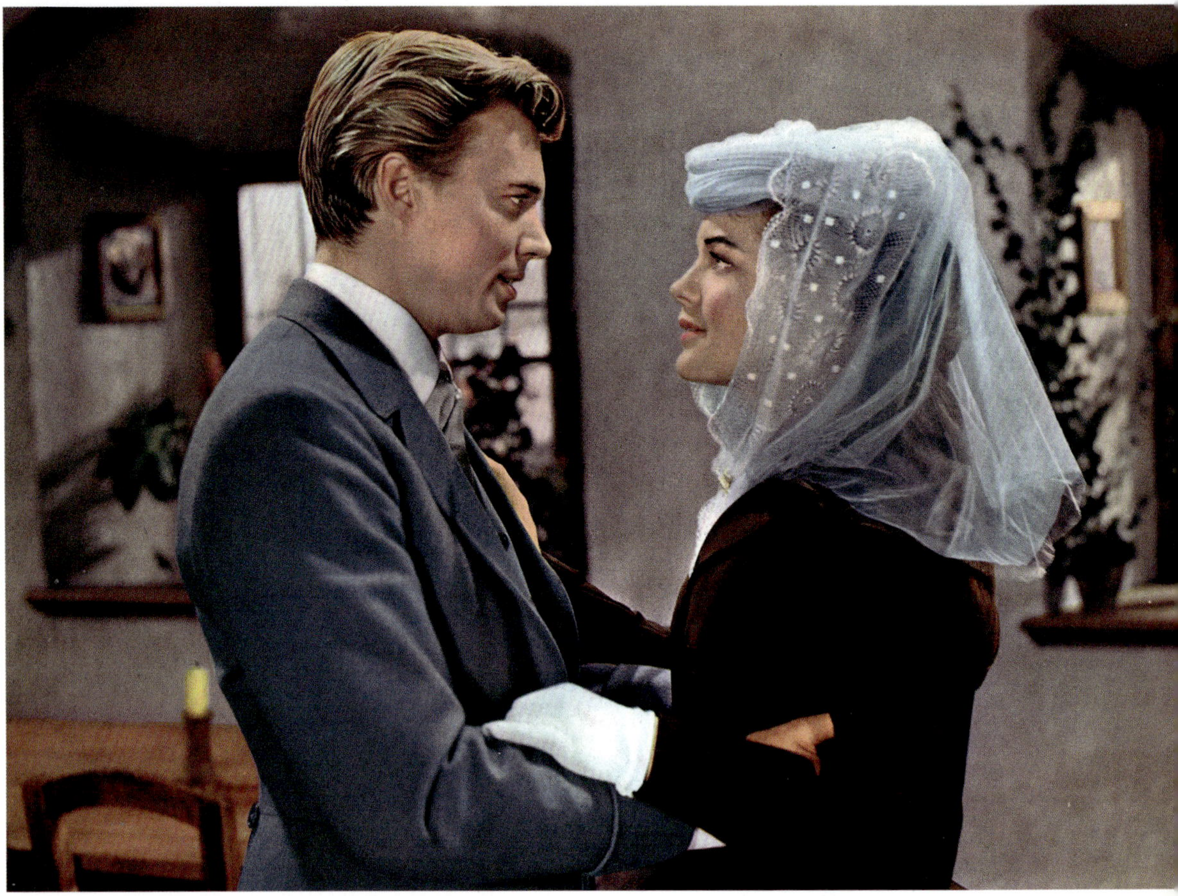

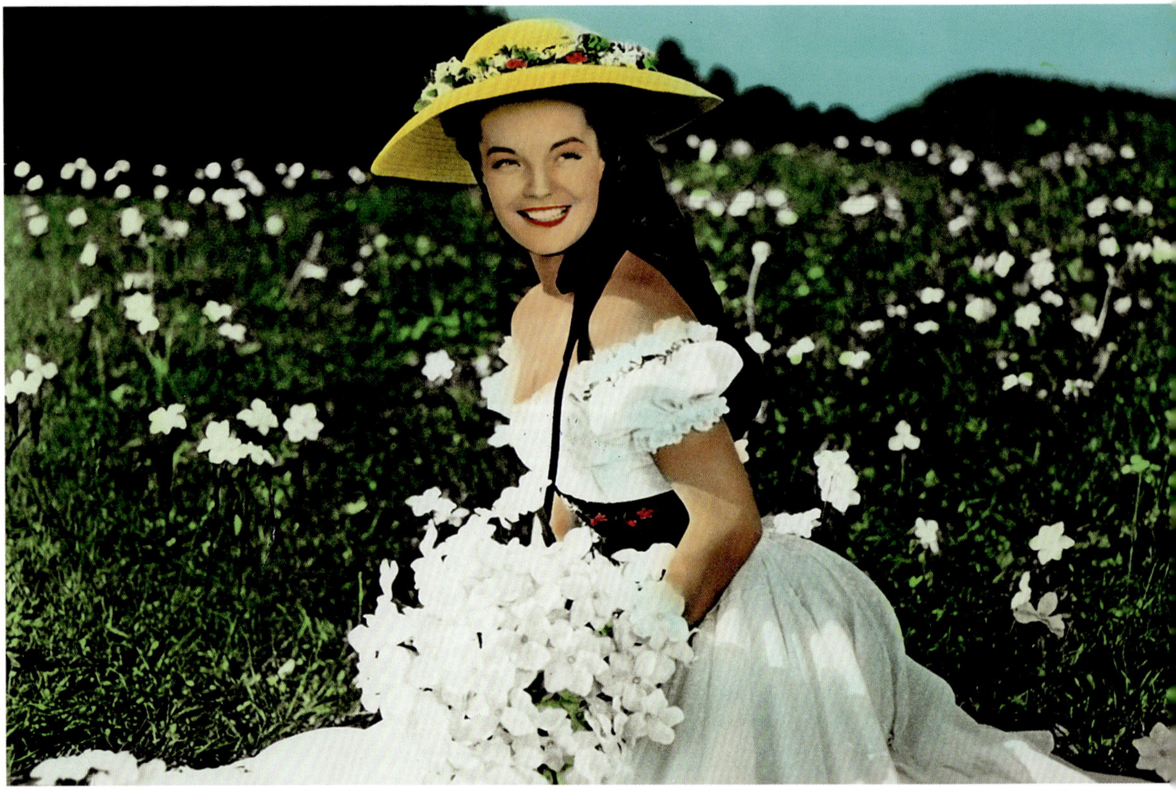

◁ Der Kaiser schlägt seiner Frau vor, nicht gleich nach Wien weiterzureisen, sondern ein paar Tage in Bad Ischl zu verbringen.

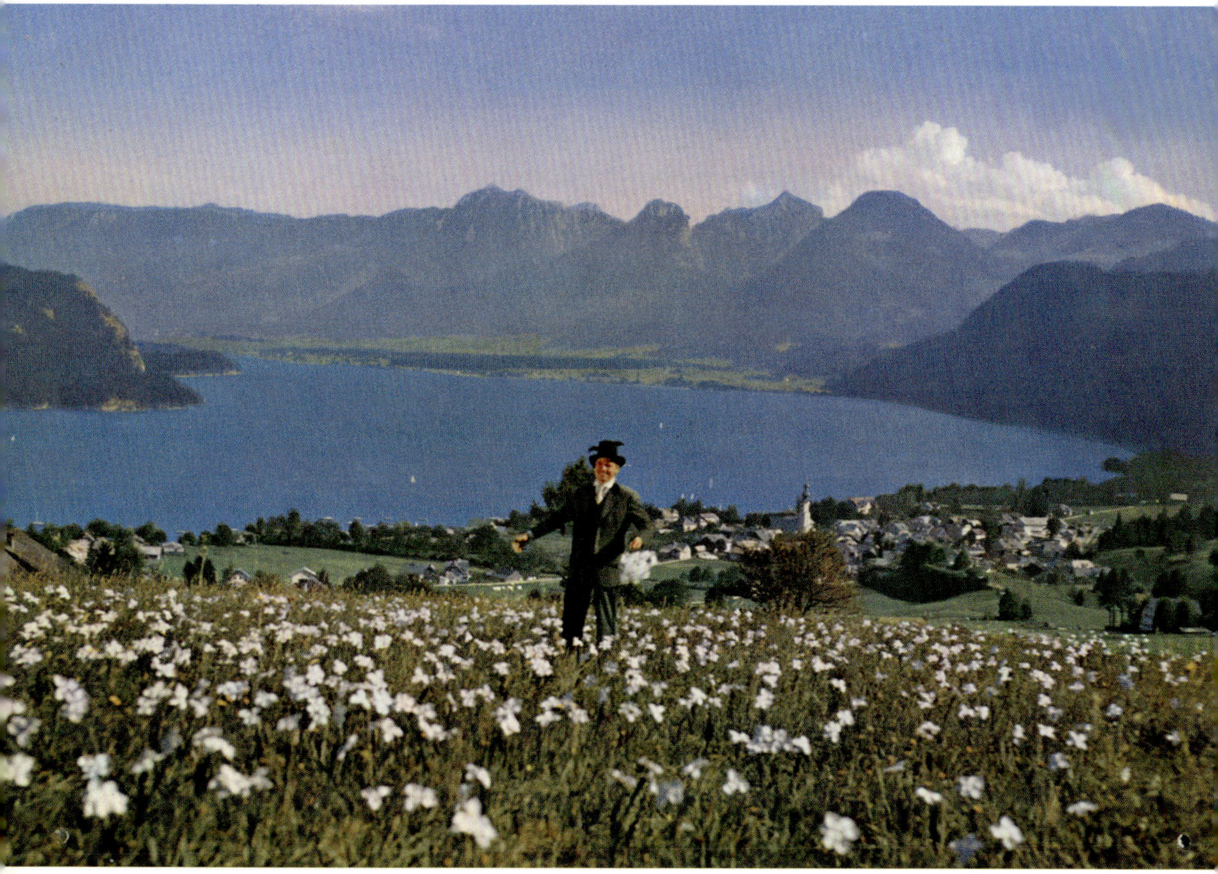

Sie pflücken gemeinsam Blumen und plötzlich bekommt Elisabeth wie ein paar Tage zuvor in Ungarn wieder Schmerzen. Sie kehren nach Wien zurück, damit Sissi sich untersuchen lassen kann.

◁ Historische Fakten sind, dass von einer ehelichen Gemeinschaft des Kaiserpaars zu der Zeit keine Rede mehr war. Der Kaiser hatte zahlreiche Affären. Die Konflikte zwischen dem Kaiserpaar gestaltete Marischka hingegen überschaubar und vor allem lösbar.

„Sisis Gesundheit wurde in Wien sehr labil. Sie litt monatelang unter starken Hustenanfällen, bekam Angstzustände, wenn sie enge Stiegen hinuntersteigen sollte [...]. Es ist durchaus wahrscheinlich, dass dieses Kränkeln psychische Ursachen hatte“, so Sisi-Biografin Brigitte Hamann. ▹

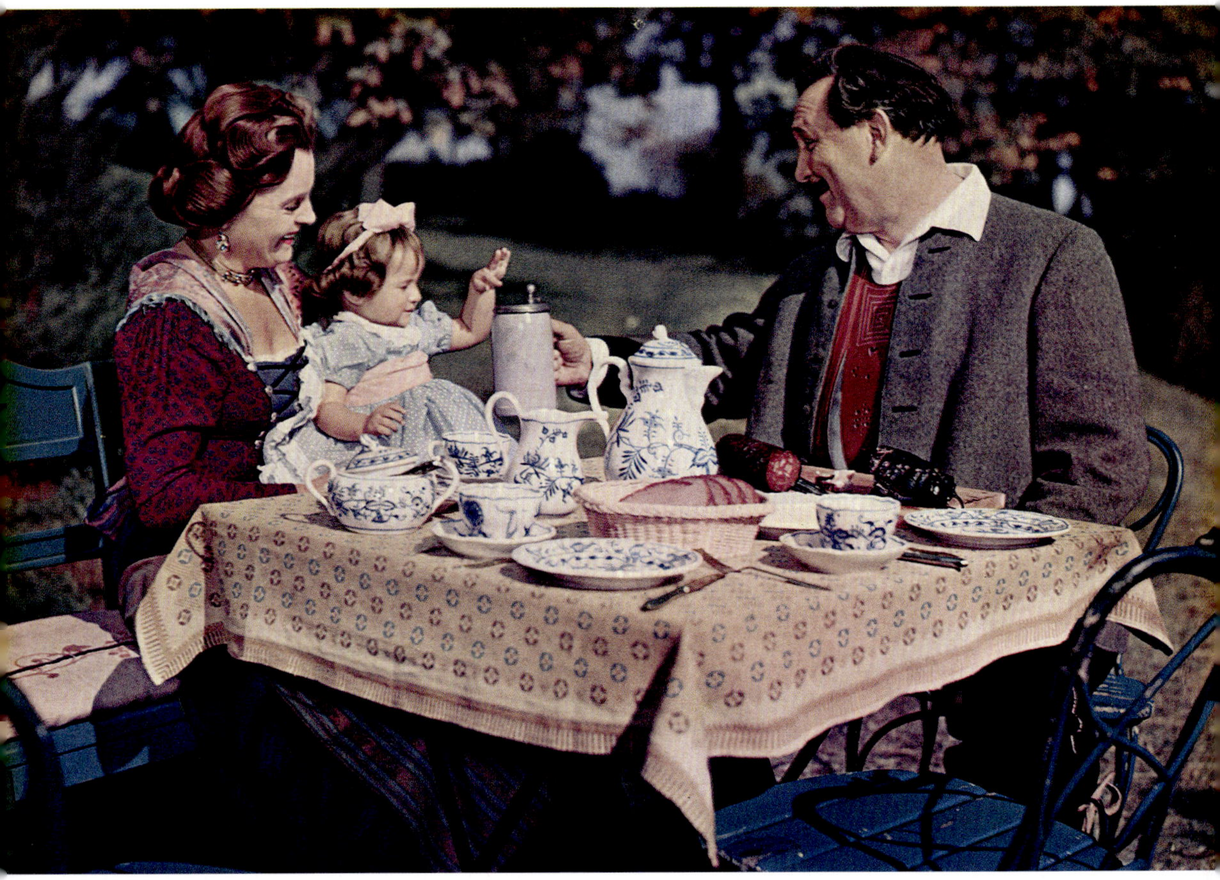

Die Tochter von Herzog Ludwig wurde unehelich geboren. Ludovika war bereit, Marie und die nicht standesgemäße Schwiegertochter zu akzeptieren. Marie wurde später eine enge Vertraute der Kaiserin Elisabeth und deckte auch einige geheime Treffen von Rudolf und seiner Geliebten Mary Vetsery.

Im Oktober 1860 entschied der Lungenspezialist Doktor Skoda, dass die Kaiserin sofort ein milderes Klima aufsuchen müsse, denn es herrsche akute Lebensgefahr. Der Arzt schlug Madeira vor – offenbar auf den Wunsch der Kaiserin hin. ▹

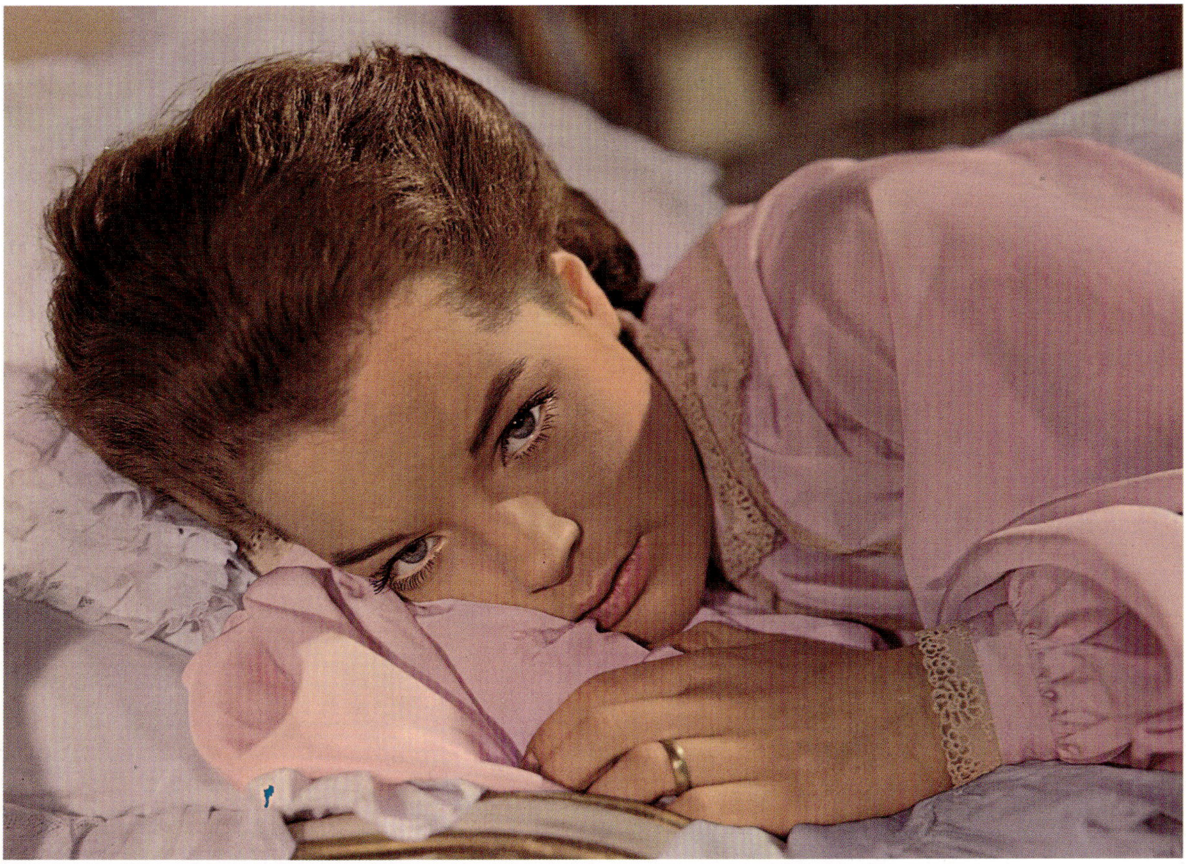

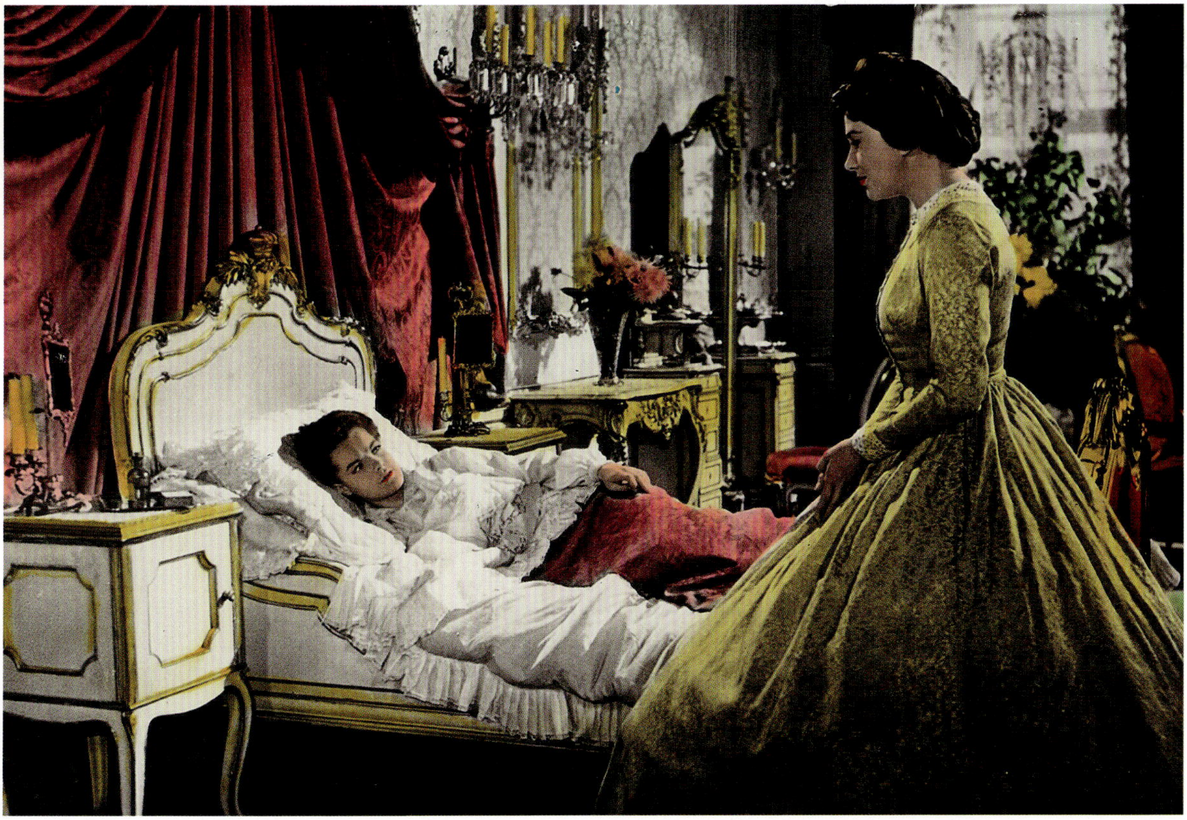

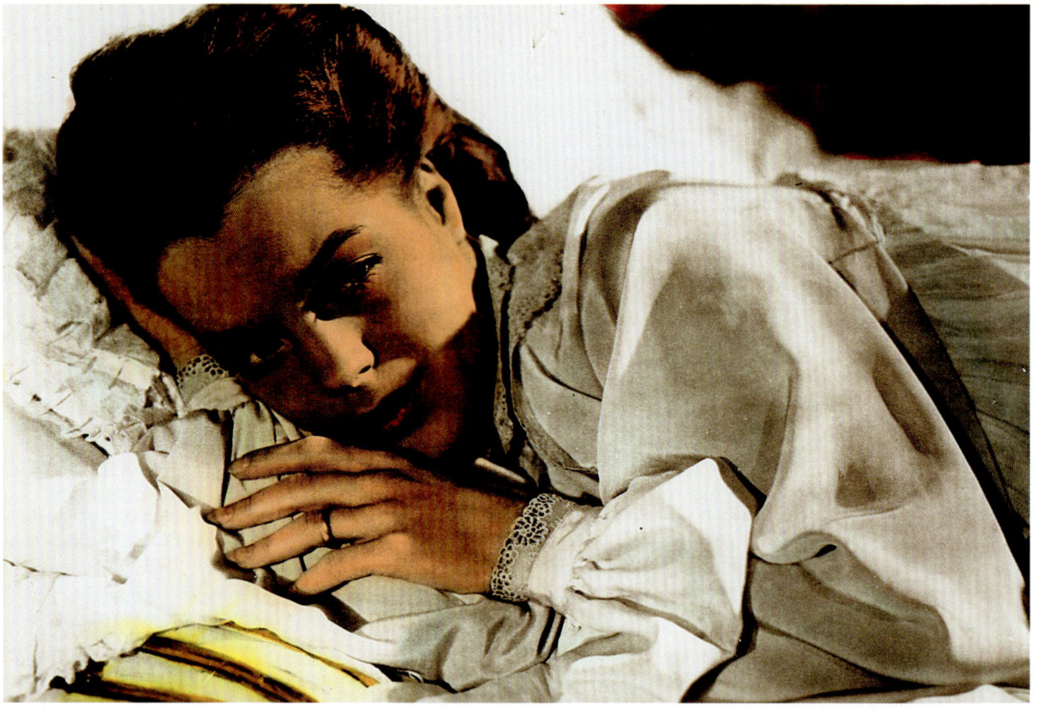

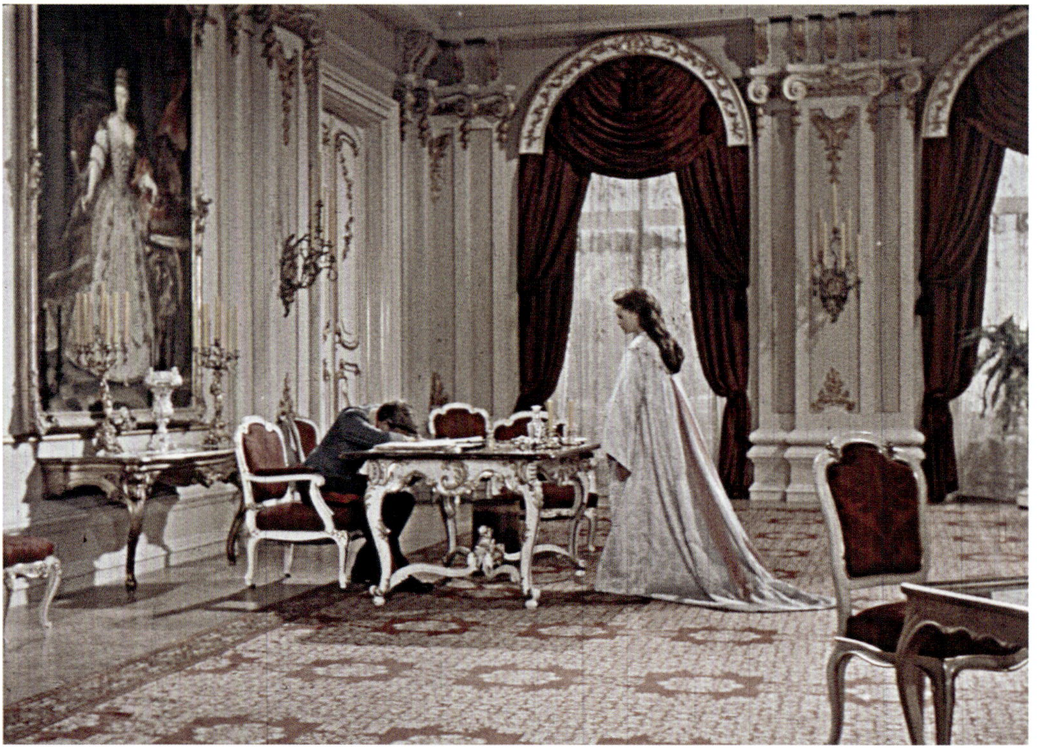

◃ Die tatsächliche Krankheit der Kaiserin ist bis heute unklar. Es gibt widersprüchliche Aussagen dazu. Es scheint, als hätte Sisis Kampf gegen die Zwänge am Hof seinen gesundheitlichen Tribut gefordert.

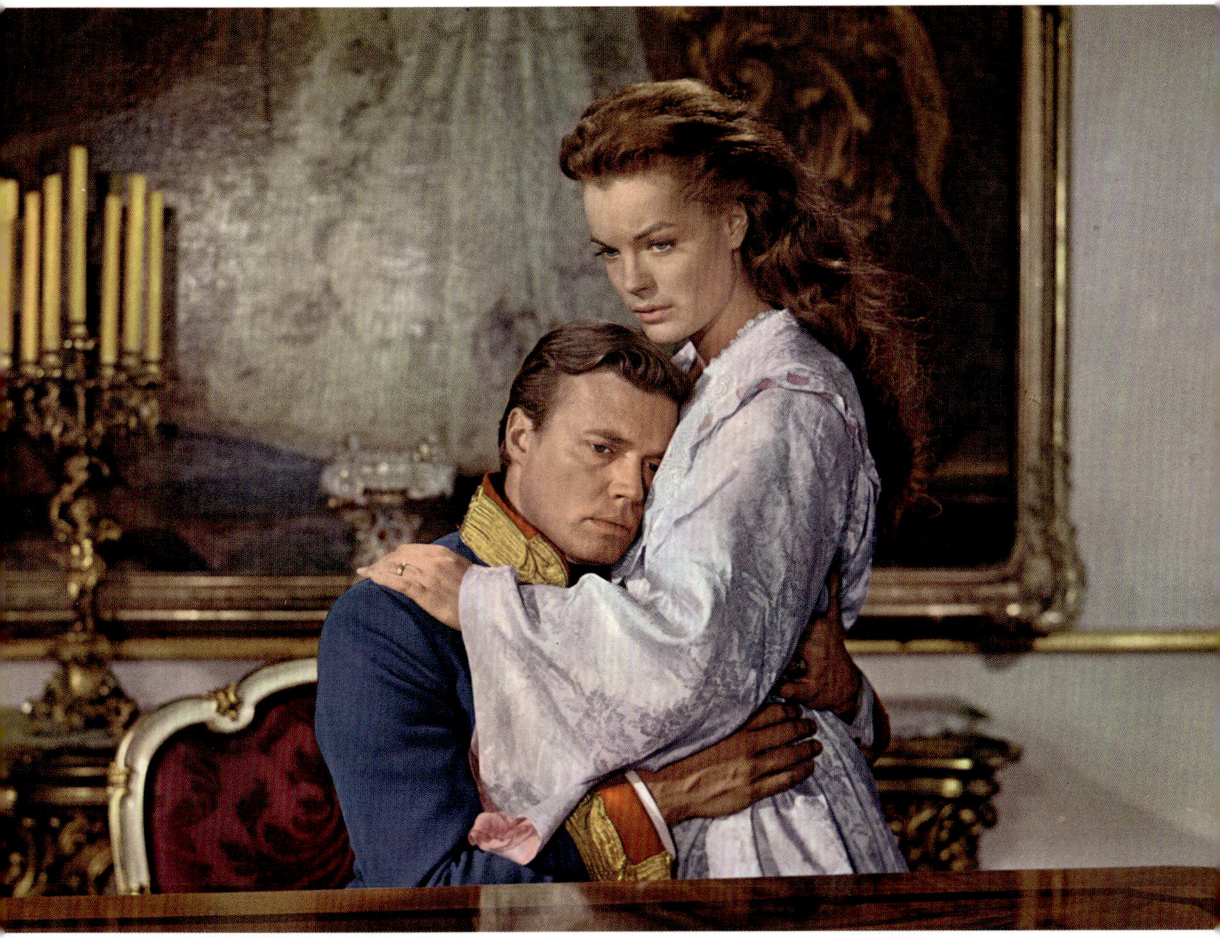

Im Film ist es der Hofarzt Doktor Seeburger, der die Meeresluft auf Madeira für gesünder hält und der Kaiserin empfiehlt, im milden Klima der Atlantikinsel ihren immer stärker werdenden Husten zu kurieren. Sissi folgt dem Rat des Hofarztes.

◃ Es schien, als wäre die Krankheit nur immer wieder ein Grund, um zu verreisen. Das Auftreten dieser niemals wirklich schlüssig diagnostizierten Erkrankung wird von den Biografen überwiegend als eine Flucht in die Krankheit gewertet.

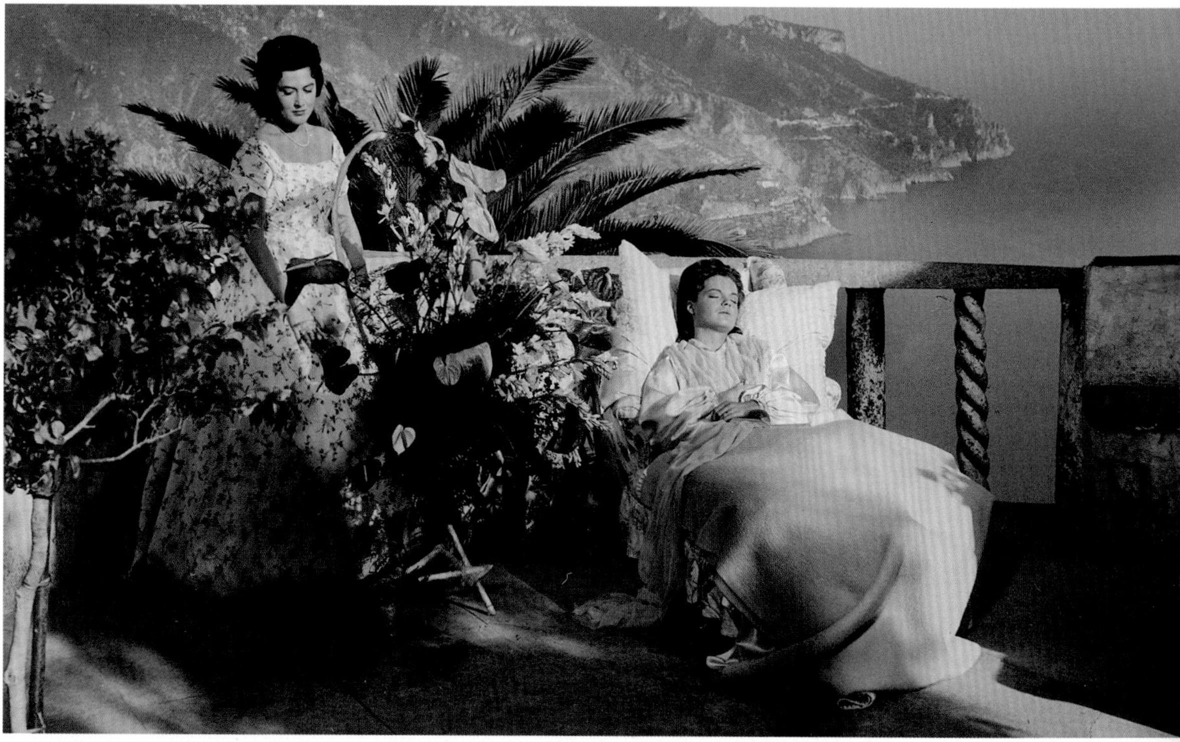

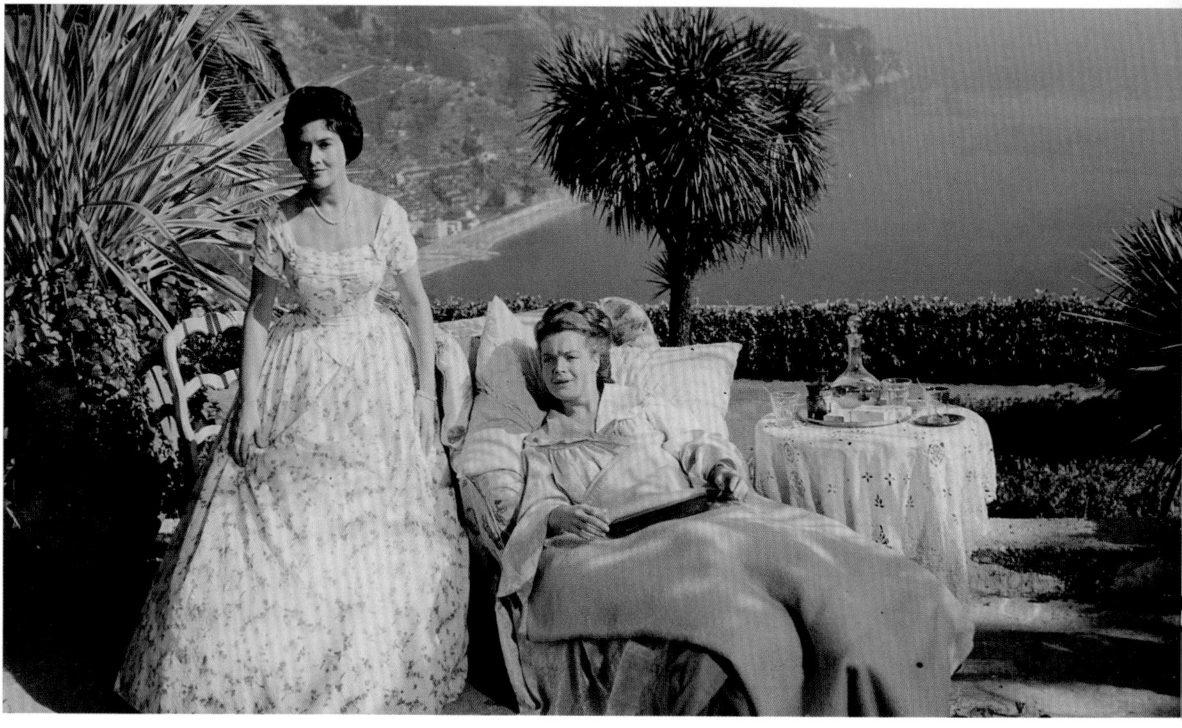

◃ Die Diagnose einer Lungenkrankheit im Jahr 1860 und die Empfehlung einer Kur auf Madeira nutzte Elisabeth zur ihrer ersten Auslandsreise, die sie alleine unternahm. Die Reise der Kaiserin dauerte von November 1860 bis Mai 1861.

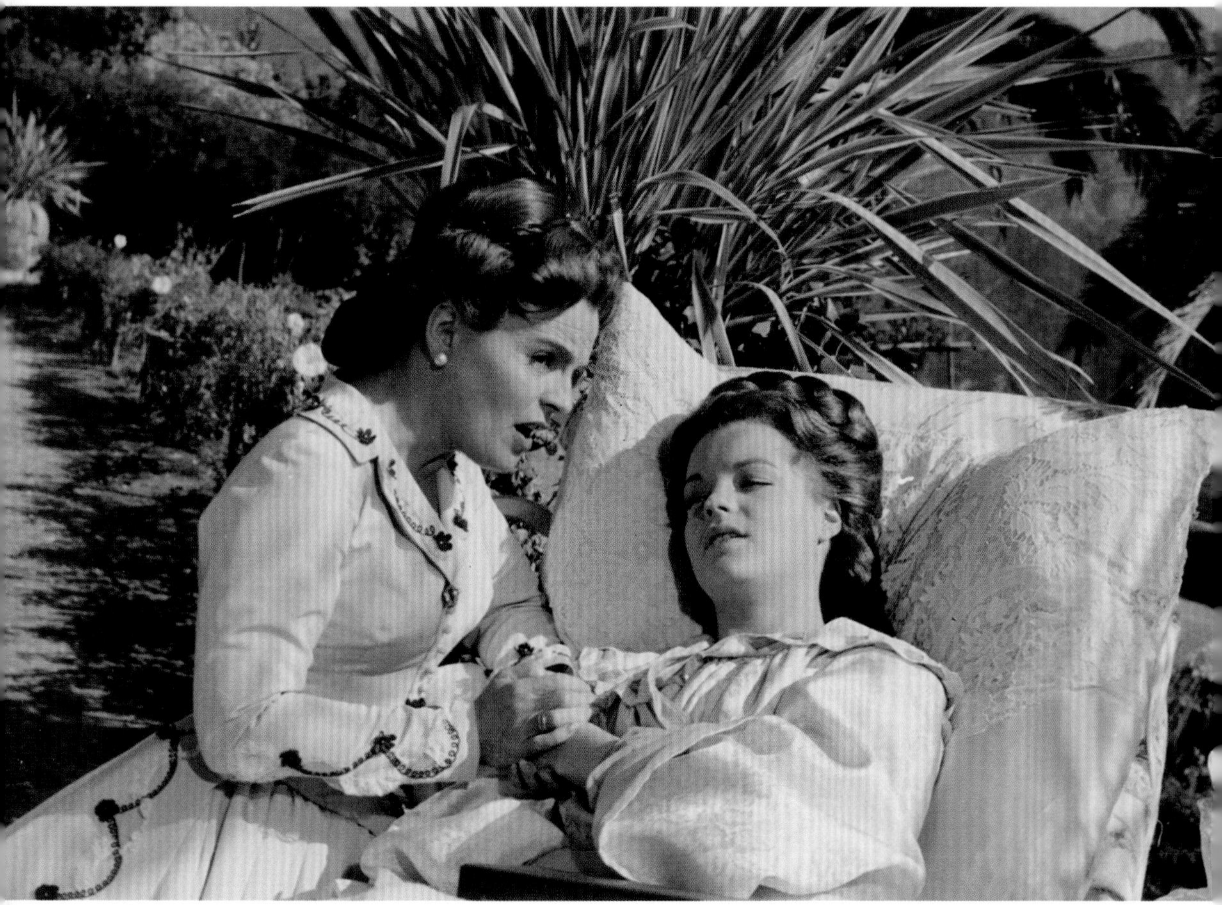

Ludovika beschließt nach Madeira zu reisen. Mit fürsorglicher Pflege und einem angeordneten Aktivitätenprogramm ihrer Mutter erholt sich Sissi allmählich von ihrer Depression und ihrem Lungenleiden.

◃ In Madeira wird ihr physischer Zustand zwar besser, allerdings bekommt Sissi zusätzlich eine Depression. Je länger der Auslandsaufenthalt dauert, desto mehr vermisst sie ihren Mann und ihr Kind. Wie immer in Krisenzeiten sehnt sich die Kaiserin auch nach ihren Eltern und ihren Geschwistern.

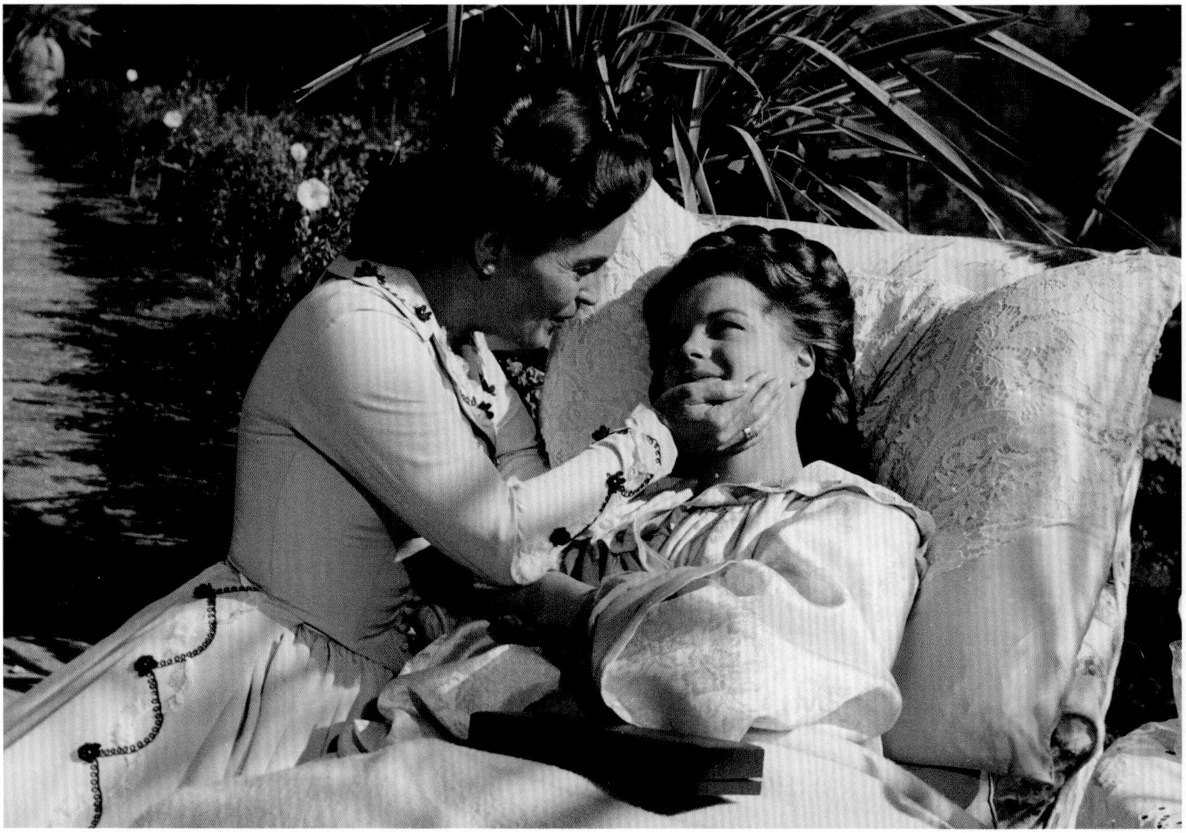

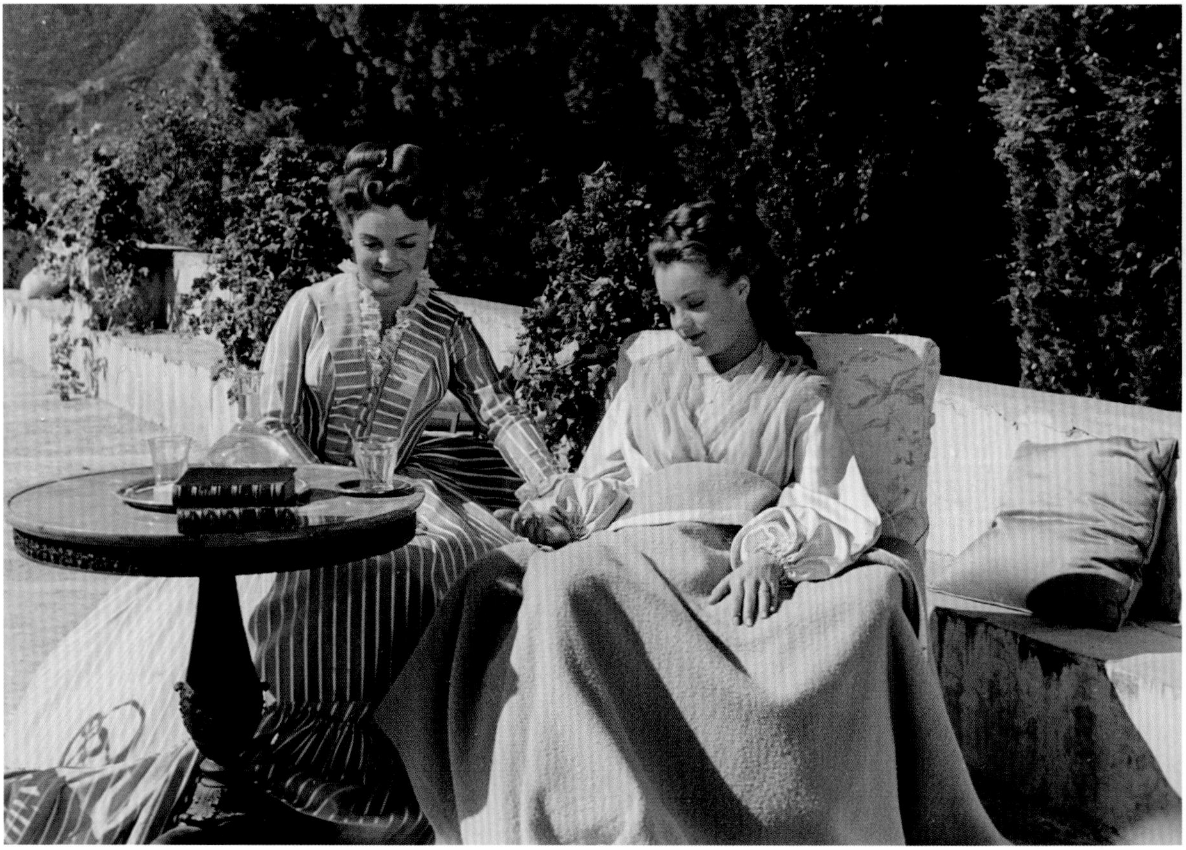

◁ Die Biografen sind sich einig: Elisabeths Reisen nach Madeira oder Korfu waren Fluchten vom Wiener Hof. Im Film werden ihre Reisen hingegen als vom Hofarzt dringend angeordnete und absolut lebensnotwendige Kuraufenthalte dargestellt.

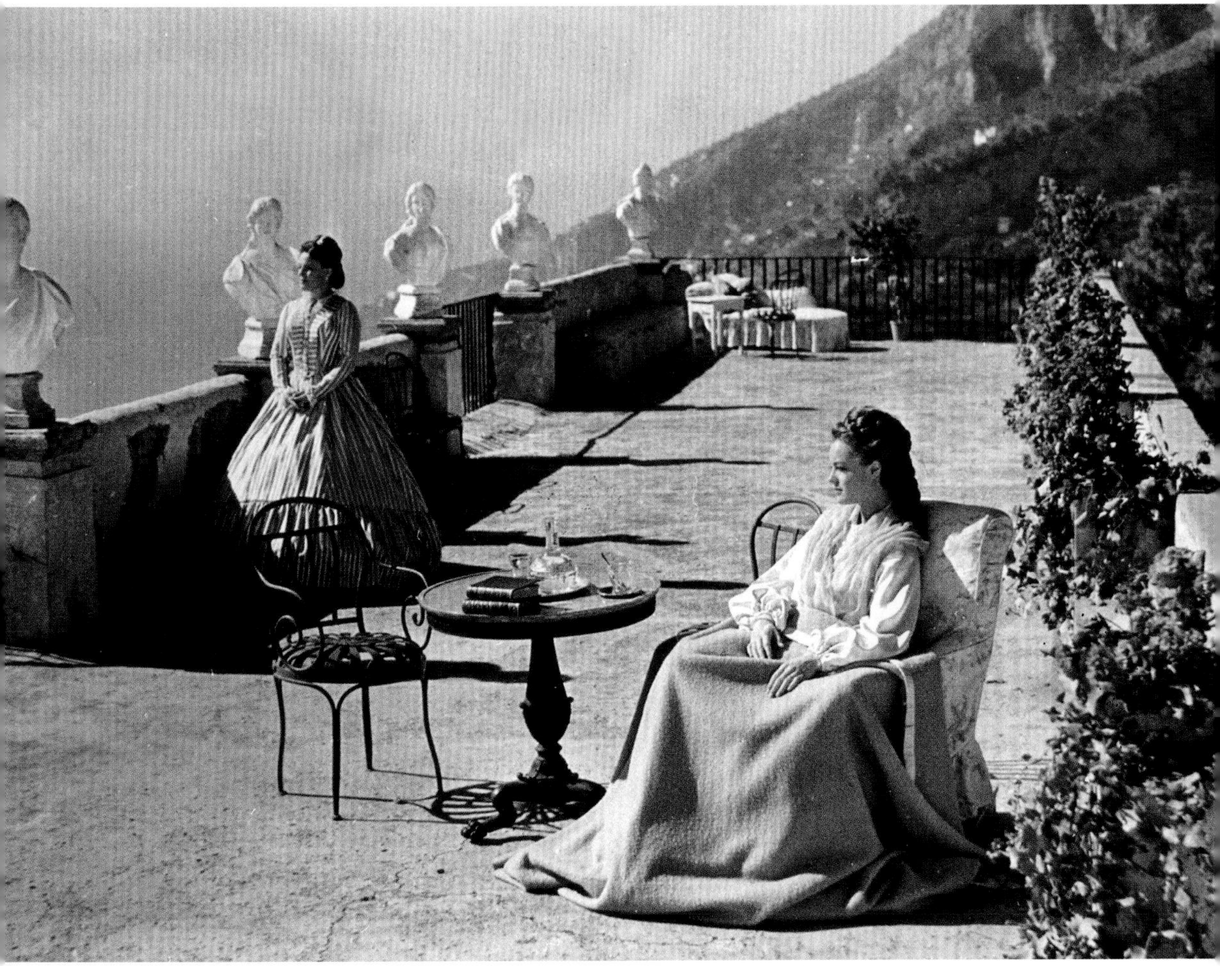

Der bedenkliche gesundheitliche Zustand der Kaiserin sprach sich schnell herum – nicht nur in Wien und Österreich, sondern auch in anderen Ländern. Dafür, dass die Kaiserin während ihres Aufenthaltes auch an Depressionen litt, waren vielleicht auch die Gerüchte über die Untreue des Kaisers verantwortlich.

◁ Die Madeira-Szenen wurden an der Amalfiküste gedreht. Drehort war die Villa Rufolo mit ihrem atemberaubenden Garten, die im 13. Jahrhundert auf einem Felsvorsprung über der Gemeinde Ravello gebaut worden war. Der Ort hatte auch Richard Wagner für einen Schauplatz in der Oper „Parsifal“ inspiriert.

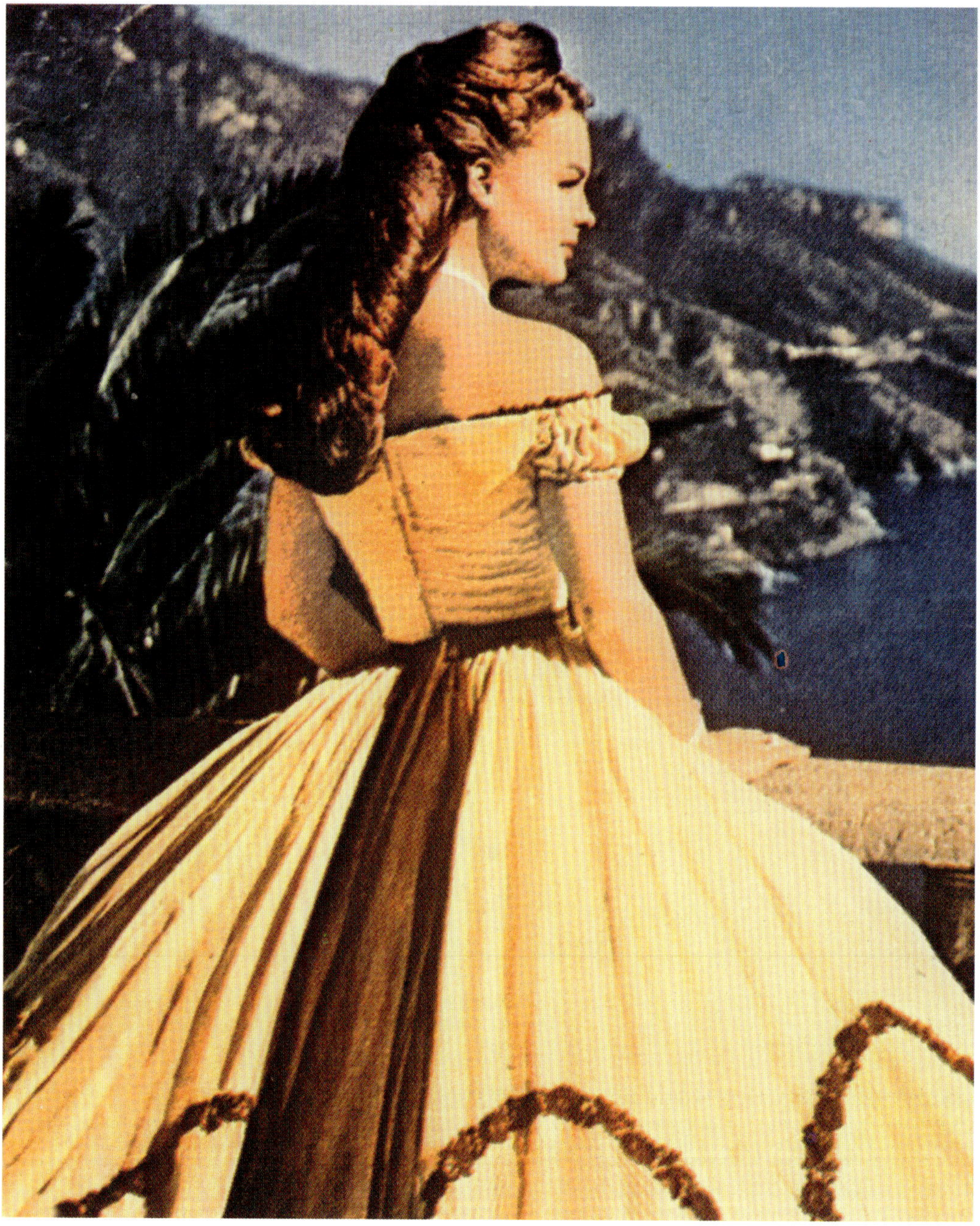

Kaum in Wien zurück, erlitt sie einen schweren Rückfall. Der Arzt, der eilig gerufen wurde, vermutete Lungenschwindsucht und empfahl einen weiteren Kuraufenthalt. Dieses Mal fuhr die Kaiserin nach Korfu im Ionischen Meer.

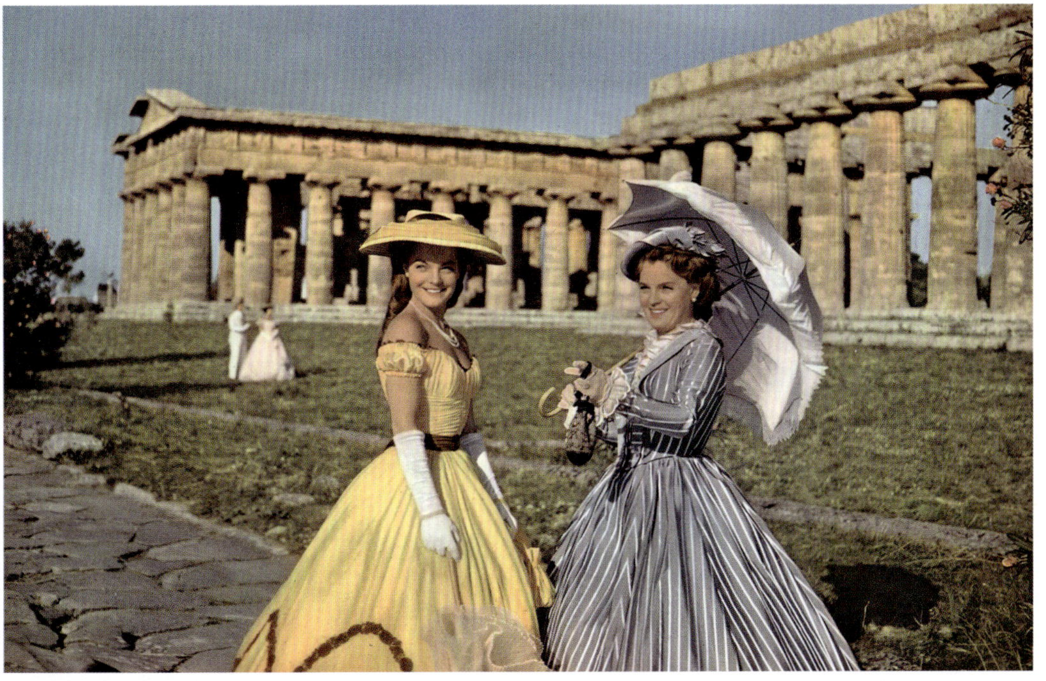

Die Kaiserin besucht Ausgrabungen. Die Szenen mit den griechischen Tempeln entstanden in Paestum an der Amalfiküste. Inmitten der Ruinenstätte steht einer der besterhaltenen Tempel der Welt.

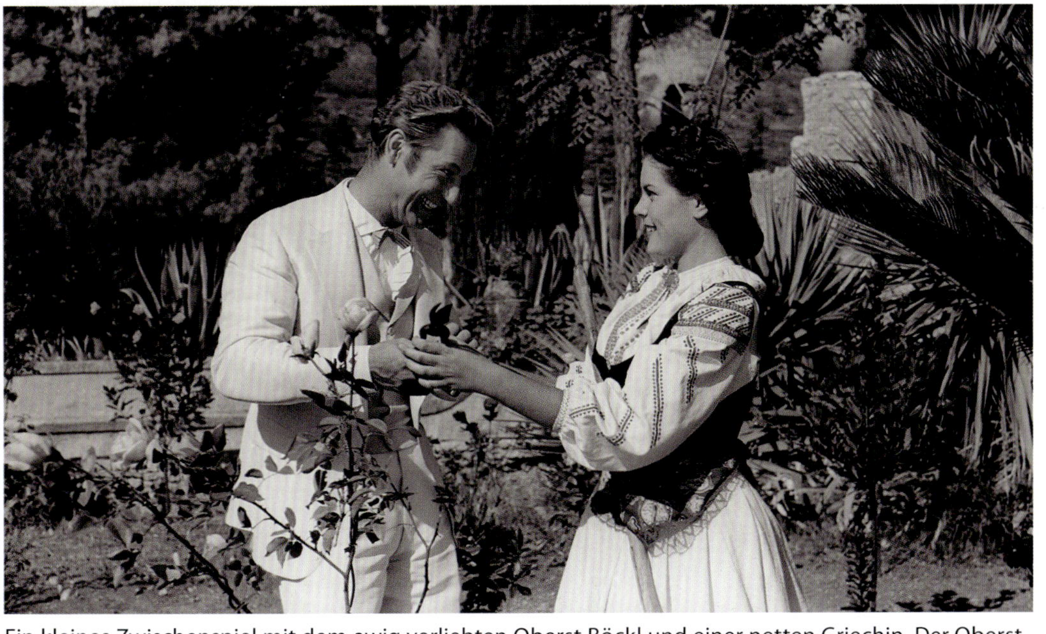

Ein kleines Zwischenspiel mit dem ewig verliebten Oberst Böckl und einer netten Griechin. Der Oberst verliebt sich an jedem Aufenthaltsort der Kaiserin aufs Neue und muss dann aufgrund der Reiselust der Kaiserin jede neue Liebe wieder verlassen.

Elisabeth war nach fast zweijähriger Abwesenheit vom Wiener Hof von einer als schüchtern und blass geltenden jungen Frau zu einer selbstbewussteren Monarchin geworden, die ihre Anmut durch Haltung in Szene setzte und jetzt auch Forderungen stellte. ▹

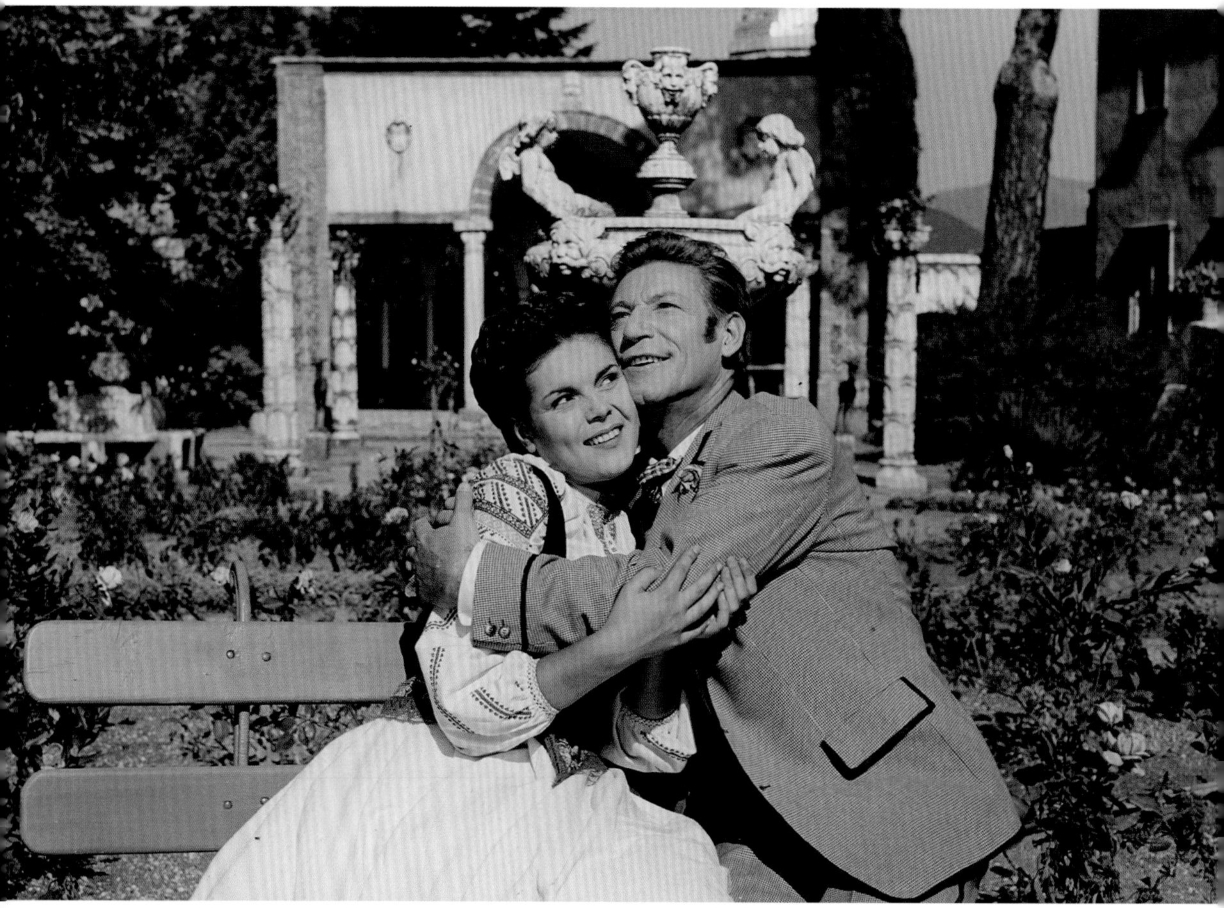

Chariklia Baxevanos stammte tatsächlich aus einer griechischen Familie und war Theater- und Filmschauspielerin. Sie spielte hauptsächlich im Theater in der Josefstadt in Wien, am Schauspielhaus Zürich sowie an den Münchner Kammerspielen und war später lange Jahre mit Harald Juhnke liiert.

Franz Joseph schickt den Hofarzt Doktor Seeburger nach Korfu, der die Kaiserin untersuchen soll und dabei feststellt, dass sie wieder vollständig gesund ist. ▹

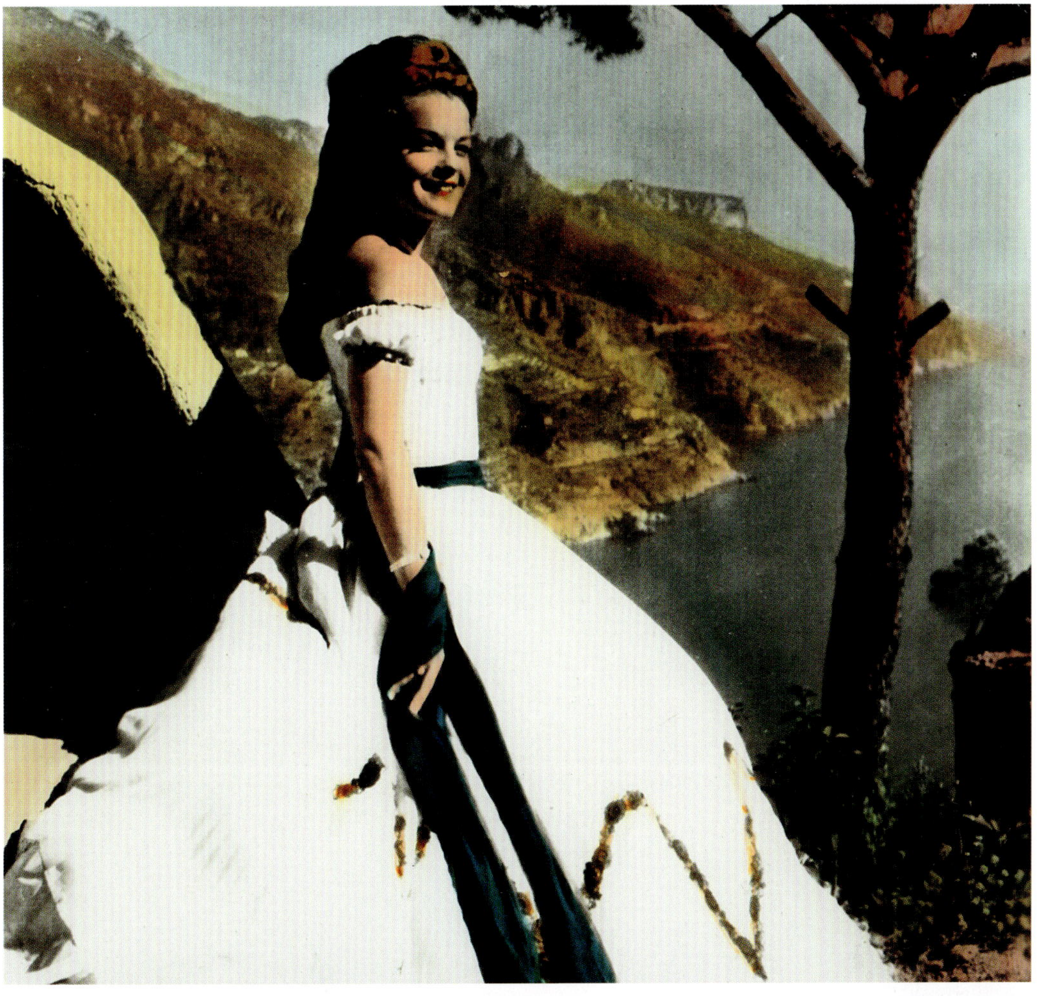

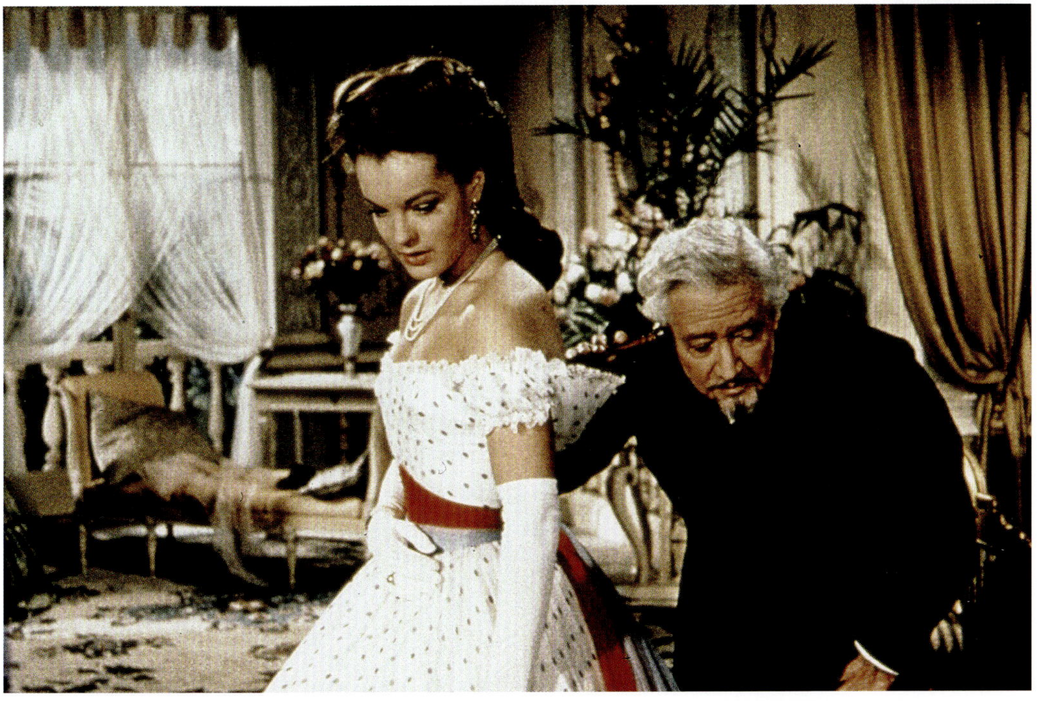

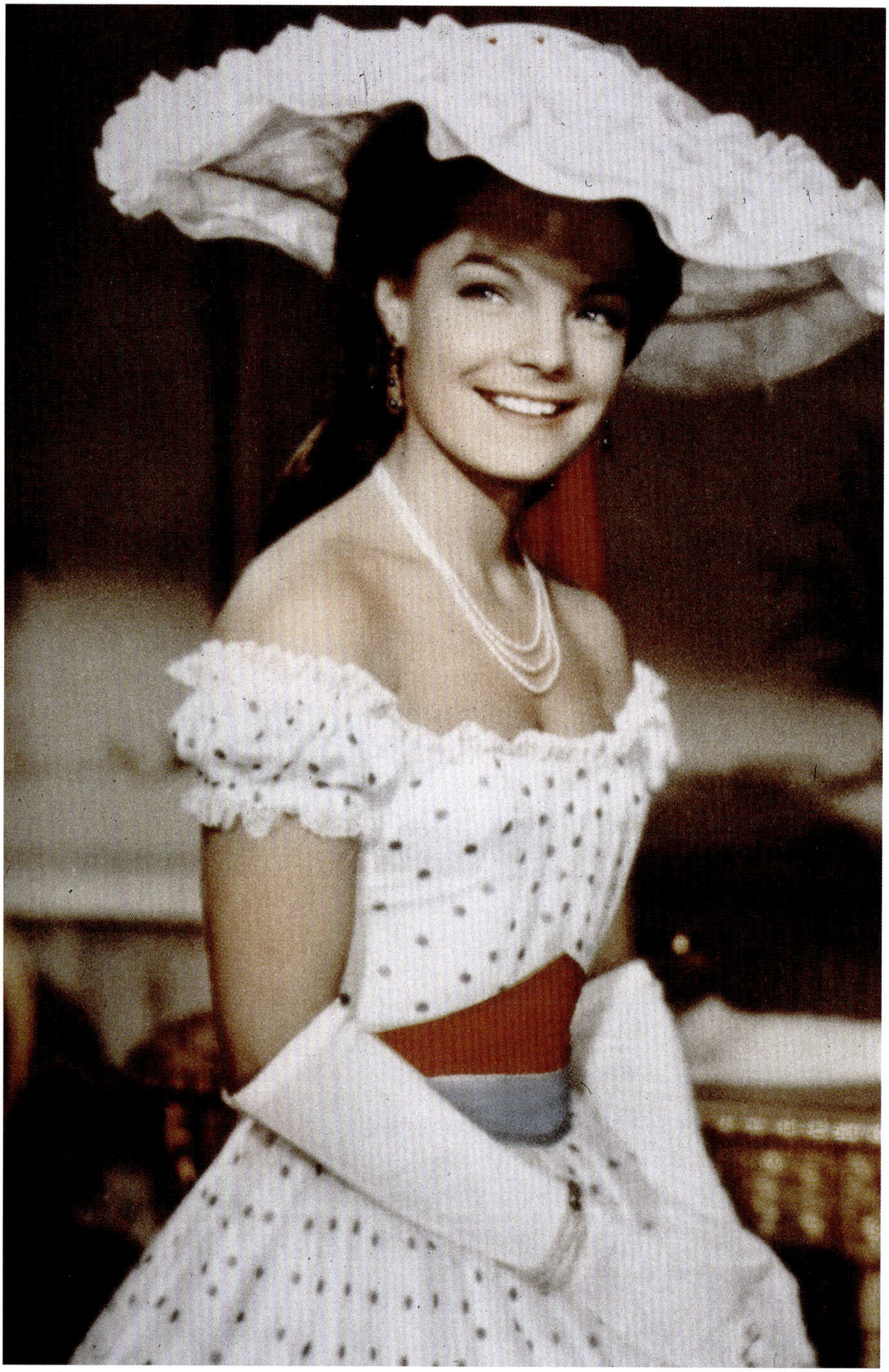

Von der Nachricht von Sissis Genesung beflügelt, will Franz Joseph zu seiner Frau reisen, um sie heimzuholen. Sophie und die Berater des Kaisers schlagen vor, dass das Kaiserpaar nach Lombardo-Venetien reist, wo sich neue politische Krisen anbahnen.

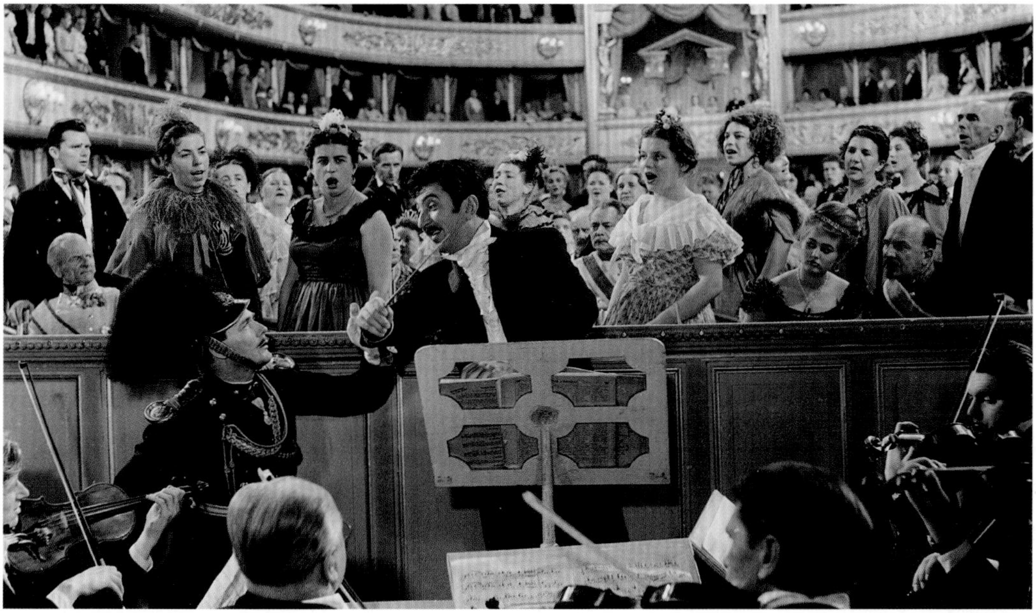

In der Mailänder Scala kommt es zu einem Skandal. Statt der adeligen Gesellschaft sitzen deren Dienstboten in den Zuschauerreihen. Sie stimmen zuerst die „Kaiserhymne" an, gehen dann aber sofort in den „Gefangenenchor" aus „Nabucco" über.

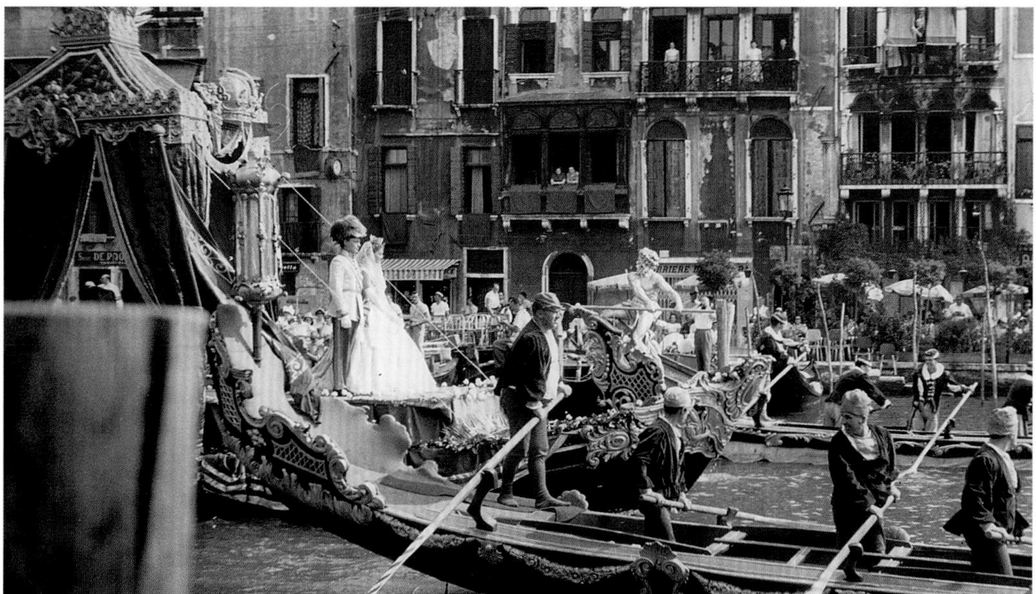

Vom 17. November 1856 bis 2. März 1857 reisten das Kaiserpaar und die zweijährige Sophie tatsächlich nach Oberitalien. Italien stand unter der Militärverwaltung Österreichs und wollte die Unabhängigkeit. Ihr Empfang war demonstrativ reserviert, das Kaiserpaar wurde ohne Jubel empfangen.

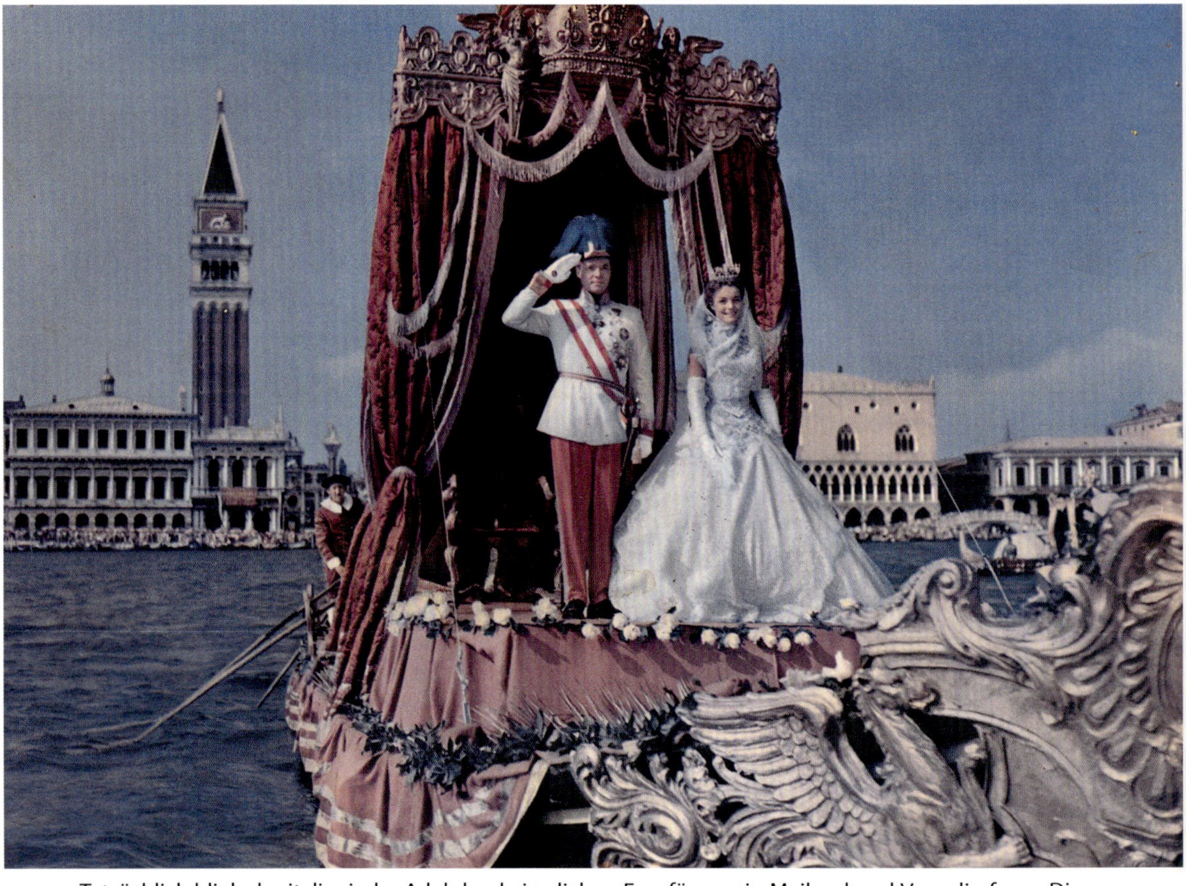

Tatsächlich blieb der italienische Adel den kaiserlichen Empfängen in Mailand und Venedig fern. „Diejenigen, die trotz des Boykotts erschienen, wurden von den Landsleuten beschimpft." So beschreibt es Sisi-Biografin Brigitte Hamann. Das Ereignis in der Mailänder Scala fand am 15. Jänner 1857 statt.

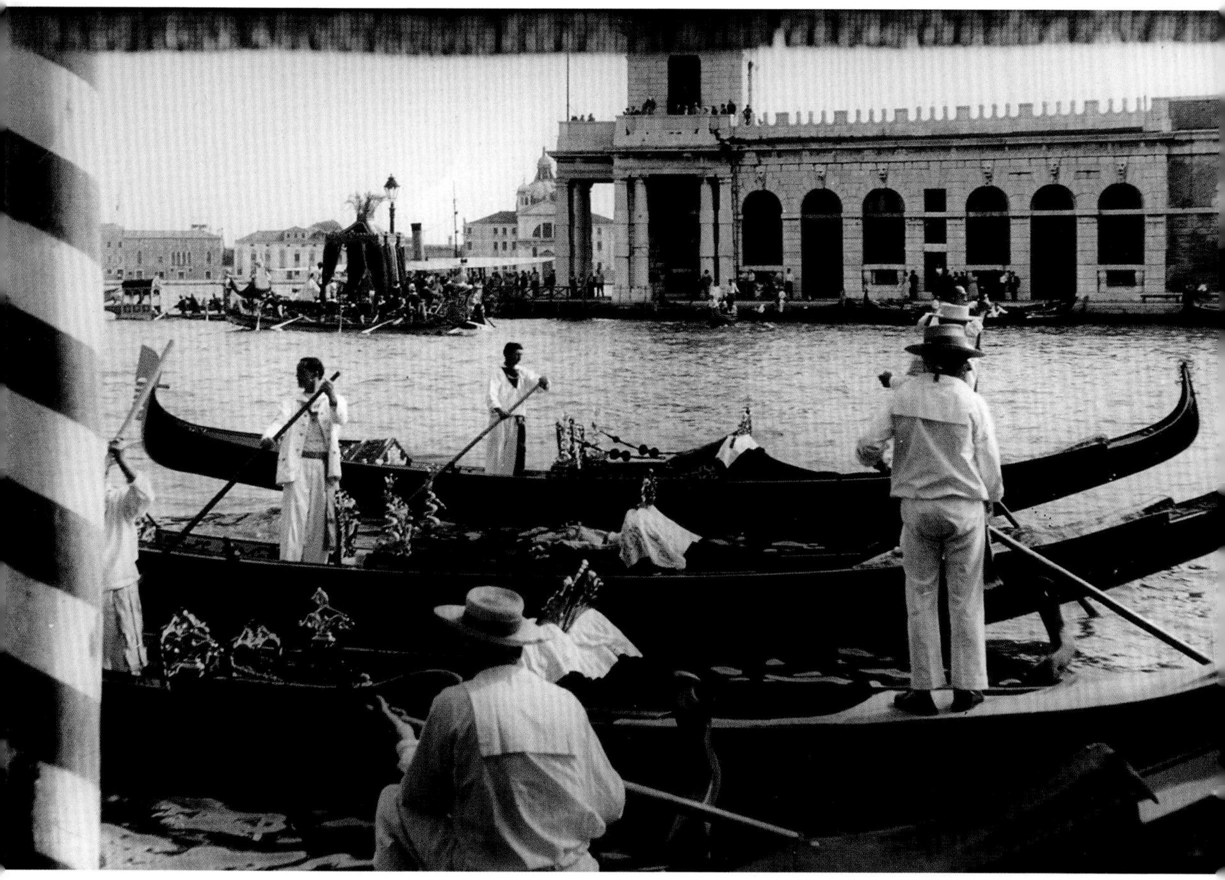

Sisi war keineswegs unpolitisch. Nicht nur in Ungarn bewies sie ihr politisches Geschick und Diplomatie, auch in Venedig und Mailand trug sie durch ihre Anwesenheit wesentlich zur Entspannung der unruhigen politischen Lage bei.

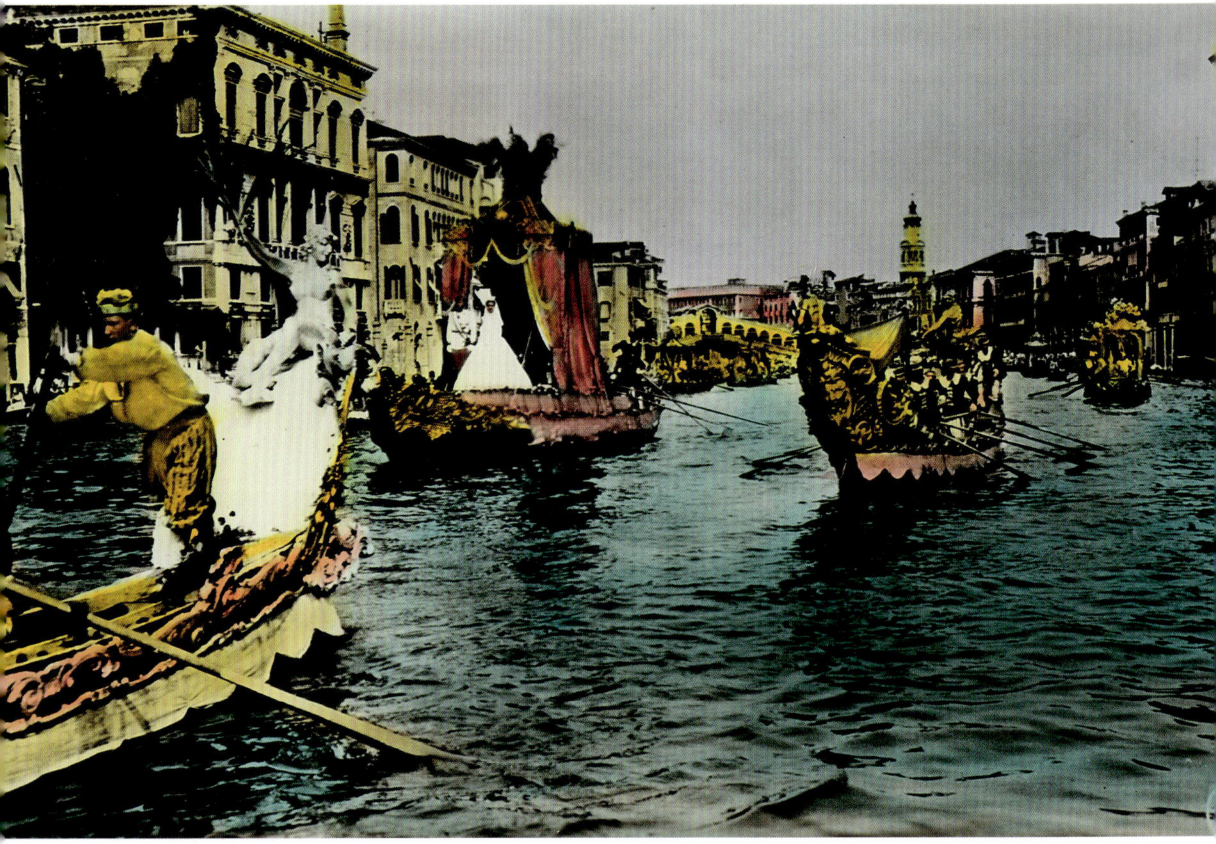

In Venedig wird die Ankunft des Kaiserpaares von der italienischen Bevölkerung zunächst ignoriert.

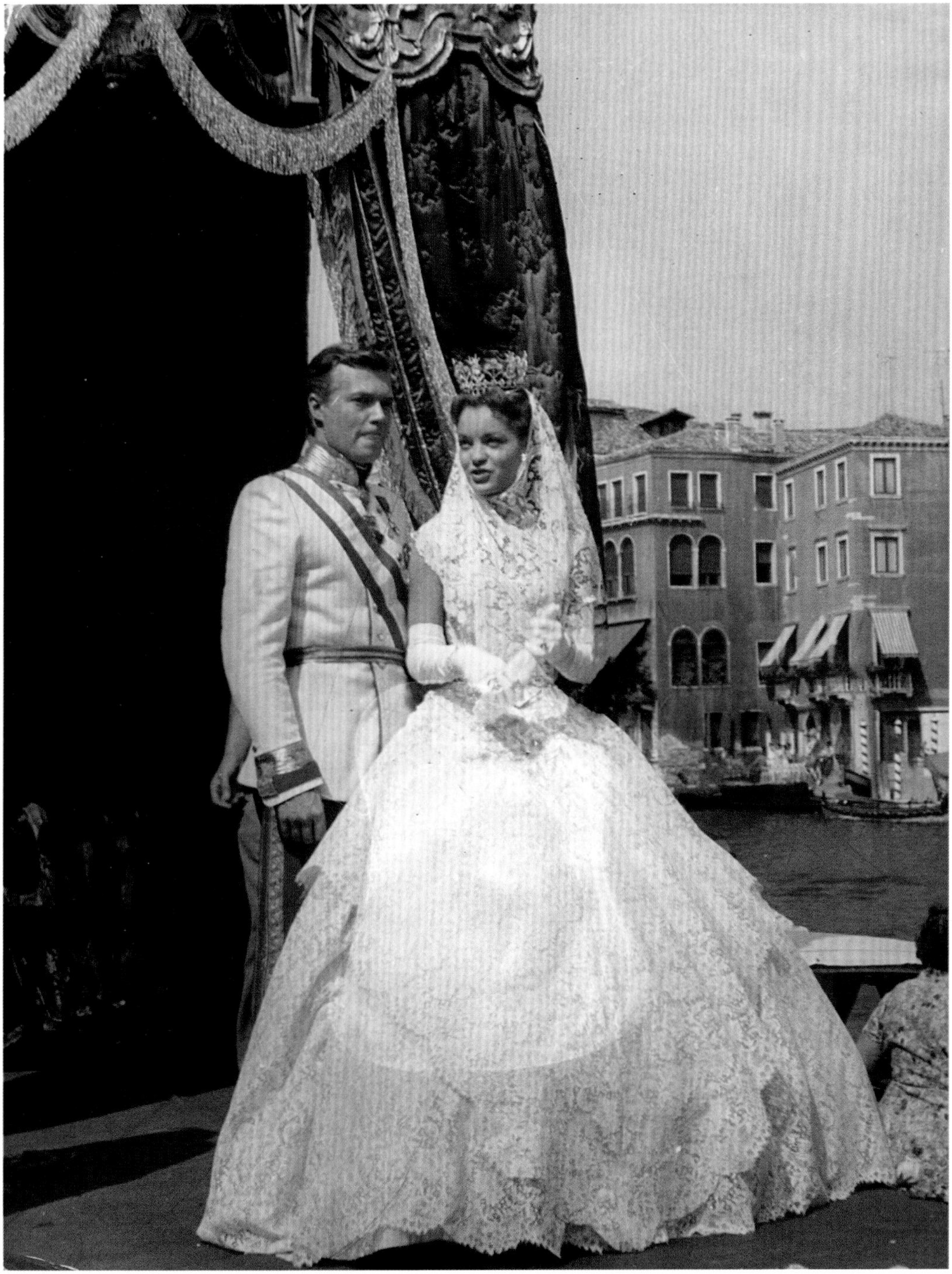

Sissi erobert die Herzen der Italiener in Venedig, als ihr auf dem Markusplatz ihr Kind entgegenläuft und sie es in die Armee schließt. Der Bann ist gebrochen, die Wiedersehensfreude zwischen Mutter und Kind berührt das italienische Volk und es stimmt „Viva la Mamma"-Rufe an.

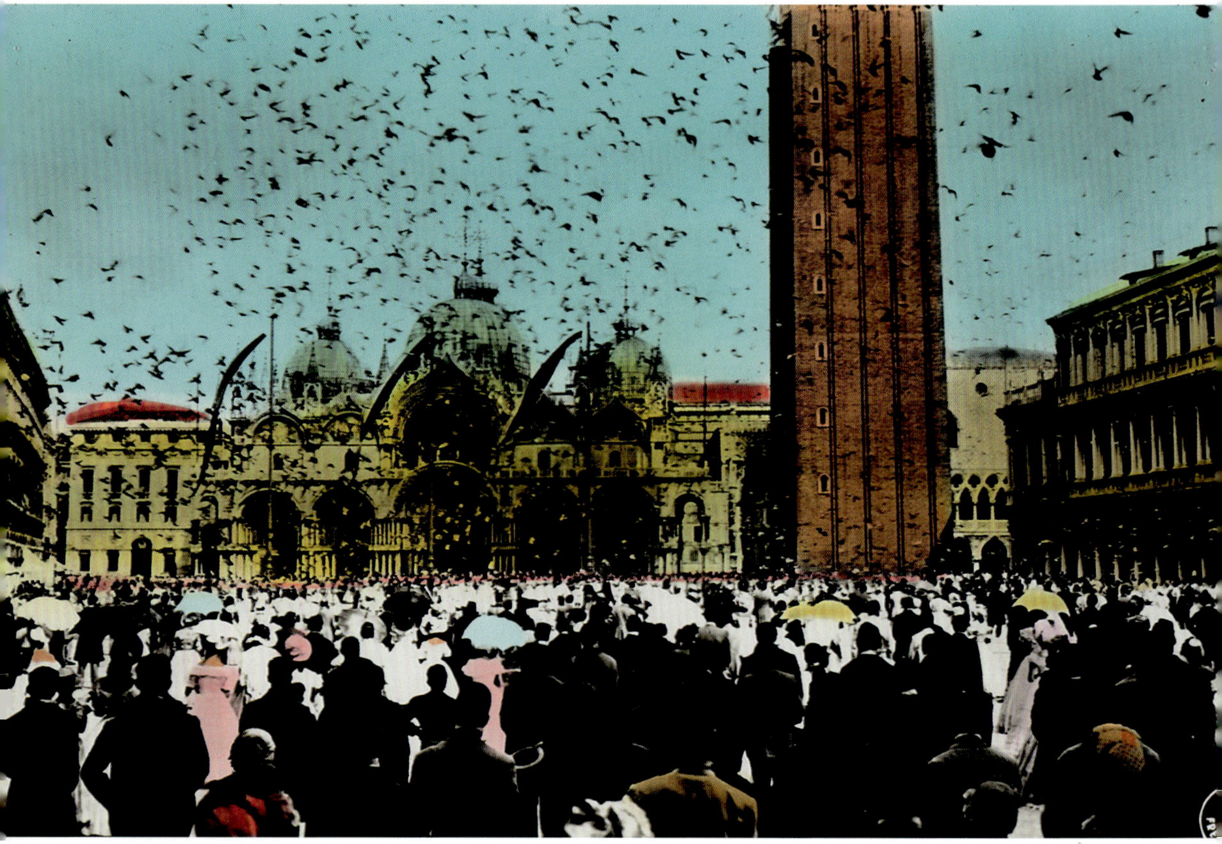

Die Dreharbeiten dauerten insgesamt acht Wochen. Der Markusplatz wurde für die Schlussszene für Touristen abgeriegelt. Der letzte Teil der Trilogie war ähnlich erfolgreich wie die ersten beiden Teile. Die Produktionskosten für alle drei Filme beliefen sich auf 3,6 Millionen Deutsche Mark.

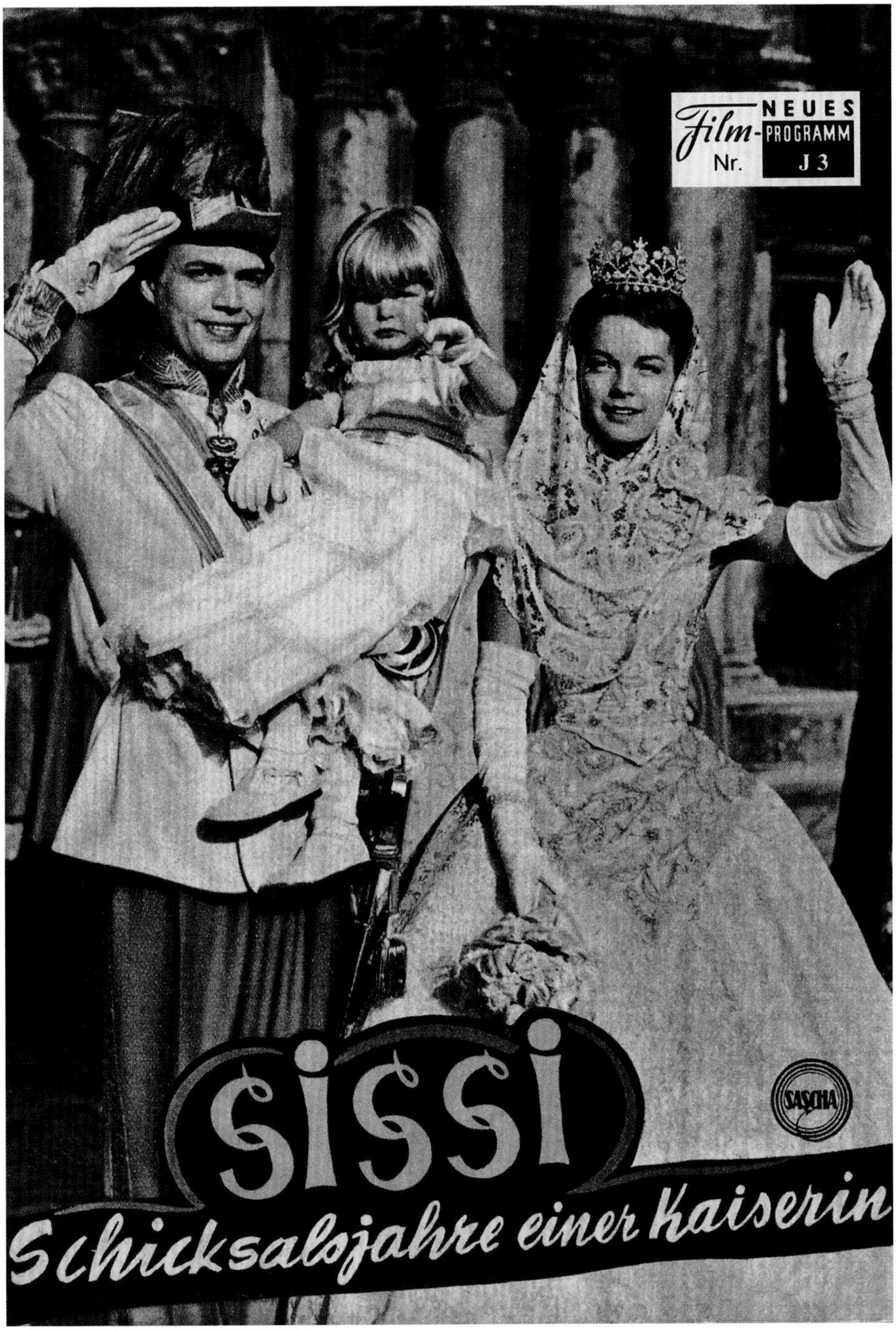


Bei einer Vorführung in Beirut wurde „Sissi – Die junge Kaiserin" als deutscher Film angepriesen. Das österreichische Handelsministerium legte deshalb bei der deutschen Botschaft in Wien offiziell Beschwerde ein. Es war der Münchner Filmverleih Herzogfilm, der die Weltvertriebsrechte hatte und das österreichische Herkunftsland verschwieg.

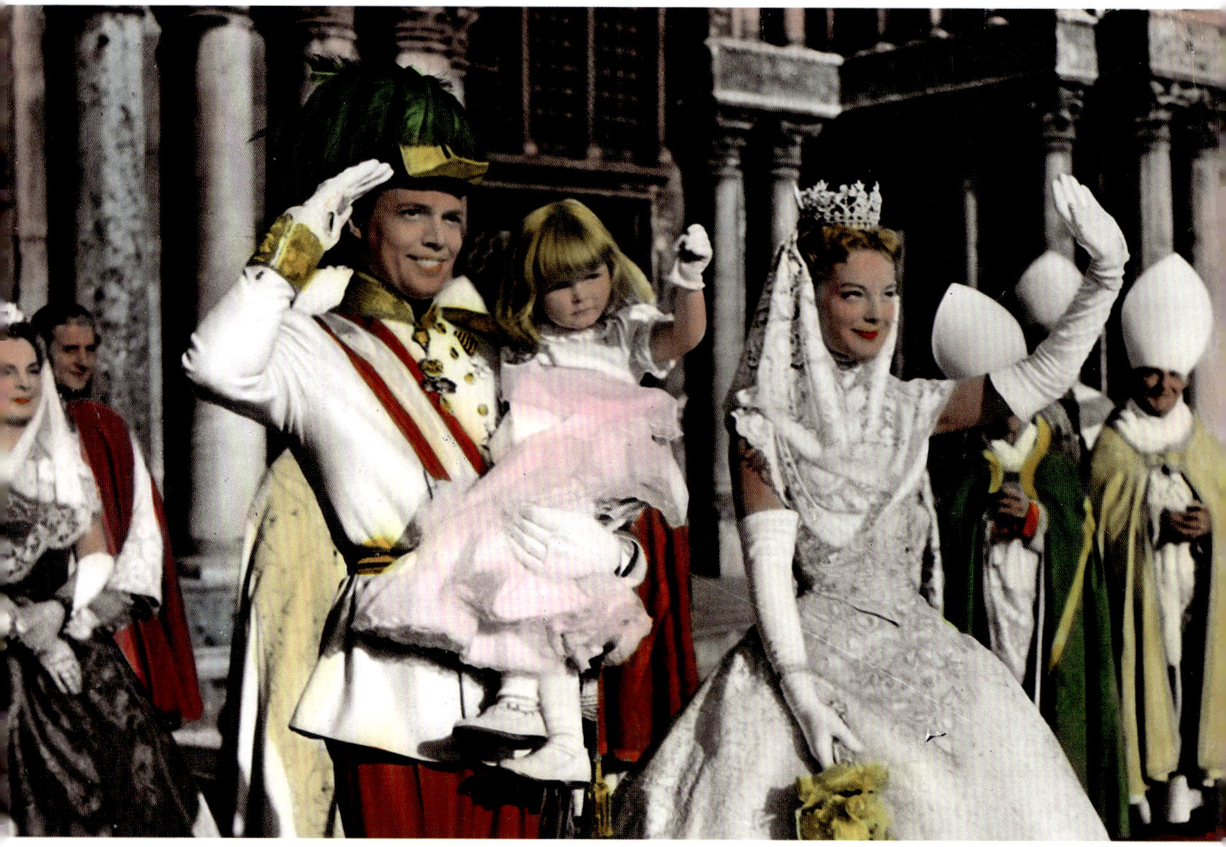

In Europa brach ein regelrechtes Sissi-Fieber aus. Der Erfolg von „Sissi" war überwältigend. Die Zuschauerzahlen bewegten sich zwischen 20 und 25 Millionen. Romy Schneider avancierte zum Idol der Massen und wurde zum Star des Nachkriegskinos. Ernst Marischka drehte fünf Filme mit Romy Schneider.

# Besetzungslisten

## Besetzungsliste „Sissi"

| | |
|---|---|
| Romy Schneider (1938–1982) | **Prinzessin Elisabeth** |
| Karlheinz Böhm (1928–2014) | **Kaiser Franz Joseph** |
| Magda Schneider (1909–1996) | **Herzogin Ludovika** |
| Uta Franz (1935–2012) | **Prinzessin Helene, Néné** |
| Gustav Knuth (1901–1987) | **Herzog Max** |
| Vilma Degischer (1911–1992) | **Erzherzogin Sophie** |
| Josef Meinrad (1913–1996) | **Gendarmeriemajor Böckl** |
| Erich Nikowitz (1906–1976) | **Erzherzog Franz Karl** |
| Karl Fochler (1998–1982) | **Graf Grünne** |
| Peter Weck (*1930) | **Erzherzog Karl-Ludwig** |
| Hilde Wagener (1904–1992) | **Baronin Wulffen** |
| Egon von Jordan (1902–1978) | **Minister** |
| Otto Tressler (1871–1965) | **Marschall Radetzky** |
| Franz Böheim (1909–1963) | **Johann Petzmacher** |
| Richard Eybner (1896–1986) | **Postmeister von Ischl** |

## Besetzungsliste „Sissi – Die junge Kaiserin"

| | |
|---|---|
| Romy Schneider (1938–1982) | **Kaiserin Elisabeth** |
| Karlheinz Böhm (1928–2014) | **Kaiser Franz Joseph** |
| Magda Schneider (1909–1996) | **Herzogin Ludovika** |
| Gustav Knuth (1901–1987) | **Herzog Max** |
| Vilma Degischer (1911–1992) | **Erzherzogin Sophie** |
| Josef Meinrad (1913–1996) | **Gendarmeriemajor Böckl** |
| Walther Reyer (1922–1999) | **Graf Gyula Andrássy** |
| Senta Wengraf (*1924) | **Gräfin Bellegarde** |
| Iván Petrovich (1894–1962) | **Doktor Max Falk** |
| Helene Lauterböck (1895–1990) | **Gräfin Esterházy** |
| Erich Nikowitz (1906–1976) | **Franz Karl** |
| Hans Ziegler (1879–1961) | **Doktor Seeburger** |
| Karl Fochler (1998–1982) | **Graf Grünne** |
| Richard Eybner (1896–1986) | **Postmeister von Ischl** |
| Egon von Jordan (1902–1978) | **Minister** |
| Joseph Egger (1889–1960) | **Zeremonienmeister Neppalek** |
| Hugo Gottschlich (1905–1985) | **Hüttenwirt** |

## Besetzungsliste „Sissi – Schicksalsjahre einer Kaiserin“

| | |
|---|---|
| Romy Schneider (1938–1982) | **Kaiserin Elisabeth** |
| Karlheinz Böhm (1928–2014) | **Kaiser Franz Joseph** |
| Magda Schneider (1909–1996) | **Herzogin Ludovika** |
| Gustav Knuth (1901–1987) | **Herzog Max** |
| Uta Franz (1935–2012) | **Prinzessin Helene, Néné** |
| Vilma Degischer (1911–1992) | **Erzherzogin Sophie** |
| Josef Meinrad (1913–1996) | **Gendarmeriemajor Böckl** |
| Walther Reyer (1922–1999) | **Graf Gyula Andrássy** |
| Senta Wengraf (*1924) | **Gräfin Bellegarde** |
| Erich Nikowitz (1906–1976) | **Erzherzog Franz Karl** |
| Hans Ziegler (1879–1961) | **Doktor Seeburger** |
| Sonia Sorel (1921–2004) | **Henriette Mendel** |
| Klaus Knuth (1935–2012) | **Prinz Ludwig** |
| Albert Rueprecht (*1929) | **Erzherzog Ferdinand Max** |
| Peter Neusser (1932–2010) | **Graf Batthyani** |
| Franca Parisi (*1933) | **Helena** |
| Egon von Jordan (1902–1978) | **Carlo** |
| Karl Fochler (1998–1982) | **Graf Grünne** |
| Helene Lauterböck (1895–1990) | **Gräfin Esterházy** |
| Herbert Prikopa (1935–2015) | **Diener in der Scala** |
| Oskar Wegrostek (1907–1972) | **Wirt** |
| Chariklia Baxevanos (*1936) | **Helena auf Korfu** |
| Walter Regelsberger (*1925) | **Fürst Windisch-Graetz** |
| Guido Wieland (1906–1993) | **Italienischer Adeliger** |
| Johannes Ferigo | **Graf Czaky** |
| Ida Gabor | **Margit** |

# Zeittafel

| | |
|---|---|
| **18.08.1830** | Geburt Franz Josephs in Wien. |
| **24.12.1837** | Geburt Elisabeths (Elisabeth Amalie Eugenie) in München. |
| **02.12.1848** | Franz Joseph wird Kaiser von Österreich. |
| **13.08.1849** | Niederwerfung Ungarns durch Österreich mit Russischer Militärhilfe. |
| **15. 08.1853** | Gemeinsam mit ihrer Mutter reisen Helene und Elisabeth nach Ischl, um die Verlobung von Néné mit dem Kaiser in die Wege zu leiten. |
| **18.08.1853** | Verlobung in Bad Ischl. |
| **24.04. 1854** | Trauung in Wien in der Augustinerkirche. |
| **05.03.1855** | Geburt der Erzherzogin Sophie (Gest. 1957). |
| **15.07.1856** | Geburt der Erzherzogin Gisela. |
| **21.08.1858** | Geburt des Kronprinzen Rudolf. |
| **24. 08.1858** | Néné heiratet Maximilian Erbprinz von Thurn und Taxis. |
| **08.01.1859** | Ludwig, der ältere Bruder Elisabeths, heiratet die bürgerliche Schauspielerin Henriette Mendel. |
| **08.01.1866** | Elisabeth lernt den ungarischen Grafen Andrássy kennen. |
| **08.06.1867** | Krönung in der Matthiaskirche zu Budapest als König und Königin von Ungarn. |
| **19.06.1867** | Hinrichtung von Kaiser Max in Mexiko. |
| **22.04.1868** | Geburt von Erzherzogin Marie Valerie. |
| **31.01.1889** | Selbstmord des Kronprinzen Rudolf. |
| **18.02.1890** | Tod des Grafen Andrássy. |
| **10.09.1898** | Ermordung der Kaiserin Elisabeth in Genf. |
| **21.11.1916** | Tod des Kaisers Franz Joseph in Wien. |

**Geschwister der Kaiserin Elisabeth**

Herzog Max und Herzogin Ludovika in Bayern hatten neun Kinder: Ludwig (1831–1920), Wilhelm (geboren und gestorben 1832), Helene (1834–1890), Elisabeth (1837–1898), Carl Theodor (1839–1909), Marie (1841–1925), Mathilde (1843–1925), Sophie (1847–1897) und Max Emanuel (1849–1893).

**Kinder von Kaiserin Elisabeth und Kaiser Franz Joseph**

Sophie Friederike Dorothea Maria Josepha (5. März 1855–29. Mai 1857), Gisela Louise Marie (12. Juli 1856–27. Juli 1932), Rudolf Franz Karl Joseph, Kronprinz von Österreich (21. August 1858–30. Januar 1889, Selbstmord in Mayerling), Marie Valerie Mathilde Amalie (22. April 1868–6. September 1924).

# Buchhinweise

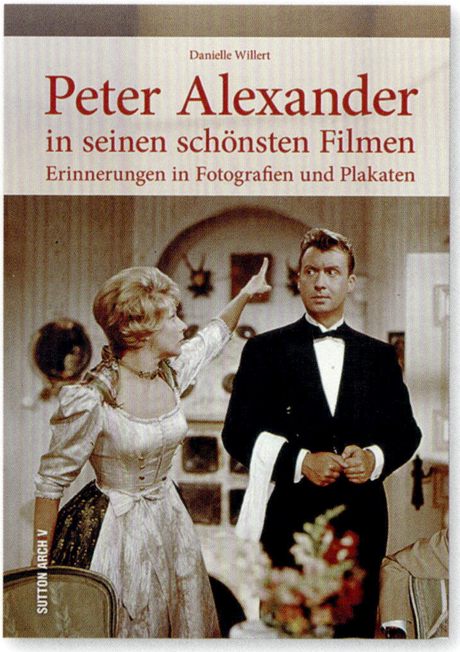


**Peter Alexander in seinen schönsten Filmen.**
Erinnerungen in Fotografien und Plakaten

*Danielle Willert*

19,99 € | 978-3-95400-756-1

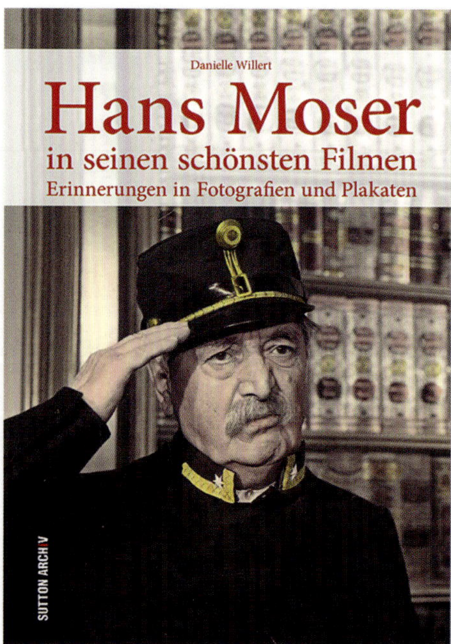


**Hans Moser in seinen schönsten Filmen**
Erinnerungen in Fotografien und Plakaten

*Danielle Willert*

20,00 € | 978-3-95400-872-8

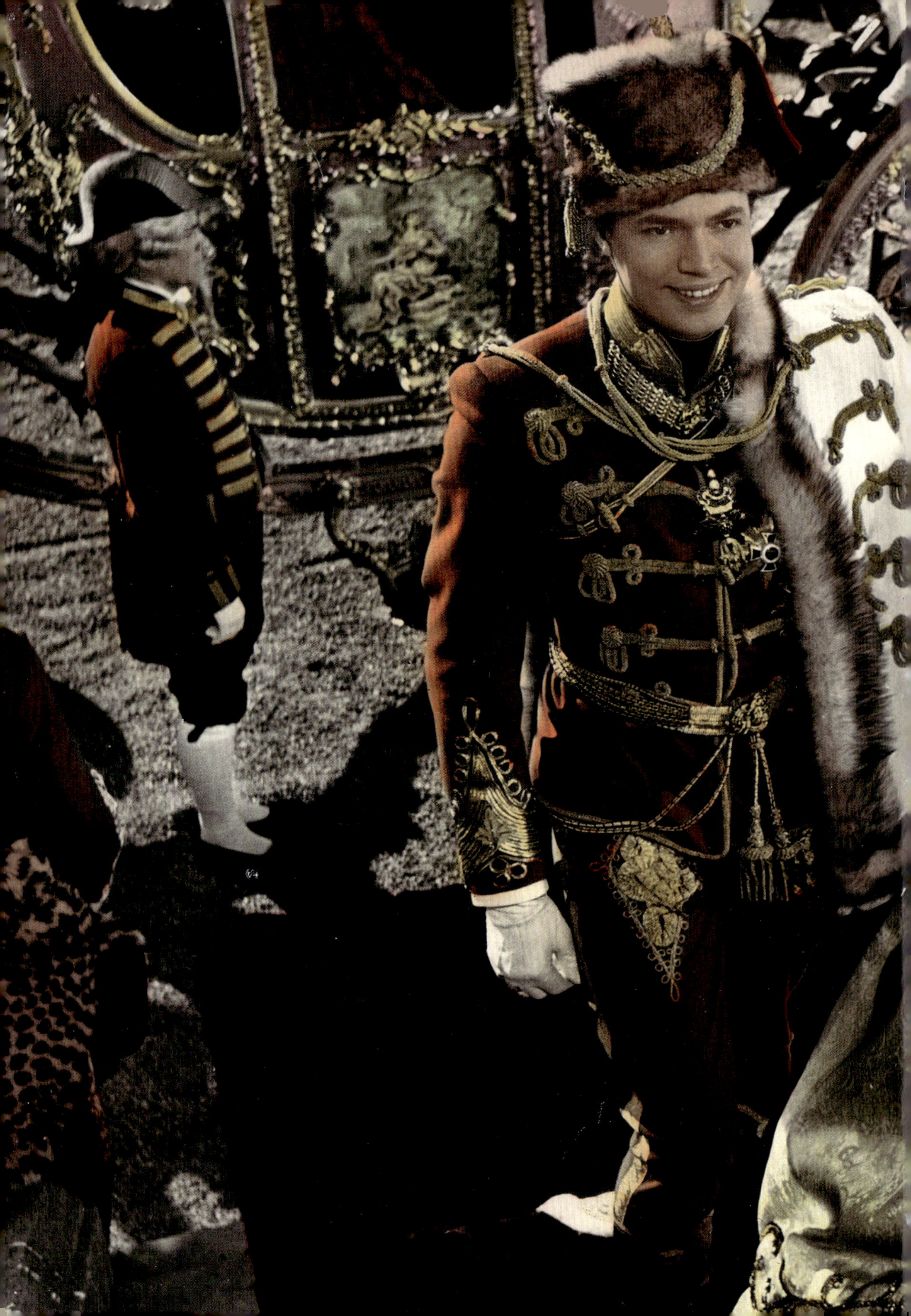